国家哲学社会科学基金旅游研究项目文库
GUO JIA ZHE XUE SHE HUI KE XUE JI JIN LÜ YOU YAN JIU XIANG MU WEN KU

共享经济下
康养旅游产业创新发展的机理与路径研究

陈雪钧　李　莉◎著

构建康养旅游产业创新发展机理
探索康养旅游产业创新发展之路

中国旅游出版社

前　言

进入21世纪以来，康养旅游产业得到迅猛发展，逐渐成为我国旅游经济新的增长点和活力源泉。在实施健康中国战略目标驱动下，国内康养旅游产业迅速崛起。创新是转变康养旅游产业发展范式的重要手段，探索康养旅游产业创新发展的特色道路是摆在新时期中国旅游业面前的重大任务。康养旅游产业创新发展已成为学界研究的热点议题。

本书以共享经济环境下康养旅游产业创新发展机理与路径为研究对象，全书共分9章，包括绪论、理论基础与研究综述、国内康养旅游产业发展历程及演进规律、共享经济下康养旅游产业创新发展的动力机制、共享经济下康养旅游产业共享的概念模型与测量量表、共享经济下康养旅游产业创新发展机理、共享经济下康养旅游产业创新发展路径、共享经济下康养旅游产业创新发展的策略、研究结论与展望。本书的主要理论与实践贡献有：将共享经济理论应用于康养旅游产业，构建共享经济下康养旅游产业创新发展机理与路径的分析框架，为指导康养旅游产业科学决策提供新的管理工具；理论构建共享经济下康养旅游产业创新发展机理理论模型；理论与实践结合探究共享经济下康养旅游产业创新发展路径，为我国康养旅游产业创新发展路径选择和政策设计提供科学依据。

本书由重庆交通大学陈雪钧教授和重庆第二师范学院李莉教授共同撰写完成；其中，陈雪钧教授撰写了第1、2、5、8、9章；李莉教授撰写了第3、4、6、7章。本书出版得到国家社会科学基金项目“共享经济下康养旅游产业创新发展的机理与路径研究”（18XGL008）资助。由于时间和水平有限，书中难免存在一些不足之处，敬请广大读者批评指正。

作者

2023 年 3 月

摘要

随着以信息技术手段提高闲置资源配置效率为核心的新经济形态——共享经济崛起，其在价值创造范式、供需交易模式、资源配置方式、供应链结构关系等方面对康养旅游产业发展造成颠覆性影响。共享经济给康养旅游产业发展带来了新机遇和新挑战。共享经济理论最初是从汽车租赁服务业的实践中提炼出来，已有研究成果涉及产业领域十分广泛，但是关于共享经济与康养旅游产业创新发展的研究成果较少。康养旅游在创新动力机制、创新影响机理、创新发展路径等方面与汽车租赁服务业存在很大差异。因此，研究康养旅游产业创新发展需要考虑其产业特性。本书研究共享经济环境下康养旅游产业创新发展机理与路径问题，具有重要的理论价值与现实意义。本研究的主要内容包括以下几点。

第一，梳理总结国内康养旅游产业发展历程及演进规律。一是在全面回顾我国康养旅游产业发展历程的基础上，阐释我国康养旅游产业的行政主导事业接待阶段、市场化改革规模发展阶段和市场深化改革提档升级阶段的特征；分析共享经济环境下我国康养旅游产业发展的新趋势与特点。二是从产业动力、产业结构、地域分布、产业业态四个维度系统分析国内康养旅游产业的演进规律。研究结果表明：(1) 康养旅游产业发展经历从小到大，从单一到多元，从初级到高级的跨越式发展，其在数量规模与质量效益上均取得重大进展；(2) 国内康养旅游产业发展演进规律表现为：产业动力由行政主导向市场主导演进，产业结构由单一化向多元化演进，地域分布由“大分散”向

“小集中”演进，产业业态由单一低级业态向多元复杂业态演进。

第二，系统分析共享经济下康养旅游产业创新发展的动力机制。首先，运用系统理论构建康养旅游产业创新发展的动力系统分析框架。其次，系统分析推动康养旅游产业创新发展的市场需求动力系统、产业供给动力系统、基础设施动力系统和外部环境动力系统构成的动力结构体系及其交互作用关系，总结归纳康养旅游产业创新发展的动力机制。

第三，探究共享经济下康养旅游产业共享的概念模型并开发其测量量表。首先，阐释康养旅游产业共享的概念内涵；其次，探索康养旅游产业共享的结构维度，构建康养旅游产业共享的概念模型；最后，按照量表开发的科学方法和步骤，开发和验证康养旅游产业共享量表。研究结果表明：康养旅游产业共享由公共经营资源、基础设施和产业合作网络 3 个因子构成；康养旅游产业共享构成因子的影响权重由大到小依次为：产业合作网络、基础设施和公共经营资源。康养旅游产业共享的量表经验证具有良好的信度和效度，可作为康养旅游产业共享的测量工具。

第四，阐释共享经济下康养旅游产业创新发展机理。首先，在理论研究的基础上，对各变量之间的关系进行理论上的逻辑推演，理论构建共享经济下康养旅游产业创新发展机理模型；其次，采用实证研究方法，对全国 21 个省（区、市）的康养旅游经营管理者进行问卷调研，运用回归分析、结构方程模型路径分析等对调研数据进行分析，验证理论假设。实证结果表明：（1）康养旅游产业共享的构成维度公共经营资源、基础设施、产业合作网络对产业创新均具有显著的正向影响；其中，基础设施对产业创新的影响最大，其次是公共经营资源、产业合作网络；（2）康养旅游产业共享构成维度（包括产业合作网络、基础设施、公共经营资源）对产业创新的影响作用过程中，资源获取能力起部分中介作用；（3）政策支持在康养旅游产业共享构成维度与产业创新之间充当调节变量。

第五，构建共享经济下康养旅游产业创新发展路径。运用文献研究法、案例研究法等研究方法，结合共享经济理论系统构建康养旅游产业创新发展路径。从创新程度和创新范围两个维度构建共享经济下康养旅游产业创新发展路径的分析框架。运用案例研究法剖析国内康养旅游产业创新发展的典型案例，阐述康养旅游产业的企业内自主式共享创新、产业内合作式共享创新、跨产业合作式共享创新、跨产业协同式共享创新的内涵特征和实现方式。从创新范式、创新边界、创新来源、创新组织方式、企业关系、治理模式、实现方式等方面综合比较四种共享创新发展路径的异同。

第六，基于共享经济下康养旅游产业创新发展机理与路径的研究结论，提出优化康养旅游产业创新发展的策略；同时，以海南省为例进行案例研究，总结提炼海南省推动康养旅游产业创新发展的经验借鉴。（1）优化公共经营资源配置，具体措施包括：优化康养旅游公共经营资源的配置机制、拓宽康养旅游公共经营资源的供给主体、创新康养旅游公共经营资源的共享方式。（2）强化康养旅游的基础设施供给，具体措施包括：构建康养旅游共享经济平台和夯实康养旅游基础设施。（3）构建开放式康养旅游产业合作网络，具体措施包括：培育“共享经济＋康养旅游”主导产业链、拓展康养旅游产业链网络体系、完善产业经济圈外部保障体系。（4）营造多维度政策支持环境，具体措施包括：建立完善而友好的政策体系和深化旅游行政管理体制改革。

本研究实现的创新主要有：在理论创新方面，创新共享经济视角研究康养旅游产业创新发展机理与路径，为指导康养旅游产业科学决策提供新的管理工具，是对共享经济理论和旅游产业创新理论的跨学科融合创新。在应用创新方面，基于研究结论系统提出优化康养旅游产业创新发展的策略建议，以优化国内康养旅游产业创新发展的指导理念和具体措施，凸显本研究的实用性特色。

目录

第1章 绪论

随着全球旅游市场竞争的日益加剧，旅游产业发展呈现出创新化态势。新发展格局下转变旅游经济发展方式成为建设世界旅游强国的根本要求。我国旅游产业发展由规模增长阶段向高质量发展阶段转型，正处于转变发展方式、优化市场结构、创新发展动力的转型升级期。随着人口老龄化、亚健康等成为社会常态问题，人民群众对旅游产品的康养功能提出了更高要求。医疗医药旅游、养生保健旅游、体育健身旅游、生态健康旅游等新兴康养旅游成为新的市场热点；康养旅游产业得到迅猛发展，逐渐成为我国旅游经济新的增长点和活力源泉。以信息技术手段提高闲置资源配置效率为核心的新经济形态——共享经济崛起，其在价值创造范式、供需交易模式、资源配置方式、供应链结构关系等方面对康养旅游产业发展造成颠覆性影响。共享经济的崛起给康养旅游产业发展带来了新机遇和新挑战。当前，我国康养旅游产业处于规模扩张阶段，其发展方式简单粗放、创新动力与能力不足、产业链水平低等问题突出，难以适应我国康养旅游高质量发展要求。

在我国经济发展进入新常态的大背景下，创新成为引领社会经济发展的第一动力。创新是转变康养旅游产业发展范式的重要手段，探索康养旅游产业创新发展的特色道路是摆在中国旅游业面前的重大任务。因此，研究共享经济下我国康养旅游产业创新发展的理论与实践问题，具有重要的理论价值与现实意义。

1.1 研究背景

随着全球旅游市场竞争的日益加剧，旅游产业发展呈现出创新化态势。新发展格局下转变旅游经济发展方式成为建设世界旅游强国的根本要求。我国旅游产业发展由规模增长阶段向高质量发展阶段转型，正处于转变发展方式、优化市场结构、创新发展动力的转型升级期。随着人口老龄化、亚健康等成为社会常态问题，人民群众对旅游产品的康养功能提出了更高的要求。医疗医药旅游、养生保健旅游、体育健身旅游、生态健康旅游等新兴康养旅游成为新的市场热点；康养旅游产业迅猛发展，逐渐成为我国旅游经济新的增长点和活力源泉。以信息技术手段提高闲置资源配置效率为核心的新经济形态——共享经济崛起，其在价值创造范式、供需交易模式、资源配置方式、供应链结构关系等方面对康养旅游产业发展造成颠覆性影响。共享经济的崛起给康养旅游产业发展带来了新机遇和新挑战。当前，我国康养旅游产业处于规模扩张阶段，其发展方式简单粗放、创新动力与能力不足、产业链水平低等问题突出，难以适应我国康养旅游高质量发展要求。

在我国经济发展进入新常态的大背景下，创新成为引领社会经济发展的第一动力。创新是转变康养旅游产业发展范式的重要手段，探索康养旅游产业创新发展的特色道路是摆在中国旅游业面前的重大任务。因此，研究共享经济下我国康养旅游产业创新发展的理论与实践问题，具有重要的理论价值与现实意义。

1.2 研究意义

1.2.1 理论意义

第一，创新共享经济视角研究康养旅游产业创新发展。共享经济理论最初是从汽车租赁服务业的实践中提炼出来的，已有研究成果涉及的产业领域十分广泛，但是缺乏关于共享经济与康养旅游产业发展的研究成果。在共享经济背景下研究康养旅游产业创新发展的理论与实践问题，具有重大的理论价值。本书研究共享经济下康养旅游产业创新发展的理论分析框架，理论阐释康养旅游产业创新发展的机理与路径，为指导康养旅游产业科学决策提供新的管理工具，是对共享经济理论和旅游产业创新理论的跨学科融合创新。

第二，理论构建共享经济下康养旅游产业创新发展机理理论模型，并进行实证检验。首先，系统构建康养旅游产业共享的结构维度，开发和检验康养旅游产业共享的量表；其次，在规范研究的基础上构建共享经济下康养旅游产业创新发展机理的理论模型，并运用实证研究方法进行验证，以揭示共享经济环境下康养旅游产业共享、资源获取能力、政策支持对产业创新的影响关系；其中，考察了中国情景下政策支持对产业创新的调节作用，体现了理论模型的中国本土化特色。

第三，理论与实践结合创新共享经济下康养旅游产业创新发展路径。目前，国内关于康养旅游产业创新发展路径的成果主要集中在国家、区域层面和企业层面，而很少涉及产业层面的研究成果；已有研究成果大多局限于传统产业经济理论研究视角，缺乏对共享经济环境下康养旅游产业创新发展路径的研究成果。本书基于共享经济视角研究康养旅游产业创新发展路径，结合具体案例系统分析不同创新发展路径的内涵特征、实现方式等，为我国康养旅游产业选择合适的发展路径提供科学依据。

1.2.2 实践价值

第一，有利于创新康养旅游产业发展理念和发展策略，促进康养旅游产业高质量发展。本研究运用共享经济理论指导我国康养旅游产业发展实践，系统归纳了康养旅游产业创新发展路径的基本类型及其实现方式，创新了我国康养旅游产业发展理念。

第二，有利于解决新环境下康养旅游产业创新发展的现实问题。已有研究成果局限于传统产业经济视角下康养旅游产业发展观，缺乏共享经济理论指导下对国内康养旅游产业创新发展的系统思考。本研究基于共享经济理论框架，结合我国康养旅游产业发展实际，提出指导国内康养旅游产业创新发展的策略，有利于解决国内康养旅游产业创新发展的现实问题。

第三，有利于推进我国旅游产业转型升级。当前，我国正处于由“旅游大国”向“旅游强国”转型的重要时期。研究共享经济环境下康养旅游产业创新发展路径与策略，有利于促进我国康养旅游产业高质量发展，有利于全面推进旅游业由粗放型向集约型发展模式转变，从而实现我国旅游产业发展范式的转型升级。

1.3 研究目的与研究内容

1.3.1 研究目的

本书的研究目的主要有：

（1）梳理国内康养旅游产业的发展历程并提炼国内康养旅游产业的演进规律特征。

（2）分析共享经济环境下康养旅游产业创新发展的动力机制。

（3）探索共享经济下康养旅游产业共享的结构维度，并开发和验证其测量量表。

（4）阐释共享经济下康养旅游产业共享对产业创新的影响机理，包括资源获取能力中介变量和政策支持调节变量的影响，并进行实证检验。

（5）综合提炼共享经济下康养旅游产业创新发展路径，阐释其内涵特征并归纳实现方式。

（6）从实践应用层面提出推动我国康养旅游产业创新发展的具体策略。

1.3.2 研究内容

以共享经济下我国康养旅游产业创新发展作为研究对象，旨在探索共享经济下康养旅游产业创新发展机理，构建康养旅游产业创新发展路径，提出推动我国康养旅游产业创新发展的具体策略。主要研究内容包括：

（1）绪论。全面阐述研究背景、研究意义、研究目的与研究内容、研究方法与技术路线等，综合论证研究的重要意义、条件可行性与研究计划。

（2）基础理论与研究综述。在界定核心概念的基础上，系统梳理本研究的主要基础理论；采用文献研究法对国内外康养旅游产业相关研究进行文献综述，总结已有研究的贡献、不足以及未来研究方向，为本研究奠定逻辑推理与理论分析的文献支持。

（3）国内康养旅游产业的发展历程及演进规律。回顾国内康养旅游产业在行政主导事业接待阶段、市场化改革规模发展阶段和市场深化改革提档升级阶段的发展历程及特征，从产业动力、产业结构、地域分布、产业业态四个维度系统分析国内康养旅游产业的演进规律，总结我国康养旅游产业发展的借鉴启示。

（4）共享经济下康养旅游产业创新发展的动力机制。探索共享经济下康养旅游产业创新发展的动力因素，从市场需求、产业供给、基础设施、外部环境四个方面构建康养旅游产业创新发展的动力系统框架体系，综合分析各动力系统之间的交互作用关系及其动力机制。

（5）共享经济下康养旅游产业共享的概念模型与测量量表。界定共享经济下康养旅游产业共享的概念内涵，在文献研究和专家访谈的基础上，构建康养旅游产业共享的概念模型，设计测量表的题项，并对康养旅游产业共享的概念模型进行实证研究。

（6）共享经济下康养旅游产业创新发展机理。通过梳理、归纳分析已有文献，对康养旅游产业共享、资源获取能力、政策支持、产业创新变量之间关系进行理论上的逻辑推演，并提出相关研究假设，理论构建共享经济下康养旅游产业创新发展机理模型；在问卷调研的基础上，运用相关统计分析方法对调研数据进行分析，验证理论假设，总结归纳研究结论。

（7）共享经济下康养旅游产业创新发展路径。从创新程度和创新范围两个维度构建共享经济下康养旅游产业创新发展路径的分析框架。运用案例研究法分析国内康养旅游产业创新发展的典型案例，阐述康养旅游产业的企业内自主式共享创新、产业内合作式共享创新、跨产业合作式共享创新、跨产业协同式共享创新的内涵特征和实现方式，综合比较四种共享创新发展路径的异同。

（8）共享经济下康养旅游产业创新发展的策略。从优化公共经营资源配置、强化基础设施供给、构建开放式产业合作网络以及提供多维度政策支持四个方面提出推动康养旅游产业创新发展的具体策略。同时，以海南省为例进行案例研究，总结提炼海南省推动康养旅游产业创新发展的经验借鉴。

（9）研究结论与展望。总结归纳研究结论，并对其理论与实践启示展开讨论，提炼理论和实践上的主要贡献；反思研究的局限与不足，并展望未来研究方向。

1.4 研究方法与技术路线

1.4.1 研究方法

主要运用的研究方法有：定性研究方法和定量研究方法相结合、规范理论分析和实证研究方法相结合。运用文献研究法，通过对国内外相关文献资料的检索、研读、梳理等，界定相关概念，并阐释基础理论；运用案例研究法、文献研究法，构建康养旅游产业创新发展路径；运用规范的理论分析法，提出研究假设，构建康养旅游产业创新发展机理模型；运用 SPSS、AMOS 等软件对调研数据进行回归分析、结构方程模型分析等，对研究假设进行实证检验。运用规范理论研究与案例研究法，系统分析康养旅游产业创新发展路径。

1.4.2 技术路线

遵循理论演绎与实践归纳相对照的思路，以共享经济下康养旅游产业创新发展为研究对象，技术路线围绕着“研究问题”“研究内容”和“研究方法”三个方面系统展现研究过程（见图 1-1）。

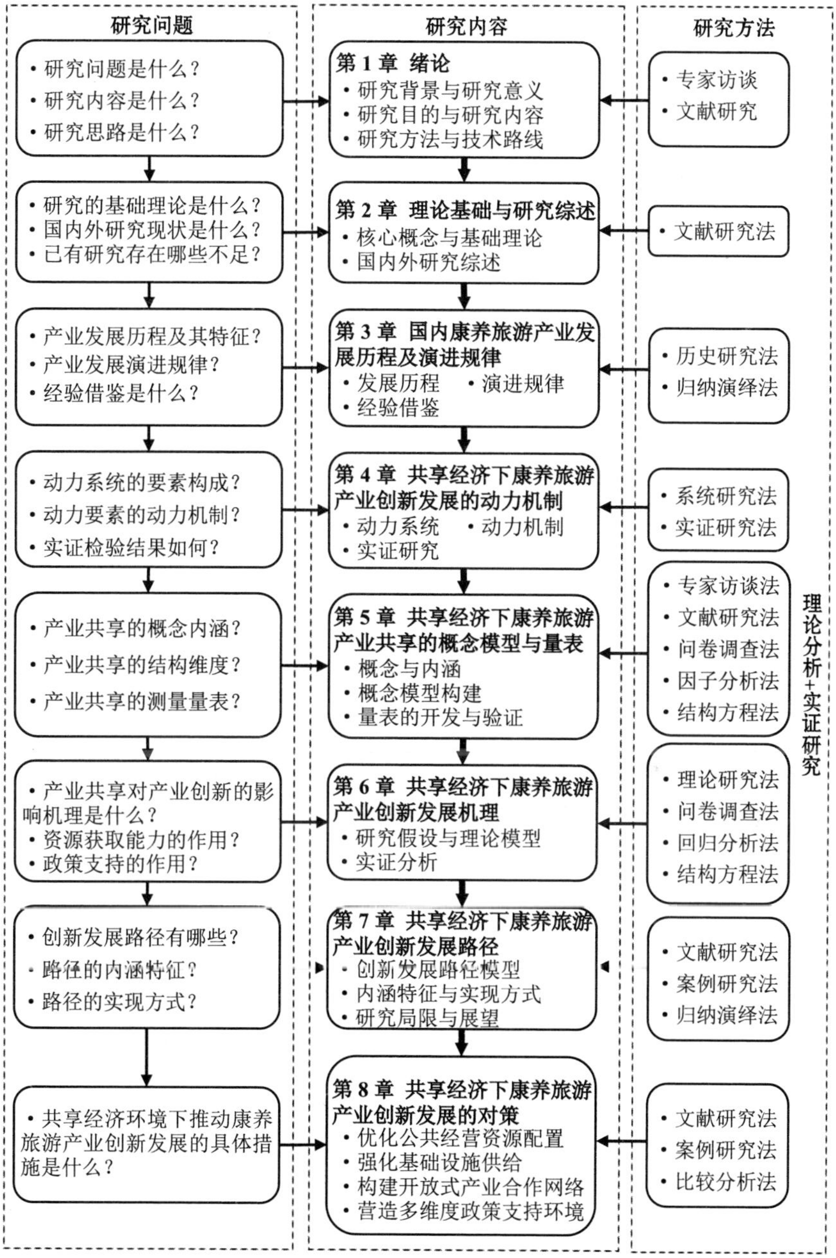

研究问题
研究内容
研究方法
• 研究问题是什么？
• 研究内容是什么？
• 研究思路是什么？
第 1 章　绪论
• 研究背景与研究意义
• 研究目的与研究内容
• 研究方法与技术路线
• 专家访谈
• 文献研究
• 研究的基础理论是什么？
• 国内外研究现状是什么？
• 已有研究存在哪些不足？
第 2 章　理论基础与研究综述
• 核心概念与基础理论
• 国内外研究综述
• 文献研究法
• 产业发展历程及其特征？
• 产业发展演进规律？
• 经验借鉴是什么？
第 3 章　国内康养旅游产业发展历程及演进规律
• 发展历程　• 演进规律
• 经验借鉴
• 历史研究法
• 归纳演绎法
• 动力系统的要素构成？
• 动力要素的动力机制？
• 实证检验结果如何？
第 4 章　共享经济下康养旅游产业创新发展的动力机制
• 动力系统　• 动力机制
• 实证研究
• 系统研究法
• 实证研究法
• 产业共享的概念内涵？
• 产业共享的结构维度？
• 产业共享的测量量表？
第 5 章　共享经济下康养旅游产业共享的概念模型与量表
• 概念与内涵
• 概念模型构建
• 量表的开发与验证
• 专家访谈法
• 文献研究法
• 问卷调查法
• 因子分析法
• 结构方程法
• 产业共享对产业创新的影响机理是什么？
• 资源获取能力的作用？
• 政策支持的作用？
第 6 章　共享经济下康养旅游产业创新发展机理
• 研究假设与理论模型
• 实证分析
• 理论研究法
• 问卷调查法
• 回归分析法
• 结构方程法
• 创新发展路径有哪些？
• 路径的内涵特征？
• 路径的实现方式？
第 7 章　共享经济下康养旅游产业创新发展路径
• 创新发展路径模型
• 内涵特征与实现方式
• 研究局限与展望
• 文献研究法
• 案例研究法
• 归纳演绎法
• 共享经济环境下推动康养旅游产业创新发展的具体措施是什么？
第 8 章　共享经济下康养旅游产业创新发展的对策
• 优化公共经营资源配置
• 强化基础设施供给
• 构建开放式产业合作网络
• 营造多维度政策支持环境
• 文献研究法
• 案例研究法
• 比较分析法
理论分析+实证研究

图 1-1　技术路线图

1.5 本章小结

本章阐述了共享经济下康养旅游产业创新发展的研究意义、研究目的与研究内容、研究方法与技术路线。

（1）本书的研究意义有：在理论意义方面，创新共享经济视角研究康养旅游产业创新发展；理论构建共享经济下康养旅游产业创新发展机理理论模型，并进行实证检验；理论与实践结合创新共享经济下康养旅游产业创新发展路径。在实践价值方面，有利于创新康养旅游产业发展理念和发展策略，促进康养旅游产业高质量发展；有利于解决新环境下康养旅游产业创新发展的现实问题；有利于推进我国旅游产业转型升级。

（2）本书的研究目的主要有：阐释共享经济下康养旅游产业共享对产业创新的影响机理，提炼共享经济下康养旅游产业创新发展路径，从实践应用层面提出推动我国康养旅游产业创新发展的具体策略。

（3）本书主要运用的研究方法有定性研究方法和定量研究方法相结合、规范理论分析和实证研究方法相结合。

第 2 章　理论基础与研究综述

首先，界定本研究的主要基本概念；其次，阐释本研究的主要基础理论，包括共享经济理论、创新理论、系统理论、资源基础理论和价值链理论；最后，通过对相关文献的梳理，综述相关研究领域的研究成果与未来研究趋势，为本研究奠定逻辑推理与理论分析的文献支持。

2.1　基本概念界定

2.1.1　共享经济

1978 年，美国社会学教授马科斯·费尔逊（Felso）和琼·斯潘思（Spaeth）在《社区结构和协同消费：常规活动的方法》一文中最早提出共享经济概念。此后，众多学者从不同理论视角对共享经济概念进行了探讨（见表 2-1），但迄今为止尚未形成统一公认的定义。在借鉴国内外研究成果的基础上，本研究对共享经济概念界定为：以使用权共享为特征，运用互联网等信息技术手段以及其他手段共同实现资源在供给者与需求者之间匹配与交换，提高资源利用效率和满足多样化需求的经济模式。

表 2-1　国内外学者对共享经济的定义

学者（机构）	年份	共享经济定义
Botsman 和 Roger	2010	一种由网络技术驱动的以共享交换为基础的社会经济系统
Russell Belk	2014	以互联网平台为主要媒介，资产或服务在个体间以收费或免费方式分享的经济模式

续表

学者（机构）	年份	共享经济定义
Benita Matofska	2015	一个建立在人与物质资料分享基础上的社会经济生态系统
Alex Stephany	2015	能使社会群体通过互联网利用未充分利用的资本，进而减少对这类资本所有权的需求，即向社会群体重新分配过剩产能
罗云丽	2016	在互联网技术基础上展开的个人、组织和社会闲置资源、产品、服务和技能等的交换与共享，以满足不同需求的经济模式
国家信息中心分享经济研究中心	2017	利用互联网等现代信息技术，以使用权分享为主要特征，整合海量、分散化资源，满足多样化需求的经济活动总和
荣朝和	2018	不同主体在不改变资源所有权的前提下，借助信息化手段在新的时空结构中实现共用，通过改善了的匹配物信关系提高资源的使用效率

2.1.2 康养旅游

由于康养旅游的复合性和多样性，学术界对康养旅游的概念尚未形成统一的认识。国内外学者及组织从不同的侧重点对康养旅游的概念进行了界定（见表 2-2）。国内外学者大多认同康养旅游以维持、改善身心健康的旅游动机；不同之处在于学者们对康养旅游的具体形式存在不同的意见。

表 2-2 国内外学者对康养旅游的定义

学者（机构）	年份	康养旅游定义
Laws	1996	从家到其他目的地以改善健康状况或利用医疗保健服务同时游览旅游景点的一种旅行方式
Müller 和 Lanz Kauffmann	2001	以维持和促进健康为目的的人们的旅行和停留所引发的所有关系和现象的总和
Vukonić 和 Čavlek	2001	人们出于预防、治疗和康复等目的而暂时更改永久居留权并前往合适的疗养胜地
罗明义	2001	能够使旅游者身体素质得到不同程度改善的旅游活动
陶汉军	2001	以疗养或治疗疾病以及增进身体健康为主要目的的旅游
郭鲁芳	2005	一切有益于现代人消除第三状态、增进身心健康的旅游活动
Carrera 和 Bridges	2006	有组织地进行个人医疗保健以外的旅游活动，目的是通过医疗干预来恢复和改善健康状况

续表

学者（机构）	年份	康养旅游定义
王赵	2009	建立在有良好的自然生态环境及人文环境下，通过将观赏、游乐及康体等结合起来的形式，以期在旅游活动中实现修身养性及强身健体、达到幸福快乐等目标的一种带有健康、养生性质的旅游方式
Boruszczak	2010	一种以改善或维护健康为主要目的的旅游形式
Johnston	2011	人们到不同的地方积极从事维持或增进其个人健康和福祉的活动，并寻求独特、真实或基于地点的体验和疗法，而这些都是在家中无法获得的
Smith	2013	协调和平衡个人在身体、心理、社会等健康的旅行活动
Saeide	2016	在温泉水、气候条件或医疗干预下，在居住地以外的地区使用超过 24 小时且少于一年的服务以改善个人的身体或心理健康
任宣羽	2016	以良好的物候条件为基础，以旅游的形式促进游客身心健康，给游客增加快乐，以达到幸福为目的的专项度假旅游
国家旅游局	2016	通过养颜健体、营养膳食、修身养性、关爱环境等各种手段，使人在身体、心智和精神上都能达到自然和谐优良状态的各种旅游活动的总和
Sagayama	2018	鼓励个人参观自然资源丰富的地区并品尝当地美食以促进和维持健康的旅游方式

综合国内外学者的观点，本研究对康养旅游界定为：人们出于维持、改善身体或心理健康等目的在居住地以外的地区开展各种旅游活动的总和。根据这一定义，康养旅游的范畴十分广泛，包括医疗旅游、健康旅游、养生保健旅游、养老旅游等。

康养旅游与其他旅游的区别有以下几点。一是康养旅游的动机是维持、改善身心健康，这与其他类型旅游的欣赏自然风光、体验异地文化、增长知识、社会交际、商务贸易等旅游动机有所不同。虽然其他类型旅游在结果上也会促进旅游者的身心健康，但其他类型旅游不以增进健康为主要旅游动机。二是康养旅游活动以锻炼身体、医疗健康、养生保健等活动为主，这就决定了康养旅游目的地应具备优质的自然生态环境和齐全的医疗设施、保健设施和体育休闲设施。三是康养旅游市场范围广泛。康养旅游的消费群体涵盖中老年人群、亚健康人群和热衷于生活品质的人群。中老年群体更加注重身心健康，其在康养旅游方面的消费意愿更强烈。生活节奏的增快、工作压力加大、环境污染等因素导致亚健康人群越来越多。亚健康人群已成为康养旅游的重要消费群体。

2.1.3 康养旅游产业

康养旅游产业是指以满足康养旅游者的健康旅游需求为导向，通过产业融合在目的地提供全方位康养旅游产品及服务的综合性产业。康养旅游产业具有产业要素多元、经济辐射效应大、综合效益明显等特征，它是康养产业与旅游产业融合形成的新兴产业。康养旅游者需求包括“食、住、行、游、娱、用、医、养、学”等综合需求。康养产业与旅游产业在市场、资源、功能、业务、空间等方面交叉融合的过程中逐渐形成能够提供全方位康养旅游产品及服务的康养旅游供给体系。康养旅游产业包括直接服务康养旅游者的康养餐饮、康养住宿、旅游交通、康养景区、康养娱乐、康养用品、医疗卫生、保健养生以及其他康养旅游服务等核心产业领域。康养旅游产业逐渐向关联产业和衍生产业拓展延伸，其所涵盖的产业范围呈现出宽泛性特征，产业覆盖面越来越广、产业链越来越长，产业边界也逐渐模糊。

2.1.4 产业创新

“创新”一词起源于拉丁语，它的原意有三层含义：一是更新；二是创造新的东西；三是改变。创新一词在《新华词典》中解释为“抛开旧的，创造新的”。创新的本质是突破，即突破旧的思维定式和旧的常规戒律。创新的经济学概念起源于美籍经济学家熊彼特在1912年出版的《经济发展概论》。熊彼特在其著作中提出创新就是建立一种新的生产函数，是企业家对生产要素的新组合，即把一种从来没有过的生产要素和生产条件的新组合引入生产体系，从而形成一种新的生产能力，以获取潜在利润。20世纪60年代，美国经济学家华尔特·罗斯托将“创新”概念发展为“技术创新”，把“技术创新”提高到“创新”的主导地位。Freeman（1987）提出产业创新是一个系统性概念，包括技术创新、产品创新、组织创新、工艺创新、管理创新以及市场创新等。国内学者在学习借鉴国外成果的基础上，在20世纪90年代开始研究产业创新，并从技术、过程、系统等不同视角阐释了产业创新概念（谢赤，

1997；陆国庆，2002；管顺丰，2004）。借鉴国内外学者的观点，本研究对产业创新界定为运用技术研发、市场开拓、组织重组、产品创新等一系列科学手段，将新的生产要素和生产条件的新组合引入产业的生产体系，从而形成一种新的生产能力，实现提高产业竞争力的目标。

2.1.5 产业共享

阿尔弗雷德·马歇尔（Alfred Mashall，1890）在《经济学原理》中首次将共享引入产业经济研究领域，提出劳动力市场共享和知识信息外溢促进了当地经济规模不断扩大。此后，一些学者将共享置于外部经济框架研究了劳动力共享、专业化投入和服务共享等问题。2009 年，哈佛大学的加里·皮萨诺（Gary P.Pisano）和威利·史（Willy C.Shih）在《恢复美国竞争力》中首次提出“产业共享”（Industrial Commons），并在《制造繁荣：美国为什么需要制造业复兴》中对产业共享概念与思想进行详细阐释。他们从产业共享的视角分析了美国制造业衰落的原因，并提出重建产业共享以推动制造业复兴。此后，产业共享逐渐受到政府和学术界的关注与重视。借鉴已有成果关于产业共享的定义，本研究将康养旅游的产业共享界定为：利用互联网等现代信息技术及其他手段，以使用权共享为主要特征，对存在于康养旅游产业内部和外部的一系列核心资源进行优化配置与整合利用，以形成能够支持康养旅游产业创新发展的共用资源的集合。

2.2 主要基础理论

2.2.1 共享经济理论

“共享”（Sharing）一词的基本意思是分享，即一件物品或者信息的使用权或知情权与其他所有人共同拥有。共享经济思想在 1978 年由美国社会学教授马科斯·费尔逊（Felso）和琼·斯潘思（Spaeth）在《社区结构和协同消费：常规活动的方法》一文中首次提出，即“个体通过一个第三方市场平台提供的共享渠道，实现个体之间直接的商品和服务的交易”。受限于当时的客观条件，具有共享经济思想的协同消费在实践中难以实现，因而其产生的社会影响很小。随着互联网信息技术的广泛运用，基于互联网共享平台的共享经济模式在Zipcar、Uber、Airbnb、滴滴打车等商业领域取得巨大的商业成功。1999年，Zipcar创始人罗宾·蔡斯在《共享经济——重构未来商业新模式》中总结了共享经济商业模式的特征和实践经验，从而启蒙和引领共享经济广泛应用于社会、经济的众多领域，不断拓展了共享经济的边界。

共享经济是以使用权共享为特征，运用互联网等信息技术手段实现资源在供给者与需求者之间匹配与交换，提高资源利用效率和满足多样化需求的经济模式。共享经济的典型特征有：以闲置资源为基础、以互联网平台为支撑、以短时让渡使用权为方式和以获取收益为目的。成熟的互联网信息技术、所有权产权明晰且使用权可以让渡以及供给与需求相互匹配是共享经济模式必须具备的三个基本要素。随着共享经济的日渐成熟，共享经济的类型也更加多元化。国内外学者根据不同标准对共享经济进行了分类，常见的划分标准包括市场结构、参与主体、产品或服务类型、资产所有权、共享的对象或内容、共享经济供求双方等。共享经济模式的主要特征有：基于信息技术手段构建开放式的“共享平台”以整合海量分散化资源，实现需求与供给的高效匹配；基于所有权和使用权分离，暂时性转移资源的使用权而不改变资源的所有权；良好的信用和监管机制是保障共享经济的基础。共享经济以全新的经济范式对传统产业造成颠覆性影响。

2.2.2 创新理论

1912年，美籍奥地利经济学家约瑟夫·熊彼特（Joseph Alois Schumpeter）将“创新”引入经济学，在其代表著作《经济发展理论》中赋予“创新”以经济内涵并奠定现代创新理论基础。此后，熊彼特在《商业周期》（1939）和《资本主义、社会主义和民主》（1942）两部著作中系统总结了创新理论思想，全面提出创新理论。关于创新的内容，熊彼特将其归纳为五种创新：采用一种新产品或一种产品的新特征；采用一种新的生产方法；开辟一个新市场；掠取或控制原材料或半制成品的一种新的供应来源；实现任何一种工业的新的组织。与以前创新理论不同之处是：熊彼特提出的创新是从经济学视角界定创新，它不同于技术创新，而是将技术革新引入经济组织，形成新的经济能力。此后，学者们从技术创新与制度创新两大流派进一步丰富了创新经济学的理论体系。技术创新学派的代表人物有爱德温·曼斯菲尔德、莫尔顿·卡曼、南希·施瓦茨等，其主要理论思想强调技术创新和技术进步在经济增长中的核心作用；技术创新是一个相互作用的复杂过程，注重研究“黑箱”内部运作机制。制度创新学派的代表性人物有美国经济学家兰斯·戴维斯和道格拉斯·诺斯等，其主要理论思想有经济发展离不开有序的制度安排、良好的制度环境；产权的界定和变化是制度变化的诱因和动力，新技术的发展必须建立一个系统的产权制度等。

2.2.3　系统理论

系统理论由美籍奥地利人、理论生物学家 L.V. 贝塔朗菲（L.von.Berta-lanffy）于 1973 年创立。系统论通常把系统定义为：由若干要素以一定结构形式联结构成的具有某种功能的有机整体。在这个定义中包括了系统、要素、结构、功能四个概念，表明了要素与要素、要素与系统、系统与环境三个方面的关系。系统论的核心思想是系统的整体观念。任何系统都是一个有机的整体，它不是各个部分的机械组合或简单相加，系统的整体功能是各要素在孤立状态下所没有的新功能。系统中各要素不是孤立地存在，每个要素在系统中都处于一定的位置上，起着特定的作用。要素之间相互关联，构成了一个不可分割的整体。要素是整体中的要素，如果将要素从系统整体中割离出来，它将失去要素的作用。研究系统的目的在于调整系统结构，协调各要素关系，使系统达到优化目标。系统论的基本原理揭示了在系统中各子系统是互相依存、互相依赖、不可分割的整体。各子系统均有义务共同努力、发展自己，同时协同与配合其他系统；一个系统中各子系统和各要素的“协同”会使无序转化为有序，使分散甚至相互抵触的成分转变为有序的整体合力，形成整体功能和效益。各子系统的共生融合和合理的系统搭配是复合系统持续演进的关键，协调发展是系统持续演进的前提。

2.2.4 资源基础理论

资源基础理论认为，竞争优势的来源是其拥有的特异性资源和能力，企业通过采取与之相应的价值创造战略获得竞争优势。其核心观点是：竞争优势的源泉是特殊的异质资源，企业具有不同的有形和无形的资源，这些资源可转变成独特的能力。异质资源应具备价值、稀缺、不能完全被仿制、其他资源无法替代等特性；其中，资源的不可模仿性是保障企业竞争优势得以持续的关键。资源基础理论的代表性人物主要有彭罗斯（Penrose，1959）和伯格·沃纳菲尔特（B.Wernerfelt，1984）等。彭罗斯在《企业成长理论》中始终以单个企业为研究对象，建立了企业资源—企业能力—企业成长的分析框架。彭罗斯认为企业是基于管理框架下的资源集合体；企业的成长是内生性的，企业内部的资源、知识和能力决定了企业成长的方向和模式。伯格·沃纳菲尔特在《企业资源基础论》提出了“资源基础观”。他认为企业是一系列资源组成的集合，企业所拥有的资源，尤其是异质性资源是形成企业竞争优势的原因。企业成长是一个动态过程，它通过一系列管理创新手段来促进资源增值，并最终实现企业持续成长。

2.2.5 价值链理论

1985 年，美国哈佛商学院教授迈克尔·波特在《竞争优势》一书中首次提出价值链理论。该理论引入价值链作为分析企业竞争优势的基本工具，提出每一个企业都是在设计、生产、销售、发送和辅助其产品的过程中进行种种活动的集合体。各个价值活动之间的相互联系构成了创造价值的一个动态过程，即价值链。每一个企业的价值链都是以独特方式联结在一起的九种基本活动类别构成，其可划分为两类价值活动：基本活动和辅助活动；企业价值链是各种活动构成的一个完整的系统，企业的竞争优势来自价值活动的协调一致性和价值链的优化。在企业众多的“价值活动”中，并不是每一个环节都创造价值，只有价值链的“战略环节”才是真正创造价值的经营活动。企业通过更低的成本执行价值链中的价值活动，或以不同的价值结构导致产品的差异化来赢得竞争优势。

波特在提出企业价值链概念的基础上，将研究视角扩展至企业与企业之间的经营联系，提出企业的价值链包含于更大的“价值系统”。波特认为企业价值链存在于一个由许多价值链组成的价值体系中；企业价值链、供应商价值链、渠道价值链、买方价值链等形成一个完整的价值系统；企业价值链与价值系统中其他价值链紧密联系，企业在产业价值链中的位置决定了其战略地位。通过优化协调企业与供应商、销售渠道的联系以降低成本或增强歧异优势，从而给企业带来竞争优势。“消费者心目中的价值由一连串企业内部物质与技术上的具体活动与利润所构成，当你和其他企业竞争时，其实是内部多项活动在进行竞争，而不是某一项活动的竞争”。John Shank 和 V.Gow indarajan（1992）扩展了企业价值链的范围，提出“任何企业的价值链都包括从最初的供应商手里得到原材料直到将最终产品送到用户手中的全过程”。企业内部价值链通过采购与供应商价值链联系，通过销售以及售后服务与销售商、买方价值链联系，最终形成产业价值链。Kaplinsky（2000）在波特的价值链模型基础上引入企业间的联系，提出产业价值链是指以某项核心资源为基础，以价值增值、创造为目标，具有相互衔接关系的涉及原料采集和运输、设计研发、半成品和成品的生产、分销、售后服务等若干纵向企业价值活动的集合。不同企业通过分工协作建立起满足顾客需求的产业价值链（见图 2-1）。

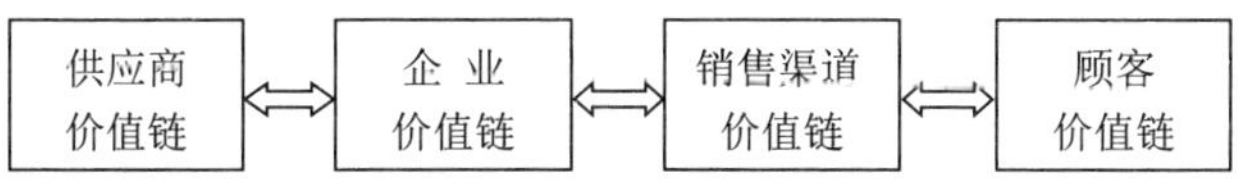

图 2-1　产业价值链示意图

自 20 世纪 90 年代以来，以计算机和网络技术为代表的信息技术对企业经营管理产生了巨大影响。信息在企业经营管理中的作用日益重要。在这种背景下，传统的价值链思想已经不能适应信息时代发展需要。1995 年，哈佛商学院的两位教授杰弗里 · F. 雷鲍特（Jefrey F.　Rayport）和约翰 · J. 斯维奥克拉（John J.　Sviokla）提出虚拟价值链的概念，即进入信息时代的企业都在两个世界中进行竞争：一个是管理者可以看到、触摸到的由资源组成的物质世界，称为市场场所（Market Place）；另一个则是由信息所组成的虚拟世界，称为市场空间。价值链中的每一项价值增加活动都可以分为两部分，一部分是在市场场所中基于物质资源的增值活动，而另一部分是在市场空间中基于信息资源的增值活动，包括信息的收集、组织、挑选、合成和分配。物质增值活动构成了传统价值链，而与此相对应的信息增值活动则独立出来构成虚拟价值链。传统价值链与虚拟价值链是两条并行的价值链，两条价值链存在诸多不同（见表 2-3、图 2-2）。

表 2-3　传统价值链与虚拟价值链的区别

	传统价值链	虚拟价值链
经济原理	边际效益递减	边际效益递增
管理内容	实物产品	数字产品
增值过程	经济资本通过“人类劳动”固化形成价值增值	知识资本通过“知识资本化”形成价值增值
信息作用	辅助因素，自身不创造价值	主导因素，自身创造价值
中介	物理中介	信息中介为主，物质中介为辅
客户角色	产品接受者	参与产品制造者
关注焦点	产品、服务可察觉的核心价值	信息交流

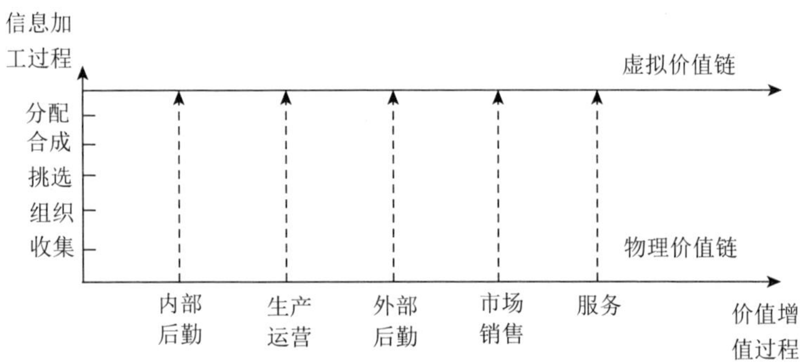

图 2-2　虚拟价值链与物理价值链关系图

2.3 研究综述

2.3.1 国内外相关研究进展

20 世纪 50 年代以来，随着世界旅游业的兴起与繁荣，康养旅游逐渐萌芽发展成为新兴的旅游业态。康养旅游产业研究逐渐成为旅游学术界研究的热点。

2.3.1.1　康养旅游产业的驱动因素研究进展

随着社会的变迁，经济因素、社会因素、科技因素的变化驱使康养旅游产业兴起和快速发展。世界经济的一体化发展极大地促进了各国人民之间的经济与社会交流。国际养老旅游者、医疗旅游者等为旅游目的地国带来巨大的旅游外汇收入，直接推动政府出台便利性的签证政策。特别是国家之间医疗费用和医疗水平存在巨大差异的情形下，跨国医疗旅游迅猛发展。随着居民收入水平的提高和消费观念的升级，人们用于保持健康和预防疾病的消费增加。特别是新冠疫情影响下消费者的健康生活方式和消费理念得到强化，康养旅游已成为市场消费的潮流。人口老龄化进程加快已成为一些国家面临的新挑战，异地养老旅游、养生旅游、保健旅游、医疗旅游成为老年人群体的生活方式。科学技术变革极大地提升了康养旅游消费的便利性和快捷性。高速公路、高速铁路、飞机等更加快捷和经济的交通方式缩短了旅游者的交通时间和降低了交通费用。5G、大数据、云计算、区块链等现代信息技术革命引领消费升级，极大提高了康养旅游消费的便利性和舒适性。同时，旅游费用、成本与效益等经济因素是影响康养旅游发展的重要因素。另外，一些学者研究发现旅游需求的增加、支持性的政策制度、旅游基础设施的完善、康养旅游资源的优化等对推动康养旅游发展具有积极作用。

2.3.1.2　康养旅游产业影响效应评价的研究进展

康养旅游产业效应体现在旅游者个体和旅游目的地两个层面，具体表现为个体福利效应、经济效应、社会效应等。康养旅游产业的个体福利效应包括对身体、心理和精神健康有积极影响，改善生活质量和提升幸福感等。康养旅游产业的经济效应体现在：促进地方经济发展、增加外汇收入和保持国家贸易收支平衡、带动市场消费、提高工资水平、增加就业。康养旅游产业的社会效应包括：增进世界文化与知识交流、促进社会繁荣发展等。但是，康养旅游发展也会带来一些负面效应，例如，增加当地的环境、生活、医疗公共设施负担，抬高房价和消费水平，激烈的行业竞争、破坏生态环境、旅游者权益保障困难等。

2.3.1.3 康养旅游产业市场需求的研究进展

康养旅游产业的市场需求涉及康养旅游市场的消费动机、消费决策的影响因素、市场特征、消费行为等领域。

（1）康养旅游消费动机。康养旅游消费动机既有群体共性，如促进身心健康、修身养性、增加快乐体验、实现自我发展方式的创新；又呈现出个体差异，如年龄差异、性别差异、国籍差异、旅游经验差异等，总体上可以分为增进身心健康动机和寻求健康生活方式动机两大类。

（2）消费决策的影响因素。自然环境、经济发展水平、基础设施、文化氛围、旅游吸引力、医疗服务水平、福利政策、服务质量、产品类型、营销、旅游经历等是影响旅游者选择康养旅游地的重要因素。进入互联网时代，网络口碑对康养旅游者的旅游意向产生重要影响。同时，一些学者研究发现健康知识、人格特质、对健康的重视程度、性别等会影响康养旅游者的消费决策。

（3）康养旅游市场特征。随着康养旅游在全球旅游市场的兴起，一些学者研究了北美、苏格兰、印度、亚太国家、新加坡等地康养旅游市场的现状特征与发展趋势。康养旅游需求呈现出多元化、个性化和差异化趋势。如旅游者在康养旅游产品选择上呈现出明显的国别差异。康养旅游市场的消费群体主要有老年人、亚健康人群和热衷于生活品质的人。同时，一些学者实证研究发现服务质量感知、游客情绪、整体目的地形象、服务期望等对康养旅游者的满意度产生影响。

（4）康养旅游消费行为。康养旅游者的消费行为具有群体特性，如对费用更加敏感、反向流动、短距离流动、移民返回、停留时间长等。康养旅游者在旅游决策时会重点考虑旅游资源、价格、旅游品质等，其对环境、服务设施、社会交际等方面有较高的需求。因此，康养旅游市场策略应根据旅游者的需求变化而设计。

2.3.1.4　康养旅游产业供给体系的研究进展

康养旅游产业的供给体系研究主要包括康养旅游产品种类、康养旅游资源评价和康养旅游供给改革三个方面。

（1）康养旅游产品种类。基于不同的分类标准，康养旅游产品被划分为不同类型。①养老旅游，如候鸟式养老旅游、移民定居式养老旅游、乡村养老旅游、综合立体养老旅游等。②养生旅游，如高端养生旅游、温泉（SPA）养生旅游、森林养生旅游等。③医疗旅游，如外科手术旅游、美容旅游、减肥旅游、生殖旅游、传统医学旅游等。④其他康养旅游产品，如体育旅游、健康旅游。预防治疗类型的保健旅游；治疗疾病类型、整容塑形类型、养生康健类型、体验观光与游览类型、特殊目的类型康养旅游；"养眼"观光产品、"养身"休闲产品和"养心"文化产品。

（2）康养旅游资源评价。旅游资源是康养旅游发展的核心要素。科学评价康养旅游资源的价值与吸引力是学术界研究的重点议题。康养旅游资源评价指标体系主要包含区域位置、政策支持、医养水平；旅游价值、环境价值、开发价值；资源环境、气候条件、市场需求、旅游经济、专门人才、交通条件、市政服务、医疗卫生；景观价值、健康价值、环境条件和开发条件；森林资源、康养环境、景观条件和康养设施；资源要素价值、旅游开发条件、环境保护质量；自然要素、人文要素、景观资源、遗产保护、整合关联等。同时，一些学者对海南省、河北省、张家界市、云南省、陕西秦岭等不同旅游地的康养旅游资源进行了定量评价，并提出优化康养旅游资源开发的对策建议。

（3）康养旅游供给改革。国内外学者从产业经济学视角研究康养旅游竞争力或发展潜力评价指标与方法，研究发现环境资源、基础设施、人力资源、市场需求、价格、服务质量、特色活动、公共服务等是决定康养旅游地竞争力或发展潜力的核心要素。在国内全域旅游兴起的背景下，融合发展成为康养旅游产业供给改革的重要方式。康养旅游与房地产业、装备制造业、餐饮业、酒店业、互联网、医疗、文化、教育、科技等产业融合形成新的业态，从而促进产品创新和服务效能提升。

2.3.1.5 康养旅游产业发展路径的研究进展

由于康养旅游产业实践的丰富性和复杂性，康养旅游产业创新发展路径（模式）也是纷繁复杂。国内外学者从不同理论视角归纳康养旅游产业发展路径、发展模式。一是创新发展路径，包括联合品牌和共同创造发展路径、科学推动创新过程路径、开放拉式路径和市场网络化拉动路径、开放式创新路径、价值链创新路径；共享创新路径等。二是产业融合发展路径，包括集群发展、融合发展、全域旅游发展模式等。

2.3.1.6 康养旅游产业发展对策的研究进展

国内外学者关于康养旅游发展对策的研究成果主要涉及以下四个领域。

一是基于不同理论视角构建康养旅游产业创新的理论模型或框架，并结合实践提出具体创新对策。Christof 和 Mike（2012）基于网络理论提出医疗旅游顾客感知价值模型，并提出营销创新策略。Marios（2016）构建了过程创新、组织创新、市场创新的康养和 SPA 产业创新管理的框架及其创新策略。Dalia（2019）构建了医疗旅游可持续发展的理论框架，并以立陶宛为例，提出推动医疗旅游可持续发展的对策。张正祎、刘兵（2019）运用钻石模型理论提出创新冰雪体育旅游产业发展的策略。

二是从国家、地区和城市等宏观层面研究康养旅游产业的发展现状、问题和困境，并提出康养旅游产业创新发展的对策建议。Vincent（2011）研究了香港医疗旅游发展的主要障碍，提出新的促销活动政策、政府鼓励医疗旅游投资、酒店业与医疗机构合作开发医疗旅游产品等策略。Lawton（2014）对印度医疗保健产业的发展现状和面临的困境进行了全方位分析，在供应链、金融、制造等方面提出创新对策。Neringa Langvinienė（2014）研究了立陶宛健康旅游服务产业的变化特点并提出了应对策略。Bhawna（2016）在分析印度医疗旅游的发展态势和困境的基础上，提出建立和提升印度作为优质医疗旅游目的地的形象、创建和促进医疗旅游产品的新组合、以合理的价格保持高质量治疗、提供信息丰富的在线和离线资料并将其提供给潜在客户等对策。Momeni（2017）全面分析了伊朗西北部医疗旅游业竞争态势，提出加强基础设施和文化改革，执行系统计划及将医院纳入医疗旅游等。Chor（2017）定量分析了医疗旅游需求的宏观经济决定因素，提出降低医疗价格、降低犯罪率、提高医疗质量、人力和设施等以促进马来西亚医疗旅游发展。Subhadra（2017）认为新加坡发展成为世界领先的医疗旅游目的地的经验在于其核心竞争优势，包括卓越的医疗保健质量、可信赖和安全的医疗实践以及众多国际认可的医院。Kamilla Swart（2018）对非洲加蓬的体育旅游进行了案例研究，提出发展基础设施、提供技能开发和培训计划以及创新产业联盟组织等建议。Ji（2018）研究了韩国康养旅游市场特征，并提出韩国康养旅游市场创新的对策建议，例如，与健康机构合作开发健康旅游产品、开发多样化的健康活动等。Khalil Momenia（2018）实证研究了阿塞拜疆东部省医疗旅游的发展障碍，并提出开发医疗旅游业地图、私营部门参与、组织和支持医疗旅游机构等对策。Jorge（2019）提出了美国康养旅游市场创新策略，包括满足康养旅游细分市场需求、确保对护理人员进行适当培训、认识来访患者的文化背景等。同时，一些国外学者综合比较了多个国家康养旅游产业创新发展的成功经验，总结其一般普适性规律与启示。国内学者研究了我国不同省（区、市）地域范围的康养旅游产业的发展现状与问题，并探索符合地方实际的发展对策。包括引进和培育高端企业、加大资金支持、创新医养结合产业发展模式、创新康养旅游产品、整合康养旅游资源、加强康养旅游基础设施建设、培养康养旅游人才、开发康养旅游线路、打造康养旅游品牌、产业融合发展和创新发展、康养旅游集群创新、优化产业供应链、区域协同发展等。

三是以具体的景区或康养旅游胜地为研究对象，从微观层面总结案例的实践经验及其面临的问题，探索创新发展策略。Lee（2016）对加拿大的健康水疗中心进行案例研究，从体验经济角度提出服务差异化、科技创新、高度接触等创新策略。Jae（2015）以韩国康养旅游景区为例，从体验视角提出康养旅游产品创新应鼓励客户高度参与。Diana（2018）实证研究了波兰温泉度假胜地的游客数据，提出欧洲医疗水疗度假村的市场营销与开发策略。陈莉娟（2020）总结了浙江省景宁草鱼塘森林公园开发森林康养旅游的经验，提出六大类型森林康养旅游产品开发策略。

四是专注某一创新领域的应用对策研究。康养旅游产品创新策略研究范围涵盖了多种康养旅游产品，如森林康养旅游、湖泊康养旅游、体育旅游、SPA 旅游、医疗旅游、环境养生旅游、避暑养老旅游、中医药旅游、乡村养老旅游等。基于政府在促进康养旅游中的重要作用，一些学者从监管者和促进者的视角提出了政府推动国家（地区）康养旅游的对策，包括创造有吸引力的环境、提供优惠信贷和税收减免、增加专项基金、建立保险制度、发展基础设施等。由于供应链在医疗旅游业中起着至关重要的作用，一些学者集中研究了优化康养旅游供应链、产业链的策略，如减少供应链成本并提高供应商之间的效率，健全产业链条来实现产业创新运营等。互联网、大数据等现代信息技术的广泛运用给康养旅游产业发展带来了全新的变革，康养旅游产业需要创新 O2O 发展模式、构建信息平台、融合营销渠道、优化产业链等。

2.3.2 研究述评

康养旅游产业研究呈现出研究范畴不断外延、研究内容逐渐细化和深入的特征，反映出相关研究的广阔前景。学术界关于康养旅游产业研究呈现以下特征。一是研究主题主要集中在康养旅游产业的驱动因素、康养旅游产业的效应评价、康养旅游产业的市场需求、康养旅游产业的供给体系、康养旅游产业的发展路径和康养旅游产业的发展对策等领域。二是研究方法主要运用定性研究与定量研究相结合。定性研究方法主要使用案例研究法、文献分析法、专家访谈法、田野调查法等研究方法；定量研究方法主要使用数理统计方法、假设检验法、回归分析法、主成分分析法等。三是研究内容逐渐深入。国内外研究对养老旅游、养生旅游、医疗旅游、健康旅游等细分领域的研究深度日益深入，在细分康养旅游领域的概念内涵、类型属性、市场特征、经营创新等方面已经积累了丰富的研究成果。四是研究视角由单一学科到多学科融合。国内文献的研究视角集合了管理学、经济学、地理学、社会学、历史学等多元学科视角与跨学科交叉融合，反映出相关研究逐渐走向深入和成熟。

然而，国内外研究也存在一些不足。一是缺少共享经济下康养旅游产业面临新问题的跨学科集成研究。共享经济下康养旅游产业的外部环境和内部环境发生了重大变化，已有成果的研究范围局限于传统产业经济理论，研究视角和内容已经不能有效阐释新时期康养旅游产业面临的新问题，尤其缺乏跨学科视角研究康养旅游产业创新发展的成果。二是有关共享经济下国内康养旅游产业发展实践研究薄弱。已有成果缺乏共享经济环境变化下我国康养旅游产业发展面临新的实践问题研究；缺乏对国内康养旅游产业发展路径和发展策略的系统研究。总之，理论与实践研究的不足已严重制约我国康养旅游产业高质量发展，亟待加强相关研究。

第 3 章 国内康养旅游产业发展历程及演进规律①

我国现代康养旅游产业发端于中华人民共和国成立以后的各类疗养院、休养所。在改革开放时期伴随着经济市场化改革，康养旅游产业逐渐起步和积累发展。随着国内大众旅游兴起，尤其是党的十八大明确提出“健康中国”战略以后，康养旅游产业进入快速发展时期。回顾我国康养旅游产业的发展历程，全面审视国内康养旅游产业的发展演进规律，总结国内康养旅游产业发展的经验与启示，有利于促进国内康养旅游产业高质量发展和实现健康中国战略。

国内康养旅游产业发展实践研究虽然起步较晚，但发展迅速。进入 21 世纪以来，有关各省市康养旅游产业发展实践的研究成果在数量上迅猛增长，其研究内容包括四个方面：从全球视角比较分析不同国家康养旅游产业的发展经验，并总结其发展规律，结合国内康养旅游实际提出借鉴启示；从宏观层面分析省域康养旅游产业的现状、问题和经验，并探讨省域康养旅游产业的发展路径或模式；从微观层面具体分析市（县、区、乡、镇）康养旅游产业发展的现实问题与对策；典型案例研究，选取典型康养旅游小镇、集群、示范区（试验区）、目的地等案例进行个案研究，总结归纳其成功经验与启示。综上所述，国内研究呈现出研究内容逐渐细化和深入的特征，反映出相关研究的广阔前景，但仍存在诸多不足：缺乏系统视角全面审视全国范围内康养旅游产业的比较研究。已有成果的研究范围大多局限于某个省（区、市），研究范围缺乏全国宏观视角；缺少对健康

---

① 李莉，陈雪钧．中国康养旅游产业的发展历程，演进规律及经验启示［J］．社会科学家，2020（5）：74-78.

中国战略下我国康养旅游发展经验和规律的提炼。

3.1 国内康养旅游产业发展历程

在国内旅游业迅猛发展的宏观背景下，我国康养旅游产业经历从小到大，从单一到多元，从初级到高级的跨越式发展，在数量规模与质量效益上均取得重大进展。康养旅游产业已经成为我国旅游经济的重要组成部分。回顾康养旅游产业的发展演进历程，不但有利于总结中国特色的康养旅游产业发展道路，而且有利于探索新时期康养旅游产业的发展方向。

3.1.1 行政主导事业接待阶段

1949 年中华人民共和国成立至 20 世纪 80 年代初期是我国康养旅游产业发展的行政主导事业接待阶段，其典型特征是政府行政主导下的计划经济发展模式。新中国成立以后，为了保障国家干部、军人、劳动群众的身体健康，国家及各省市的工会系统率先开办疗养事业机构；同时，中央各部委及各省市的事业单位开办各种类型的疗养院、休养所等，这成为我国现代康养旅游产业的起源，但其尚不属于严格意义上的产业范畴。在这段时期我国逐渐形成了具有鲜明资源特色的大规模疗养区，包括海滨气候疗养区（如北戴河、青岛、大连、厦门等）、矿泉疗养区（小汤山、从化、重庆南温泉、黑龙江五大连池等）、山地气候疗养区（如庐山、黄山等）、湖滨疗养区（如无锡太湖、杭州西湖、武汉东湖等）。截至 1982 年年底，全国各级各类疗养院、休养所数量达到 5931 所、床位 7794 张。在行政主导事业接待阶段，我国康养旅游局限于单一的福利型疗养模式，服务对象主要是各部门和单位的劳动模范、先进个人、干部等；管理模式实行高度集中的行政管理体制，疗（休）养院（所）完全按照上级管理部门的指令开展业务。

3.1.2 市场化改革规模发展阶段

20 世纪 80 年代中期至 20 世纪末是我国康养旅游产业的市场化改革规模发展阶段。随着我国改革开放的全面展开，国内疗养事业和旅游业逐步开展市场化改革，康养旅游产业开始孕育并逐渐发展壮大。其间，全国总工会先后出台了《关于职工疗（休）养事业体制改革的决定》（1985年）、《关于职工疗（休）养事业深化改革几个问题的决定》（1990年），提出指导疗养事业市场化改革的主要方针。此后，国内疗（休）养院（所）逐渐由单一疗（休）养型向多功能经营服务型转变，由行政管理体制向企业化经营机制转变，由单一公有制向多种所有制转变，从而推动了我国疗养事业的多元化转型发展。国内疗（休）养院（所）的功能逐渐转变为以疗（休）养为主，兼具养生、休闲、度假、旅游、医疗、康复、保健、体检等多功能综合服务。疗（休）养院（所）逐渐发展成为国内康养旅游产业的主要业态之一。

另外，国内旅游业由计划经济体制下的“政治接待型”向社会主义市场经济体制下的经济事业型转变。1995年以前，旅游行业主要经营入境旅游业务，很少接待国内旅游者。1996年10月，国务院发布《旅行社管理条例》（中华人民共和国国务院令第205号），将旅行社分为国际旅行社和国内旅行社；同时，允许旅行社的所有制形式可以为非公有制。政策的放开以及国内大众旅游的兴起使得大量社会和民间资本进入旅游产业。而随着银发旅游市场的形成，国内旅游业为老年人群体提供各种主题的“夕阳红”观光旅游，成为20世纪90年代最成功的康养旅游产品之一。在市场化改革规模发展阶段，我国康养旅游业逐渐由事业型向产业型过渡，政府主管部门逐渐从指导经营转变为宏观管理和制度供给；康养旅游的所有制形式更加多元化，社会和民间资本所占比重逐渐增加；康养旅游产业供给迅速扩大，康养旅游产品以老年观光旅游为主，产品类型单一，但市场规模较大。

3.1.3 市场深化改革提档升级阶段

进入21世纪，我国康养旅游产业发展进入提档升级阶段。2001年，我国加入WTO以后，中国进入全方位开放以及与世界经济全面接轨的新发展时期。国内经济改革进一步深化，市场经济体制日益完善，市场逐渐成为影响旅游经济发展的主导力量。

新时期国内康养旅游产业迅速崛起，逐渐成为重要的旅游经济业态。这既是旅游市场消费需求升级和旅游产业转型的必然结果，也是新时期内外环境变化的必然趋势。从旅游市场需求端来看，市场对健康与旅游的双重需求推动了康养旅游市场需求迅猛增长。受新冠疫情影响，人民群众对卫生健康服务的类型和品质提出了更高要求。大健康观念逐渐成为社会共识，人民群众对健康服务的需求从以治病为中心向全生命周期的卫生与健康需求转变。截至 2021 年年末，我国 60 周岁及以上人口达 2.67 亿人，占全国总人口的 18.9%。人口老龄化为康养旅游产业发展提供了巨大市场。同时，中青年群体成为康养旅游的重要潜在市场。亚健康问题使得人民群众的健康观既重视“治病”，更重视“治未病”，直接催生了庞大的医疗旅游市场、养生保健旅游市场、体育旅游市场等。我国康养旅游市场规模呈现出快速增长态势，其直接推动了康养旅游产业迅猛发展。

从旅游产业供给端来看，康养旅游产业内部竞争驱使产业转型升级。激烈的市场竞争使得康养旅游企业不断投入经营资源用于产品创新，投入营销资源用于扩大市场边界，投入研发资金用于技术创新。同时，新经济环境下康养旅游企业面临来自替代竞争对手的竞争压力、潜在竞争对手的竞争压力、供应商的竞争压力以及购买者的竞争压力。产业竞争打破了传统的康养旅游产业竞争格局，使跨产业间的竞争方式、范围和程度发生重大改变，进而改变了原有产业竞争格局，促使康养旅游产业进行适应性调整，从而影响康养产业发展的范围、方向和程度。

从外部环境来看，政策叠加效应、经济转型效应、社会文化变革、科学技术创新成为推动康养旅游产业迅猛发展的环境动因。在政策环境方面，国家及地方政府日益重视康养旅游产业，出台了一系列优惠政策，涉及投资、审批、税费、土地、管理、人才等方面，不但给予康养旅游产业多种政策红利，而且能够吸引社会资本投资，形成市场引导机制。在经济环境方面，新时期中国经济进入新常态阶段。康养旅游产业具有促进经济增长、带动就业、增加国民社会福利等优势，其成为国家和地方政府大力扶持的新兴战略产业。在社会环境方面，我国人口老龄化趋势日益明显，人口流动日益频繁以及现代生活节奏的加快使我国的家庭结构和功能发生变化。家庭结构趋于小型化和空巢化，家庭功能趋于核心化，这导致家庭的养老功能不断弱化，越来越多的家庭寻求社会服务来满足养老需求，这直接推动了养老旅游、医疗旅游、养生保健旅游等康养旅游发展。在科技环境方面，互联网技术、LBS 定位技术、大数据技术、云计算技术、移动支付技术、人工智能技术、物联网技术等先进科学技术的普及应用，既更高效地满足了康养旅游市场需求，又降低了企业的经营成本，成为推动康养旅游产业兴起的重要动因。

3.1.3.1 空间维度：区域格局分布①

国内大陆地区康养旅游产业的空间布局主要在东北、东部、中部和西部四个区域，并已形成典型的区域特色和差异化竞争优势（见表 3-1）。

表 3-1 国内康养旅游的空间区域分布

区域	地理范围	特色品牌	典型案例
东北	黑、吉、辽	冰雪体育	五大连池、小兴安岭、长白山、天桥沟等
东部	京、津、冀、鲁、苏、浙、沪、闽、粤、琼	高端医疗旅游、滨海休闲养生、中医疗养与养生旅游	江苏泰州中国医药城、河北以岭健康城、杭州东方文化园、浙江中翔绍兴温泉城、天津健康产业园、河北秦皇岛北戴河、山东青岛市崂山湾国际生态健康城、福建平潭综合试验区、海南博鳌乐城国际医疗旅游先行区等
中部	晋、皖、赣、豫、鄂、湘	养生休闲度假、森林康养旅游、宗教文化康养旅游	湖南灰汤温泉、河南信阳市鸡公山、江西萍乡市武功山风景区、安徽九华山风景区、安徽亳州华佗故里文化旅游基地、湖北武当山等
西部	川、渝、黔、云、藏、陕、甘、青、宁、新、桂、蒙	森林康养旅游、气候养生养老旅游、民族医药康养旅游	贵州赤水康养旅游示范基地、广西桂林市健康旅游示范基地、内蒙古蒙古之源蒙医药原生态旅游景区、重庆金映像中医药健康旅游城、四川龙泉健康科技旅游示范中心、云南白药大健康产业园、西藏拉萨净土健康产业观光园

（1）东北地区包括黑、吉、辽三省，其凭借自然冰雪资源及优质的自然生态资源，逐渐形成冰雪体育康养旅游、森林康养旅游等地域品牌。（2）东部地区包括华北、华东和华南的京、津、冀、鲁、苏、浙、沪、闽、粤、琼十省（区、市），其具备经济发达、基础设施完善、对外开放环境优良等优势，使得该区域发展成为国内康养旅游产业最发达的区域，已形成高端医疗

① 陈雪钧，李莉. 国内康养旅游产业发展的多维分析与启示［J］. 开发研究，2021（4）：109-114.

旅游、滨海休闲养生、体育康养旅游、中医疗养与养生旅游、温泉旅游等地域品牌。东部地区的康养旅游产业体系成熟，配套服务完善，其产业发达程度位居全国前列。受东部地区资本市场驱动，主题康养旅游小镇、产业园区（集群）等新业态最早出现在东部地区，发展规模也最大。（3）中部地区包括晋、皖、赣、豫、鄂、湘六省，其具有丰富的自然资源和文化资源。中部地区已逐渐形成养生休闲度假旅游、森林康养旅游、体育康养旅游、宗教文化康养旅游、中医药康养旅游、田园养生旅游等业态，但由于产业基础相对薄弱，其康养旅游产业规模不大，产业链不成熟。（4）西部地区包括川、渝、黔、云、藏、陕、甘、青、宁、新、桂、蒙十二个省（区、市），其拥有优质的自然生态康养旅游资源；已逐步形成森林康养旅游、温泉康养旅游、气候养生养老旅游、民族医药康养旅游、山地休闲康养旅游等区域品牌。西部地区的康养旅游产业发展具有典型的资源驱动特征。受经济发展水平、基础设施和地理区位的局限，西部地区康养旅游产业整体处于起步阶段，产业发展速度相对较慢，产业总体规模不大。

3.1.3.2 战略维度：发展模式选择

国内各省份根据自身康养旅游产业状况及战略目标需要，选择适合自身实际的产业发展模式。广东、上海、江苏、浙江、福建等东部经济发达省份普遍实施市场驱动型集聚发展模式，以康养旅游客源市场为中心，通过资本要素聚集以发展康养旅游集群、综合体、示范区、康养旅游小镇等。如天津健康产业园、福建平潭综合试验区、浙江佐力郡安里中医药养生体验园等。具有自然生态资源优势但经济欠发达的中部和西部省份一般选择资源驱动型集聚发展模式，围绕康养资源富集的区域布局发展康养旅游全产业链，以构筑多维康养旅游产业生态系统。例如，四川省成都市温江区大力构建“三医两养一高地”全域健康产业生态圈，规划建设医学城、健康服务业聚集区、都市现代农业高新技术产业园三大园区，逐步形成医养、乐养、智养、农养、林养等全域康养旅游产业生态圈。同时，一些省份实施行政驱动型集聚发展模式，通过行政划拨式国企重组打造地区大型康养旅游企业集团，发挥龙头企业的标杆引领和辐射带动效应。云南省专门成立云南康旅控股集团，以发挥龙头企业在文化旅游和健康服务两个万亿级产业的引领带动作用，支撑云南打造世界一流“健康生活目的地”发展战略。

3.1.3.3 品牌维度：市场形象塑造

国内各省份均高度重视打造康养旅游品牌，但具体品牌策略方面可以分为以下两类：

一类实施母子品牌组合策略，母品牌展示地区整体康养旅游品牌形象，子品牌体现省辖市的差异化康养旅游子品牌特色。据调研统计，全国共有十四个省（区、市）实施母子品牌组合策略，其明确提出建设国际（全国）康养旅游目的地品牌，并系统实施康养旅游品牌经营战略（见表 3-2）。海南省打造海南特色的医疗健康品牌，推出博鳌乐城国际医疗品牌、“南药花园”“芳香花园”森林康养品牌和南药特色养生保健产品品牌。河北省通过打造山海康养旅游、燕山深呼吸、冰雪运动、长城绿道、山水度假、红色太行、峡谷探险、太行养生八大产品品牌以全方位支撑世界一流滨海康养旅游度假区品牌。

表 3-2 国内部分省份康养旅游的品牌定位

省份	品牌战略定位	省份	品牌战略定位
山西	康养山西	宁夏	康养福地
黑龙江	中国生态康养旅游目的地	海南	健康旅行、医养海南
贵州	多彩贵州·度假康养胜地	湖北	灵秀湖北，康养荆楚
安徽	国际知名森林康养目的地	吉林	避暑休闲名省
云南	世界康体养生旅游地	河北	世界一流滨海康养旅游度假区
广西	世界健康旅游目的地	山东	仙境海岸、养生福地
新疆	国际知名康养度假胜地	青海	康养休闲之都

另一类实施独立产品品牌策略，省（区、市）通过培育和营销多个康养旅游产品品牌以扩大市场知名度和影响力。例如，广西重点打造巴马中脉国际养生都会、永福寿城百寿养生文化旅游主题小镇等重点项目以树立健康养生旅游标杆，打造一批“桂字号”健康旅游高端商品，培育一批区域康养旅游基地和龙头企业品牌，“以点带线，连线成片”辐射带动全省大康养旅游产业发展。

3.1.3.4　产品维度：供给体系建构

适应新时期市场需求变化趋势，国内各省立足自身资源禀赋，以创新康养旅游产品为重点，逐渐形成类型众多、特色鲜明的多元化康养旅游产品体系，产品类型涉及养老旅游、养生旅游、体育健身旅游、医药健康旅游等。在各大类康养旅游产品中又衍生出众多细分的康养旅游产品（见表 3-3）。

表 3-3　国内康养旅游产品类型

产品大类	产品子类型	典型案例
养老旅游	观光型养老旅游、探亲型养老旅游、休闲型养老旅游、疗养型养老旅游、投资型养老旅游	“夕阳红”旅游、海南的“候鸟式”养老、大连市的“互动式异地养老”、北京东方太阳城大型养老社区
养生旅游	生态水疗、森林养生、美食养生、美容养生、季节养生	浙江天目山“森林康复医院”、湖南灰汤温泉、黑龙江五大连池
体育旅游	体育旅游、山地健身旅游、水体游憩旅游	河北张家口冰雪体育旅游、北京奥林匹克公园、泰山国际登山比赛、武汉国际渡江节
医药健康旅游	医疗旅游、中医药健康旅游、保健旅游	四川北川的药王谷旅游度假区、海南博鳌乐城国际医疗旅游先行区、江苏泰州中国医药城、河北以岭健康城

目前，国内康养旅游产品类型主要以温泉康养旅游、森林康养旅游、中医约康养旅游和体育旅游为主。以 2016 年 9 月国家旅游局评选出的五个国家康养旅游示范基地为例，江苏泰州中国医药城、河北以岭健康城属丁中医药康养旅游类型；黑龙江五大连池、湖南灰汤温泉属于温泉康养旅游类型；贵州赤水属于森林康养旅游、体育旅游类型。其中，2020 年我国森林生态服务价值达到 15 万亿元，林业旅游休闲康养人数每年突破 25 亿人次，国家森林城市达到 200 个以上；在中医药健康旅游方面，现有 454 个景区、度假村等机构和 90 多个中医药博物馆、中医药企业开展了中医药健康服务，15 家中医医疗机构正在开展入境中医医疗旅游服务。其他类型的康养旅游产品虽然数量多、规模大，但整体来看产品品质不优、产品特色和吸引力不强，大多康养旅游产品仍以观光旅游功能为主，康养与体验功能不突出。

康养旅游发达省份普遍实施“1+X”产品策略。“1”是最具地域特色和竞争优势的康养旅游产品，以塑造标志性的地区康养旅游产品品牌，如海南的医疗旅游、云南的养老旅游、山东的滨海休闲康养旅游、黑龙江和吉林的冰雪体育康养旅游、重庆的温泉旅游等（见表 3-4）；“X”是种类齐全、层次多样、功能互补的康养旅游产品系列，以满足多元化市场需求。国内大多数省份均分层次和成体系地构建康养旅游产品，但普遍存在规模小、品质低、效益差等问题。一些省份实施产品创新策略，从功能创新、形式创新、技术创新、平台创新等方面创新康养旅游产品，逐渐形成新的产品优势。如海南省创新“医疗＋旅游”模式，推出博鳌乐城国际医疗旅游先行区的“1+X”一站式康养旅游服务、“旅行社＋疗养”中医药服务等。浙江、四川、黑龙江、湖南、云南、贵州等省份创新“森林＋康养”旅游模式，转型开发森林养生旅游、森林医疗旅游、森林休闲旅游、森林体育旅游等森林主题康养旅游产品。

表 3-4 部分省份康养旅游产品体系

省份	特色产品	特色产品体系
海南	医疗旅游	博鳌乐城国际医疗旅游先行区的“1+X”一站式康养旅游服务、“旅游＋疗养”“旅行社＋疗养”中医药旅游产品
云南	养老旅游	“养生、度假、休闲＋养老院”、候鸟式度假养老社区、乡村颐养新村、具有养老旅游功能的景区、度假型养老旅游酒店等多种类型的养老旅游产品
贵州	山地休闲康养旅游	“山地＋避暑休闲”“山地＋民族文化”“山地＋生态观光”“山地＋养生度假”“山地＋户外运动”“山地＋温泉旅游”
重庆	温泉旅游	温泉＋景区、温泉＋酒店、温泉＋中医疗养、温泉＋旅游线路、温泉小镇、温泉旅游房地产等
广东	中医药康养旅游	创新中医药健康旅游、保健养生旅游服务产品，构建岭南中医药旅游产品体系
山东	滨海休闲康养旅游	滨海中医理疗、滨海养老、避暑养生、膳食疗养、海水热疗项目，建设一批海岛健康旅游目的地、滨海休闲度假养生基地
江西	养生休闲度假旅游	生态养生、温泉养生、中医养生、运动养生、田园养生、宗教养生六类养生旅游产品

续表

省份	特色产品	特色产品体系
黑龙江 吉林	冰雪体育康养旅游	冰雪运动、品牌赛事、竞赛表演、冬季研学、中医药旅游、“定制旅居”等
湖南 浙江	森林康养休闲旅游	森林养生、森林医疗、森林休闲、森林体育、森林研学等森林主题康养旅游产品

3.1.3.5 制度维度：保障系统支撑

制度环境是通过制定产业规划和产业政策来影响产业发展的外部条件。新时期康养旅游产业逐渐受到中央及地方政府的重视和支持，出台了一系列优惠政策以促进康养旅游产业快速发展。如《促进健康服务业发展的若干意见》（国发〔2013〕40号）、《国务院关于促进旅游业改革发展的若干意见》（国发〔2014〕31号）、《关于大力发展体育旅游的指导意见》（旅发〔2016〕172号）、《关于促进健康旅游发展的指导意见》（国卫规划发〔2017〕30号）、《关于促进森林康养产业发展的意见》（林改发〔2019〕20号）等。2017年党的十九大提出“实施健康中国战略”，是以习近平同志为核心的党中央从长远发展和时代前沿出发，作出的一项重要战略安排，吹响了新时代我国康养旅游产业高质量发展的号角。一系列政策在投资、审批、税费、土地、管理、人才等方面给予康养旅游产业全方位的扶持，加速了国内康养旅游产业跨越式发展。

同时，在经济新常态背景下国内各省市旅游业面临供给侧结构性改革的巨大挑战。2012年，攀枝花市编制《中国阳光康养旅游城市发展规划（2012—2020年）》，首次提出建设“中国阳光康养旅游城市”目标，正式拉开了国内地方政府主导康养旅游产业发展的序幕。此后，国内大多数省（直辖市、自治区）陆续出台了各省的康养旅游产业发展规划，从全省战略高度科学规划地方康养旅游产业布局与发展战略，引导地方康养旅游产业走上规范化和差异化的发展道路，标志着国内康养旅游产业发展进入新阶段。海南、四川、云南、贵州、新疆、广西、黑龙江、青海等省份均出台康养旅游产业专项发展规划和政策文件，从顶层制度设计层面明确康养旅游产业的重要地位，从宏观战略上科学规划了康养旅游产业发展方向和布局，从政策落实方面细化了支持康养旅游产业发展的具体优惠政策和扶持举措（见表 3-5）。具体体现为：在政务服务方面，一些省份出台专门政策深化行政管理体制改革，以提高政务服务效率和优化营商环境。政府职能部门以监管为主向服务为主转变，精简行政审批事项，重点增强产业规划、政策法规咨询、信息服务、人员培训服务、旅游目的地营销等服务职能。在基础设施方面，部分省份根据康养旅游者的需求特点，重点建设医疗服务、无障碍设施、信息通信基础设施、产业信息共享系统等基础设施。通过服务外包、委托授权、特许经营、BOT 模式（建造—运营—移交）、奖励制度等方式吸引社会资本参与康养旅游基础设施建设。在资金扶持方面，陕西、贵州、云南等省份通过设立专项康养产业基金以撬动社会资本参与康养旅游产业投资。政府相关职能部门投入专项资金作为引导资金，运用银行借贷、发行债券、融资租赁等多种融资手段更大范围吸引社会资本投资康养旅游的重点项目、基础设施。在产业平台与产业融合方面，上海、海南、贵州、河北、黑龙江等省份探索互联网、云计算、大数据等现代信息技术用于建设康养旅游网络共享平台。如贵州的大健康智慧云平台、上海的智慧养老服务平台、黑龙江的养老云服务平台、河北的智慧康养平台、海南的医疗健康旅游信息平台等，促进了社会资源的共享使用和优化配置。在人才保障方面，一些省份扩大在高等院校、高职院校、中职院校等培养康养旅游及其相关专业人才规模。

表 3-5　国内部分省份康养旅游产业的政策、规划

省份	年份	规划或文件名称
北京	2015	《北京市健康旅游产业发展研究与规划》
天津	2017	《天津市智慧健康养老产业发展实施意见（2018—2020 年）》
上海	2017	《关于推进上海美丽健康产业发展的若干意见》
重庆	2020	《重庆市促进大健康产业高质量发展行动计划（2020—2025 年）》
河北	2018	《关于大力推进康养产业发展的意见》
山西	2019	《支持康养产业发展行动计划（2019—2021）》
吉林	2018	《关于推进避暑休闲产业创新发展的实施意见》

续表

省份	年份	规划或文件名称
黑龙江	2019	《黑龙江省冰雪旅游产业发展规划（2019—2030）》
江苏	2017	《江苏省人民政府办公厅关于加快发展健身休闲产业的实施意见》
浙江	2015	《浙江省健康产业发展规划（2015—2020 年）》
安徽	2017	《安徽省人民政府办公厅关于加快健康产业发展的指导意见》
福建	2015	《促进养生休闲旅游工作指导意见》
山东	2019	《山东省医养健康产业发展规划（2018—2022 年）》
河南	2017	《河南省推进健康养老产业转型发展方案》
湖北	2014	《湖北省人民政府关于促进健康服务业发展的实施意见》
湖南	2017	《湖南省人民政府办公厅关于加快发展健身休闲产业的实施意见》
海南	2019	《海南省健康产业发展规划（2019—2025 年）》
四川	2017	《四川省大力发展生态康养产业实施方案（2018—2022）》
	2020	《四川省健康产业规划（2021—2025）》
贵州	2015	《贵州省健康养生产业发展规划（2015—2020 年）》
云南	2016	《云南省养老旅游发展专项规划（2016—2030 年）》
陕西	2014	《陕西省人民政府关于促进健康服务业发展的实施意见》
甘肃	2018	《甘肃省人民政府办公厅关于加快发展健身休闲产业的实施意见》
青海	2019	《关于促进青海省中藏医药康养旅游的指导意见》
内蒙古	2017	《关于促进蒙中医药健康旅游发展的实施意见》
广西	2017	《广西健康产业三年专项行动计划（2017—2019 年）》
宁夏	2014	《自治区人民政府关于促进健康服务业发展的实施意见》
新疆	2017	《新疆维吾尔自治区新疆康养旅游产业发展实施意见》
广东	2020	《关于加快推进森林康养产业发展的意见》
西藏	2020	《西藏自治区康养旅游示范基地评定管理实施细则（试行）》
江西	2021	《江西省人民政府办公厅关于推进康养旅游发展的意见》

空间维度、战略维度、品牌维度、产品维度、制度维度五个维度相辅相成、交互影响，共同促进了国内康养旅游产业快速发展。战略维度是驱动康养旅游产业发展的核心动力机制，其从本质上规划了地区康养旅游产业的发

展方向和道路，从而引领品牌维度、产品维度和空间维度发展；制度维度从政策和规划方面对战略维度、品牌维度和产品维度发挥保障支撑作用；品牌维度和产品维度相辅相成、交互影响，产品塑造品牌，品牌营销产品。战略维度、品牌维度、产品维度和制度维度共同驱动形成国内康养旅游产业的空间格局。五个发展维度交互作用，形成了网络动态平衡关系（见图 3-1），持续推动国内康养旅游产业螺旋式上升发展。

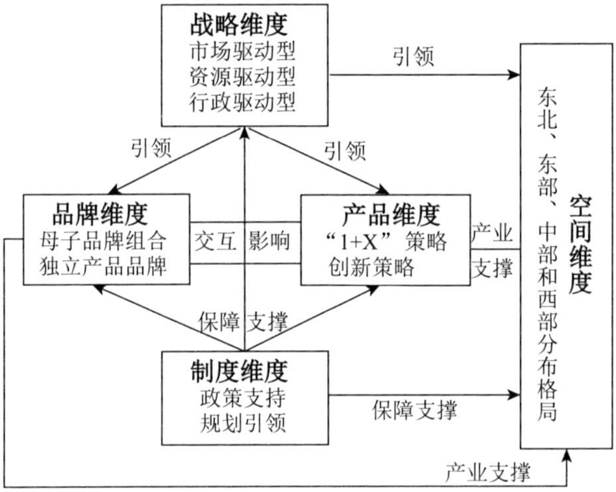

图 3-1 国内康养旅游产业的多维度发展及作用机制

3.2 国内康养旅游产业发展演进规律

康养旅游产业发展是一个新旧交替的动态演进过程，内外部环境的变化推动着我国康养旅游的产业动力、产业结构、地域分布、产业业态等发生规律性变化，从而形成具有中国特色的康养旅游产业演进规律。

3.2.1 产业动力演进规律：由行政主导向市场主导演进

在国内康养旅游产业发展演进过程中，产业驱动力呈现出由行政主导向市场主导演进规律。在行政主导事业接待阶段，政府行政力量完全主导疗（休）养院（所）的经营和发展，管理模式实行高度集中的行政管理体制，企业没有自主管理权和经营权，完全按照上级管理部门的指令开展业务。在市场化改革规模发展阶段，在国家社会经济体制逐步向市场经济体制转型的背景下，政府行为和市场机制两种力量的耦合共同推动了康养旅游产业规模化发展。总体来看，由于体制的惯性和市场的不成熟，在这一阶段政府的行政力量的影响仍大于市场力量，康养旅游业逐渐由事业型向产业型转型，所有制结构更加多元化，企业逐渐拥有更多的自主经营权。在市场深化改革提档升级阶段，市场逐渐成为主导国内康养旅游产业发展的主导力量。国有资本、民营资本、外资等多元社会资本共同推动国内康养旅游产业迅猛发展；不同所有制、不同规模、不同类型的康养旅游企业在市场机制竞争法则下进行公平竞争；政府行政部门主要负责宏观管理和制度供给。而随着我国市场经济体制改革的进一步深入，市场力量对康养旅游产业发展的影响将越来越广泛和深远。

3.2.2　产业结构演进规律：由单一化向多元化演进

国内康养旅游产业结构演进主要表现为产业结构由低级向高级演进的高度化和产业结构横向演变的合理化。在国内康养旅游产业发展的不同阶段，产业结构的演进呈现出不同的规律。在行政主导事业接待阶段，疗（休）养院（所）占绝大部分比重，其属于社会福利事业，并不算严格意义上的产业。在市场化改革规模发展阶段，疗（休）养院（所）和康养观光旅游占主要比重，产品类型单一，营业收入主要以基本旅游消费（游览、交通、住宿、餐饮）为主，产业附加值低、经济拉动效应弱。在市场深化改革提档升级阶段，国内康养旅游产业的业务范围呈多元化延伸趋势，康养旅游产业边界向相关产业和衍生产业领域拓展，其与关联产业之间形成多业共生、混业发展模式。康养旅游小镇、旅游养老地产等康养旅游综合体的出现构建了康养旅游全产业链，实现第三产业全方位协同一、二产业融合发展，第三产业所占比重最高，推动康养旅游产业结构向高度化及合理化演进。基于应对市场竞争、获取利润、分散风险、强化品牌效应等目的，国内康养旅游产业的业务范围普遍跨界延伸至多元化业务领域，不仅涵盖餐饮业、房地产业、旅游交通服务业、景区业、娱乐业、日常生活用品业、医疗与养生业、教育文化业等康养旅游核心业务，而且涵盖相关产业和衍生产业的业务领域；康养旅游产业的业务边界日益模糊，产业融合发展与混业发展渐成趋势。国内康养旅游产业首先在康养旅游的核心业务领域开展横向延伸，通过扩大康养旅游业务的经营规模获得规模经济效应；以品牌、市场、资本等为纽带，实施业务纵向延伸，向康养旅游上下游的食品生产与加工业、旅游咨询服务业、老年用品制造业、信息咨询服务业、家政服务业、劳务服务业、公共服务业等相关产业领域延伸，以获得旅游产业链上下游环节的利润。在积累了足够的经营资源以后，康养旅游产业向相关产业的先行产业和后续产业延伸，包括原材料供给行业、保险业、金融业、建筑业、政务服务等。产业关联的增强和产业协同的深化促进了康养旅游产业业务领域的多元化延伸，使其获得规模经济和范围经济效应。例如，泰康人寿、合众人寿、中国人寿、万达集团、保利地产、首创置业、绿地集团等知名企业集团运用控股、参股、持股等资本运营手段经营旅游养老地产、老年公寓、康养度假酒店、体育与休闲俱乐部、医院和疗养保健机构、购物商业设施、文化教育设施等多元业务（见表 3–6）。

表 3–6　我国部分康养旅游企业经营业务领域

企业名称	主要业务领域
华侨城集团公司	康养旅游地产、康养医疗、旅游景区、旅游及相关文化产业经营、酒店开发经营、电子及配套包装产品制造
开元旅业集团	酒店业、房地产业、建材业、旅游养老地产、康养机构、物业管理等
中青旅集团	旅行社、健康服务、康养旅游、景区及基础设施建设、会展、高新技术开发和技术服务、互联网信息服务等业务
常青国际养老产业集团公司	旅游景区、酒店、医疗康养、金融投资、农业、文化娱乐业等
北京太阳城地产公司	旅游养老地产、物业管理、酒店、医疗、商业、家政服务、娱乐业
金科文旅康养集团	旅游景区、主题公园、康养旅游地产、康养医疗、养老、健康管理产业、物业管理
保利地产	房地产开发、建筑设计、工程施工、物业管理、酒店经营、养老地产、养老产业专业管理等相关行业

3.2.3　地域分布演进规律：由“大分散”向“小集中”演进

受地区资源禀赋、经济水平、产业基础、政策环境等因素影响，国内康养旅游产业的地域分布演变呈现出由“大分散”向“小集中”演进规律。在国内康养旅游产业发展的初期（21 世纪以前），国内各省的康养旅游发展处于一种自发且无序的状态，在地域分布上呈数量多、规模小、分布散的散点状地域分布格局。进入 21 世纪以来，在政策、需求、资本等驱动下，国内康养旅游产业在一定地域范围内呈大规模同业态聚集分布。一方面，康养旅游产业围绕康养旅游资源丰富的地区集聚分布。如东北长白山区域、西南云贵川区域、山东的“济青烟”区域、海南三亚、河北省以张家口为中心的运动康体休闲旅游区域等。围绕着资源禀赋优质的区域，康养旅游产业规模不断扩大，逐渐形成康养旅游产业及其衍生产业相辅相成的良性互动格局，推动康养旅游集团化和集群化发展。另一方面，康养旅游产业聚集于经济发达区域。如环渤海区域、长三角区域、珠三角区域。上海凭借其丰富的医疗资源大力发展医疗旅游产业，其在 2010 年推出医疗旅游产品开发和推广平台，标志着国内发展国际医疗旅游的开端（见表 3–7）。

表 3–7　国内部分地区建设康养旅游目的地概况

地区（示范区）	康养旅游形象定位	产品类型
黑龙江五大连池	国际康养旅游目的地	温泉旅游、医疗旅游
河北张家口	运动康体休闲旅游区	体育旅游、冰雪旅游休闲康养产业
河北秦皇岛	世界一流滨海康养旅游度假区	滨海度假、海上娱乐、康体养生、山地生态、文化体验、红酒休闲
河北北戴河	打造世界一流滨海康养旅游度假区	康养休闲旅游、养老养生旅游
河北石家庄以岭健康城	国家康养旅游示范区	康养休闲旅游
山东蒙山	休闲养生旅游目的地	养生、养老、疗养、休闲、健康旅游等
江苏泰州中国医药城	国家康养旅游示范区	医疗旅游、医药产业、大健康产业
浙江武义	东方养生胜地	温泉旅游、养生旅游

续表

地区（示范区）	康养旅游形象定位	产品类型
浙江丽水	秀山丽水养生福地	森林康养旅游、养生养老旅游
浙江安吉	长三角森林康养福地	森林康养旅游、生态养生旅游
海南博鳌	乐城国际医疗旅游先行区	国际医疗旅游
广东佛冈县	健康养生旅游示范基地	温泉度假、乡村生态休闲、康养度假
湖南灰汤	国家康养旅游示范区	高端医疗业、户外运动、汽车露营、膳食养生等
四川攀枝花	中国阳光康养旅游城市	“康养 + 农业”“康养 + 工业”“康养 + 医疗”“康养 + 运动”
四川峨眉山	西南地区最有影响力的生态型旅游文化康养基地	休闲养生游、宗教养生旅游
重庆	世界温泉之都	温泉旅游、山地休闲旅游、森林养生旅游
贵州赤水	国家康养旅游示范区	生态观光、休闲度假、康体养生旅游
广西南宁	中医药健康旅游城镇	中药养生旅游、养老旅游
广西巴马瑶族自治县	国际养生度假基地	养老养生旅游

3.2.4 产业业态演进规律：由单一低级业态向多元复杂业态演进

国内康养旅游产业业态演进规律体现在三个方面：一是旅游组织形态演进沿着类型单一、规模较小的事业单位组织——类型单一、规模中等的企业组织——类型多元、规模集团化的企业组织——类型专业化、规模集群化的新组织业态方向演进。新时期康养旅游产业集群、在线旅游运营商、康养旅游联盟、康养旅游综合体等新的旅游组织业态逐渐成为市场的重要组成部分。二是旅游产品形态由单一疗养观光旅游向多元复合型新业态演进。随着国内康养旅游产业发展阶段的演进，康养旅游产品的类型日益多元化和细分化，沿着疗养观光旅游—康养休闲旅游—康养体验旅游路径演进。在产品功能上，康养旅游产品的功能日益复合，沿着医疗功能—“医疗 + 旅游”功能—“医疗 + 旅游 +N”复合型方向演进。康养旅游产品由满足旅游者的基本康养旅游消费需求向满足其综合康养旅游消费需求演进。三是旅游经营形态由单一经营向联合经营、网络经营方向演进。随着康养旅游产业经营规模和业务范围的不断扩大，康养旅游产业的经营业态沿着单一企业—集团企业—超级企业集团（产业联盟）—产业集群等产业组织形态演进。

3.3 国内康养旅游产业发展的经验借鉴

纵观我国康养旅游产业发展历程及其演进规律，总结提炼中国特色的康养旅游产业发展的普适经验，为探索未来康养旅游产业发展方向提供借鉴。

3.3.1 协调市场机制与政府行为

市场机制和政府行为的有机协调是促进康养旅游产业可持续发展的基础。在国内康养旅游产业发展的不同阶段，政府和市场“两只手”有机结合、相辅相成；政府与市场相互配合，相互补位而不越位，形成了市场、企业、产业、政府相互协调、良性互动的产业发展格局。在市场化改革阶段，尤其是 20 世纪 80 年代至 90 年代初期，由于成熟的市场机制尚未形成，政府行政驱动的疗（休）养院（所）市场化改革成功实现了企业化经营转型，培育了一批国内最早的公有制康养旅游企业，奠定了国内康养旅游产业基础。进入 21 世纪，在社会主义市场机制日渐成熟的背景下，政府行为转向宏观管理和制度供给，微观市场的经营由市场机制发挥决定性作用。政府与市场“两只手”的有机结合既保证了宏观产业发展战略的正确方向，又实现了微观市场资源的高效配置。

3.3.2 提供系统的政策法规支撑

系统的政策法规为国内康养旅游产业健康发展提供了良好的法律与政策环境。进入 21 世纪以来，我国政府从国家战略层面出台了一系列促进康养旅游产业发展的政策法规，在宏观层面确定了康养旅游产业的重要产业地位和战略定位。垂直化的行政管理体制形成了完备的“国家—省（部委）—市（厅局）”康养旅游产业行政管理体系，从而保证了国家政策在地方的有效执行和落地，在全国范围内形成扶持和推动康养旅游产业高质量发展的政策环境。

3.3.3 构建完整的产业生态系统

国内康养旅游产业通过产业延伸与融合，产业协同和产业关联以形成康养旅游产业生态系统。一是康养旅游产业的纵向延伸和多元化延伸，构建了以康养旅游核心产业为中心，以相关产业和衍生产业为辅助的康养旅游产业体系。二是非相关产业通过“+康养旅游”方式实现产业融合与产业转型，通过产业之间的资源共享和功能互补实现价值聚合效应。三是夯实康养旅游产业基础设施系统。国家及各省市政府投入大量财政资金建设公共设施、旅游基础设施、专业人才教育机构等，为康养旅游产业提供了良好的基础设施。完整的康养旅游产业生态系统拓展了我国康养旅游产业价值链的宽度和深度，实现了产业发展的规模经济效应和范围经济效应。

3.3.4 创新特色化康养旅游产品

根据市场需求创新康养旅游产品是国内康养旅游产业成功的重要经验。随着旅游者的日渐成熟和旅游需求的升级，国内康养旅游在产品类型、产品功能、产品形式等方面进行创新，构建了特色化康养旅游产品体系。在康养旅游产品类型方面，国内康养旅游已形成养老旅游、养生旅游、体育健身旅游、医药健康旅游等多元产品类型，并沿着大类产品深度开发子类型康养旅游产品。在康养旅游产品功能方面，国内康养旅游创新“食、住、行、游、娱、用、医、养、学”等全方位康养旅游产品功能，更好地满足康养旅游者的复合型旅游需求。在康养旅游形式方面，信息化、智能化高科技广泛运用于康养旅游产品形式创新，主题文化的植入使康养旅游产品具有鲜明的地域化和差异化特色，逐渐形成具有地域特色的康养旅游产品品牌。

3.3.5 选择因地制宜的发展模式

国内各省份依据自身的优势与产业实际，因地制宜地选择不同的发展模式，形成各具特色的发展道路。例如，具有康养旅游资源禀赋优势的地区选择开发特色康养旅游发展模式；经济发达和旅游市场基础好的地区选择资本驱动康养旅游产业发展模式；旅游产业基础较好的地区选择“传统旅游＋康养旅游”融合发展模式；健康产业基础好的地区选择“健康产业＋旅游产业”的产业转型发展模式。不同发展模式的共同点在于国内各省市有效地将地方优势与康养旅游进行嫁接与融合，实现了康养旅游的共享创新发展。

总之，在不同历史阶段，国内康养旅游产业发展演进经历了行政主导事业接待阶段、市场化改革规模发展阶段和市场深化改革提档升级阶段。内外部环境的变化推动我国康养旅游的产业动力、产业结构、地域分布、产业业态等发生规律性演进。国内康养旅游产业只有主动调整经营战略以适应未来环境变化的挑战，才能获得持久的产业生命力与市场竞争优势。

3.4　本章小结

本章主要研究国内康养旅游产业发展历程及演进规律。首先，回顾了国内康养旅游产业在行政主导事业接待阶段、市场化改革规模发展阶段和市场深化改革提档升级阶段的发展现状及特征。其次，从产业动力、产业结构、地域分布、产业业态四个维度系统分析国内康养旅游产业发展演进规律；最后，总结归纳我国康养旅游产业发展经验。研究结论主要有：

（1）国内康养旅游产业的发展历程经历了行政主导事业接待阶段、市场化改革规模发展阶段和市场深化改革提档升级阶段；康养旅游产业经历从小到大，从单一到多元，从初级到高级的跨越式发展，其在数量规模与质量效益上均取得重大进展。

（2）国内康养旅游产业发展演进规律体现在产业动力、产业结构、地域分布、产业业态四个方面。产业动力由行政主导向市场主导演进，产业结构由单一化向多元化演进，地域分布由“大分散”向“小集中”演进，产业业态由单一低级业态向多元复杂业态演进。

（3）总结提炼中国特色的康养旅游产业发展的经验借鉴：协调市场机制与政府行为，提供系统的政策法规支撑，构建完整的产业生态系统，创新特色化康养旅游产品和选择因地制宜的发展模式。

第 4 章　共享经济下康养旅游产业创新发展的动力机制①

动力机制是驱动康养旅游产业发展的力量结构体系及其运行规则。随着共享经济时代的来临，康养旅游产业发展的外部环境和内部环境发生了重大变化。研究共享经济下康养旅游产业创新发展动力机制是康养旅游产业研究的重要议题之一，是科学规划康养旅游产业发展路径的前提。本章在对国内外文献进行全面梳理与总结归纳的基础上，系统分析共享经济下康养旅游产业创新发展的动力系统及其动力机制，在理论上阐释新环境下影响康养旅游产业创新发展的力量结构体系及其运行规则，有利于指导我国康养旅游产业科学决策和健康发展，具有重要的理论价值与现实意义。

4.1　康养旅游产业发展动因研究综述

康养旅游产业的兴起和发展是众多驱动因素共同作用的结果。国内外学者对康养旅游产业发展的动因进行了广泛研究。国外学者关于康养旅游产业发展的动因研究包括外部驱动因素和内部驱动因素。外部驱动因素主要有世界政治经济一体化、政府的支持和推动、经济效应与社会效应驱动、网络通信技术及信息技术革命、交通方式更加快捷、人口老龄化和生活方式的改变、居民健康消费理念的形成、旅游消费需求升级等。内部驱动因素主要包括经济因素、康养旅游资源、旅游需求、基础设施等。

---

① 李莉，陈雪钧.康养旅游产业创新发展的动力因素研究——基于共享经济视角［J］.技术经济与管理研究，2021（4）：36-40.

国内学者关于康养旅游产业发展的动因研究主要有：一是基于 PEST 框架研究政治环境、经济环境、社会环境及技术环境的变化驱动康养旅游产业发展（陈纯，2016；陈志恒，2018）；二是基于市场需求视角，从市场需求的扩大化、市场消费结构的变化、需求方式的转型等方面分析康养旅游产业创新发展的市场推动力（覃方铭，2016；段爱明，2018）；三是基于产业供给视角，从产业竞争压力、企业获取规模经济与范围经济效应的利益驱动以及产业转型升级的驱动等方面阐述康养旅游产业创新发展的动力（朱晓辉，2018）；四是基于系统理论思想，综合归纳康养旅游产业创新发展的主要动力，外部驱动力主要包括市场需求的推力、竞争合作的压力、技术创新的拉力、政策支持的外力、资源禀赋驱动、多产业共享发展、中介渠道和基础设施驱动（赵云云，2011；郑贵军，刘俊昌，曾巧，2018），内部驱动力包括消费者需求、技术发展、企业自身演进（俞翠，2018）。

综上所述，国内外学者关于康养旅游产业发展动因的研究成果丰硕。随着共享经济时代的来临，新经济环境下影响康养旅游产业创新发展的动因也发生重大变化。已有研究成果已经不能有效解释共享经济下康养旅游产业创新发展动因及其动力机制。因此，基于共享经济环境重新审视驱动康养旅游产业创新发展的动因及其动力机制，具有重要的理论价值与现实意义。

4.2　共享经济下康养旅游产业创新发展的动力系统

基于文献研究，结合共享经济下康养旅游产业发展实践，运用系统理论思想，构建康养旅游产业创新发展的动力系统分析框架（见图 4-1）。康养旅游产业创新发展的动力系统是由市场需求动力系统、产业供给动力系统、基础设施动力系统、外部环境动力系统四个子系统构成的多元交互式动力系统，各子动力系统发挥着不同的功能与作用。市场需求动力系统是驱动康养旅游产业创新发展的消费源动力，产业供给动力系统是驱动康养旅游产业创新发展的生产源动力，两者分别从需求端和供给端影响康养旅游产业创新发展的方向和路径；基础设施动力系统是驱动康养旅游产业创新发展的物质保障动力，它是保障产业系统有序运行的物质条件。外部环境动力系统是驱动康养旅游产业创新发展的诱导动力，它从政治环境、经济环境、文化环境、科技环境等方面为康养旅游产业创新提供辅助支持。

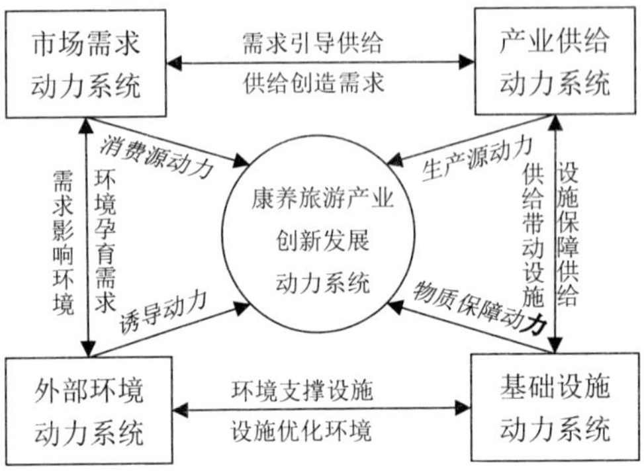

图 4-1 共享经济下康养旅游产业创新发展的动力系统分析框架

4.2.1 市场需求动力系统

在市场经济运行体系中，市场需求动力系统是驱动康养旅游产业创新发展的消费源动力。共享经济环境下康养旅游市场需求发生重大变化，市场需求规模的扩大、市场消费结构的升级、市场需求方式的转型推动了康养旅游产业创新发展。

4.2.1.1 市场需求规模的扩大

随着我国社会经济的快速发展以及人民生活水平的不断提高，旅游者对健康与旅游的双重需求推动了康养旅游市场需求迅猛增长。人口老龄化趋势为康养旅游产业发展提供了巨大的市场空间。当前，我国人口结构中老龄人口数量及比重逐年上升，老龄化程度日益提高。截至 2021 年年末，我国 60 周岁及以上人口达 2.67 亿人，占总人口的 18.9%（见表 4-1）。预计到 2035 年，老年人口将增加到 4.18 亿，2053 年将达到峰值 4.87 亿，占总人口的比例将超过 1/3。随着人口老龄化程度的进一步加深，老年群体的游览观光、休闲娱乐、修学求知、健身养生、医疗保健等消费需求孕育了巨大的养老旅游市场。同时，随着社会经济的快速发展，人们的生活节奏普遍加快、工作生活压力越来越大，环境污染以及不健康的生活方式使得亚健康问题逐渐普及化和年轻化，中青年群体成为康养旅游的潜在市场。由中国医师协会、中国医院协会等机构发布的《中国城市白领健康状况白皮书》显示，我国主流城市的白领亚健康比例高达 76%，处于过劳状态的白领接近六成。亚健康问题的普遍存在使得大众的健康观既重视“治病”，更重视“治未病”，这直接催生了巨大的医疗旅游、养生保健旅游、体育旅游等康养旅游市场。因此，我国康养旅游市场规模呈现出快速增长态势，直接推动了康养旅游产业创新发展。

表 4-1　2011—2021 年我国 60 岁及以上人口数量及其比重

年份	2011	2012	2013	2014	2015	2016	2017	2018	2019	2020	2021
人口数（万人）	18499	19390	20243	21242	22200	23086	24090	24949	25388	26402	26736
比重（%）	13.7	14.3	14.9	15.5	16.1	16.7	17.3	17.9	18.1	18.7	18.9

资料来源：中国统计局 http：//www.stats.gov.cn/

共享经济依托移动互联网技术、大数据、云计算、智能终端等技术手段提升了闲置资源利用效率，创新了使用权与所有权分离的“使用而非拥有”的消费方式，从而为康养旅游者尤其是老年消费群体提供了更低成本的康养旅游服务，变相提高了康养旅游者的消费购买力，从而扩大了康养旅游市场需求。同时，共享经济拓展了康养旅游市场的消费范围。共享经济创造了庞大的闲置资源再利用市场，依托共享平台对分散的闲置资源进行高效率利用，从而以更低成本、更高效率满足康养旅游市场的个性化、多元化需求，实现长尾效应和规模效应，进一步扩大康养旅游的市场规模。例如，国内的“夜鱼快宿”“小猪短租”“蚂蚁民宿”“途家民宿”等共享住宿平台利用高技术手段实现短租市场的供给端与需求端的高效匹配，既降低了旅游者的消费支出，又提高了房屋业主的收益，取得了很好的市场效果。

4.2.1.2　市场消费结构的升级

共享经济通过先进的信息技术降低交易成本，提高了供需匹配效率，相对提高了市场的消费水平和消费范围，使提高生活品质成为康养旅游消费者的普遍追求，从而推动了康养旅游市场消费结构由观光型消费向体验型消费升级、由物质型消费向服务型消费升级、由生理型消费向精神型消费升级。康养旅游者在游览、交通、住宿、餐饮等基本旅游消费的花费所占比重下降，而休闲娱乐、身心健康、文化体验、社会交流、价值实现等非基本旅游消费的花费所占比重上升。国内康养旅游市场消费结构升级直接推动康养旅游产品的升级换代、康养旅游产业链的解构与重构以及产业生产经营变革，推动了康养旅游产业创新发展。

4.2.1.3 市场需求方式的转型

共享经济的合作式消费理念促使康养旅游市场需求方式由占有型需求方式向分享型、使用型需求方式转变，由“集体大众型”需求方式向“个体定制型”需求方式转变。共享经济依靠集约化和高效化实现低成本个别匹配定制需求，需求方能够以低于传统商业模式的价格精准满足其个性化需求，供给方通过规模经济效应降低成本并盈利。康养旅游“个体定制型”需求方式催生了依托互联网、大数据、人工智能等信息技术的康养旅游平台的兴起；康养旅游分享型、使用型需求方式促进了租赁经济以及信息咨询服务业的发展，并推动了康养旅游产业创新发展。

4.2.2 产业供给动力系统

在市场经济运行体系中，产业供给动力系统是驱动康养旅游产业创新发展的生产源动力。共享经济环境下康养旅游产业供给发生重大变化，推动康养旅游产业创新发展。

4.2.2.1 外部产业竞争

外部产业竞争是共享经济下康养旅游产业面临替代竞争对手的竞争压力、潜在竞争对手的竞争压力、供应商的竞争压力以及购买者的竞争压力。共享经济打破了传统的产业竞争格局，使跨产业间的竞争方式、范围和程度发生重大改变，进而改变了原有产业竞争格局，从而影响产业创新的范围、方向和程度，促使康养旅游产业创新活动进行适应性调整。康养旅游产业的替代竞争对手包括满足康养旅游者“食、住、行、游、娱、用、医、养、学”等需求的疗养设施和机构、护理服务业、康养食品、医疗保健、旅游地产、教育培训、休闲娱乐等行业。共享经济下康养旅游产业的替代竞争对手借助于互联网、大数据、云计算等建立与消费者的高效连接渠道，降低了市场进入门槛，增加了市场供给，从而引发更高层次的产业竞争。潜在竞争对手涉及康养旅游产业的间接关联产业。共享经济下信息透明化使康养旅游产业潜在竞争对手不再受限于营销渠道，更多的潜在竞争对手强势进入市场参与竞争，产业竞争边界逐渐变得模糊。共享经济下康养旅游产业的供应商可以低成本、高效率地与康养旅游企业建立更加灵活、高效的产业供应链渠道网络。供应商在供应链渠道网络中的话语权和议价能力大大增强，而处于产业链下游的康养旅游企业由于议价能力下降而逐渐失去市场主导权。共享经济下康养旅游产品的供应者和消费者的界限变得模糊，康养旅游消费者也可能成为生产者，出现“产销者”（既是生产者，又是消费者）；共享经济模式下康养旅游消费者向“产销者”的转换颠覆了传统的市场界限和市场关系，带来了产业供给结构的显著变化。社会个体成为市场供给的重要组成部分，进而影响康养旅游产业创新。为了有效应对来自多方的外部产业竞争压力，康养旅游产业需要不断进行产业创新，优化调整产业创新的方式和方向，包括开拓资源配置渠道、创新产品及产品组合、延伸产业链、优化商业模式与交易流程等。因此，外部产业竞争是推动康养旅游产业创新发展的重要动力。

4.2.2.2　内部产业升级

追逐利润是推动康养旅游产业创新的经济性动因。利润最大化、成本最低化是康养旅游内部产业升级的根本动力。新的市场机会是利润的源泉。共享经济下康养旅游市场需求呈现出多元化、个性化、分散化趋势，这对康养旅游产业的供给能力和效率提出了更高要求。康养旅游产业内部的企业为了开拓新市场，投入经营资源用于产品创新，投入营销资源用于扩大市场边界，投入研发资金用于技术创新。争夺市场份额和追逐更大利润驱使康养旅游企业不断创新。同时，共享经济下康养旅游企业利用社会闲置资源用于经营管理，创新“轻资产”经营模式以节省经营成本；利用共享交易平台优化交易流程和构建协同合作关系以节省交易成本；利用信息技术手段创新营销手段以节省市场成本，创新敏捷制造系统和共享租赁服务以即时响应康养旅游者的个性化定制需求。康养旅游企业通过降低成本以更高性价比的康养旅游产品提高市场占有率和扩大再生产，从而促进康养旅游生产与消费的良性互动。因此，共享经济下康养旅游产业的内部产业升级是驱使其不断创新的动因之一。

4.2.3 基础设施动力系统

基础设施动力系统是驱动康养旅游产业创新发展的物质保障动力，它是保障市场需求动力系统和产业供给动力系统发生交互作用的物质条件。基础设施动力系统包括硬件基础设施保障和软件基础设施保障，两者既是康养旅游经济活动有序运行的基础物质条件，也是推动康养旅游产业创新发展的动力因素之一。

4.2.3.1 硬件基础设施保障

硬件基础设施保障是康养旅游产业生产经营过程中所必需的一切有形的物质条件，包括医疗卫生设施、水电设施、电信设施、公共交通设施、金融设施、邮政设施等公共基础设施以及住宿设施、餐饮设施、休闲娱乐设施、购物设施、教育设施等经营设施。良好的硬件设施不仅具备招商引资的吸引力，还成为吸引康养旅游者的重要资源。共享经济下提高公共基础设施的利用效率以降低经营成本，这成为驱动康养旅游产业创新发展的动力。

4.2.3.2 软件基础设施保障

软件基础设施保障是康养旅游产业生产经营过程中所必需的技术条件和人力条件。共享经济下依托互联网技术、大数据、云计算、区块链等现代信息技术建立 O2O 运营平台、第三方支付平台、社交平台等共享经济平台是连接供需双方的纽带，也是实现交易的场所。良好的技术条件可以为康养旅游供需双方提供交易便利并降低交易成本，促进康养旅游产业创新发展。康养旅游产业本质上属于服务经济，人力条件决定了地区康养旅游产业创新发展的人力资源的数量、质量、结构及分布状况。人力资源是生产经营中唯一具有能动性的经营资源，人力资源决定了其他经营资源的使用方式和效率。共享经济下康养旅游产业经营环境的变化对人力资源提出了更高要求。因此，人力条件成为驱动康养旅游产业创新发展的动因之一。

4.2.4　外部环境动力系统

外部环境动力系统是驱动康养旅游产业创新发展的诱导动力。康养旅游产业创新建立在宏观政治环境、经济环境、社会文化环境和技术环境的基础上（见图 4-2）。

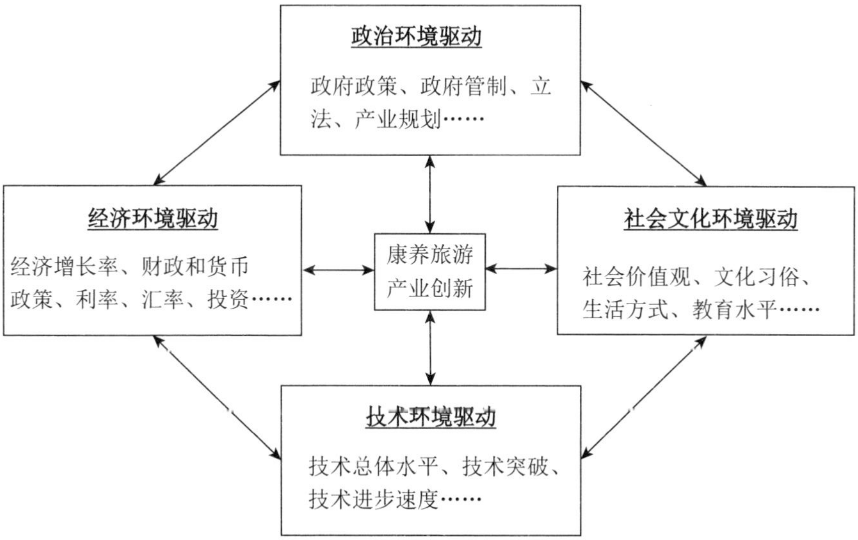

图 4-2　基于 PEST 框架的康养旅游产业外部环境动力系统

共享经济下康养旅游产业的政治环境、经济环境、社会文化环境、技术环境发生重大变化，政策叠加效应、经济转型效应、社会文化变革、科学技术创新成为推动康养旅游产业创新发展的间接动因。

4.2.4.1 政治环境驱动

政治环境是政府部门对康养旅游产业生产经营活动进行调控而制定的法律、法规、政策、制度等，它决定了地区康养旅游产业发展的市场规范程度和政府支持程度。进入共享经济时代，随着我国人口结构的老龄化程度日益升高，康养旅游产业作为健康产业的重要组成部分，逐渐受到中央及地方政府的重视和支持。各级政府出台了一系列优惠政策，涉及互联网经济政策、健康服务产业政策、创新创业政策等（见表 4-2）；在投资、审批、税费、土地、管理、人才等方面对康养旅游产业给予多种优惠政策。政策的叠加效应不仅能够获得大量财政资金用于增加社会保障支出，提高国民生活福利水平；而且能够吸引社会资本投资康养旅游产业，形成良好的市场引导机制，激发产业活力和创造力，优化资源配置和提高产业创新的质量与效率。因此，政治环境是推动康养旅游产业创新发展的重要动因。

表 4-2 国家出台的扶持性政策、法规和文件

年份	政策、法规、文件名称	主要内容	发文机构
2013	关于促进健康服务业发展的若干意见	大力发展包括医疗保健旅游在内的多样化健康服务	国务院
2014	关于促进旅游业改革发展的若干意见	支持发展中医药健康旅游和医疗旅游等健康旅游相关产业	国务院
2015	中国共产党第十八届五中全会公报	发展共享经济	中共中央、国务院
2015	关于加快发展生活性服务业促进消费结构升级的指导意见	鼓励发展健康旅游等多样化健康服务	国务院
2015	关于促进中医药健康旅游发展的指导意见	积极培育和发展中医药健康旅游	国家旅游局和中医药管理局
2016	“健康中国 2030”规划纲要	建立起体系完整、结构优化的健康产业体系	中共中央、国务院
2016	关于进一步扩大旅游文化体育健康养老教育培训等领域消费的意见	促进健康医疗旅游，建设国家级健康医疗旅游示范基地	国务院

续表

年份	政策、法规、文件名称	主要内容	发文机构
2016	林业发展“十三五”规划	重点发展森林旅游休闲康养产业	国家林业局
2016	国家康养旅游示范基地标准	推动康养旅游示范基地建设	国家旅游局
2017	关于促进健康旅游发展的指导意见	促进健康服务与旅游深度融合，促进健康旅游发展	国家卫生计生委等五部门
2019	关于促进森林康养产业发展的意见	推动森林康养产业发展，全面提升森林康养发展质量和综合效益	国家林业和草原局等四部门
2019	关于支持建设博鳌乐城国际医疗旅游先行区的实施方案	建设成为世界一流的国际医疗旅游目的地和医疗科技创新平台	国家发展和改革委员会等
2019	关于实施健康中国行动的意见	对中国人民健康事业和打造“健康中国”提出了重要指导意见	国务院
2021	“十四五”旅游业发展规划	建设一批山岳、海岛、湿地、冰雪、草原、沙漠、湖泊、温泉、康养等旅游目的地	国务院
2022	“十四五”国民健康规划	全面推进健康中国建设，以人民健康为中心，为群众提供全方位全周期健康服务	国务院办公厅

4.2.4.2　经济环境驱动

经济环境是指国民经济发展的总概况，包括国际和国内经济形势及经济发展趋势，企业所面临的产业环境和竞争环境等，它决定了康养旅游产业发展的外部经济条件和市场机会。共享经济下国内经济环境呈现新变化，影响康养旅游产业创新发展的方向。目前，全球经济处于下行态势，中国经济进入了新常态，经济增长从高速转为中高速。国内宏观经济面临经济结构转型、化解过剩产能等问题，同时还要避免经济下滑、增加就业等。康养旅游产业具有促进经济增长、带动就业、增加国民社会福利等优势，其成为加快产业结构调整、扩大内需和增加居民消费的重要产业。国家及地方政府通过大力发展康养旅游产业并辐射带动关联产业发展，实现生产要素优化配置，提升经济增长的数量和质量。

同时，经济下行态势导致国民收入普遍下降、失业率不断上升、可支配收入减少、市场购买力相对下降。国民开始重新审视消费观念，越来越多的人逐渐接受分享消费方式，以节约消费成本和增加收入来源。共享经济的迅速发展扩大了康养旅游市场的需求规模、需求水平和购买力，刺激了康养旅游产业扩大再生产和创新升级；共享经济通过闲置资源货币化方式将闲置资源的使用权用于生产经营，极大地丰富了康养旅游产业的经营资源供给，降低了资源使用成本和化解了产能过剩，促使康养旅游产业从规模型粗放发展转向质量型集约发展，从“重资产”经营转向“轻资产”经营，从资本驱动转向创新驱动。

4.2.4.3 社会文化变革

社会文化环境是一个地区的社会道德风尚、文化传统、人口变动趋势、文化教育、价值观念、社会结构、社会行为的综合体现，它决定了康养旅游产业发展的社会价值观和文化氛围。当前，我国人口老龄化现象日益明显，人口流动日益频繁以及现代生活节奏的加快使得我国的家庭结构和功能发生变化。家庭结构趋于小型化和空巢化，家庭功能趋于核心化，这导致家庭的养老功能不断弱化，越来越多的家庭寻求社会服务来满足养老需求。这直接推动了养老旅游、医疗旅游、养生保健旅游等康养旅游业态的发展。

另外，共享经济环境下消费观念的变化使得康养旅游者从重视产品所有权向使用权转变，从偏好大众消费转向个性消费，从注重物质消费转向精神文化消费，从崇尚过度消费转向绿色可持续消费。消费观念的变化直接影响康养旅游者的消费行为与消费模式转变，这成为推动康养旅游产业在经营模式、产品类型、消费结构等方面创新的驱动力量。

4.2.4.4 科学技术创新

技术环境是指一个国家或地区影响生产经营活动的技术状态、新技术成就及技术发展动向，它直接影响康养旅游产业的生产经营效率和竞争方式，是产业创新的重要驱动力。进入共享经济时代，技术环境发生重大变化。互联网技术、LBS 定位技术、大数据技术、云计算技术、移动支付技术、人工智能技术、物联网技术等先进科学技术对康养旅游的产品、生产经营方式、市场、供应链、组织等方面全方位渗透和优化。科学技术在康养旅游产业发展进程中进行持续反复的创新，直至积累成为质变的颠覆性创新，刻画产业螺旋式上升的创新发展轨迹。技术创新会加快康养旅游新产品的研发进程，加速现有康养旅游产品的升级换代。技术创新改变了传统的供需关系，构建了“供给者—共享平台—消费者”的新型平台经济商业模式。技术创新改变了康养旅游市场的需求规模、市场消费结构和市场需求方式。技术创新依托共享经济平台低成本、高效率地构建开放式供应链网络，创新资源供应方式并改变了传统利益主体的市场地位与权利。技术创新在康养旅游产业的核心产业、相关产业和衍生产业间渗透扩散，促使产业间相互融合，产业边界逐渐模糊，从而培育出康养旅游企业集团、联合体、产业集群等大型企业组织。

同时，技术创新通过交易流程优化、制度变迁等降低成本，从而推动康养旅游产业创新。技术创新使康养旅游产业得以去中介化或再中介化，建立基于平台的交易关系，而平台的成本和费用低于企业，从而有效降低了交易成本；技术创新实现了供给与需求的即时最优匹配，减少了信息不对称，有效降低了交易的金钱成本和时间成本；智能手机和其他智能终端和移动支付技术提高了交易效率和安全性，有效降低了支付成本。基于平台大数据和交易规则建立的网络信任机制有效保障了供应商和消费者的权益，有效降低了线上市场交易的风险成本。

综上所述，康养旅游产业创新发展的动力系统是由市场需求动力系统、产业供给动力系统、基础设施动力系统、外部环境动力系统四个子要素系统构成的多元交互式动力系统。四个子系统由众多动力因素构成（见表 4-3）。

表 4-3　康养旅游产业创新发展的动力系统的构成要素

动力维度	动力因素
市场需求驱动力系统	市场需求规模的扩大、市场消费结构的升级、市场需求方式的转型
产业供给驱动力系统	外部产业竞争、内部产业升级
基础设施驱动力系统	硬件基础设施保障、软件基础设施保障
外部环境驱动力系统	政治环境驱动、经济环境驱动、社会文化环境驱动、技术环境驱动

4.3 共享经济下康养旅游产业创新发展的动力机制

共享经济下康养旅游产业创新发展的动力机制是共享经济环境下推动康养旅游产业创新发展的市场需求动力系统、产业供给动力系统、基础设施动力系统和外部环境动力系统构成的动力结构体系及其交互作用关系。每个子动力系统由若干动力因素构成，市场需求规模、市场消费结构、市场需求方式、外部产业竞争、内部产业升级、硬件基础设施保障、软件基础设施保障、政策叠加效应、经济转型效应、社会文化变革、科学技术创新在产业生态系统运行规则的动态交互作用下形成复杂的非线性交互影响关系，从而构成康养旅游产业创新发展的动力机制。在协同机制作用下，动力系统内部各动力因素之间产生非线性耦合效应，形成动力因素之间的因果反馈关系（见图 4-3）。

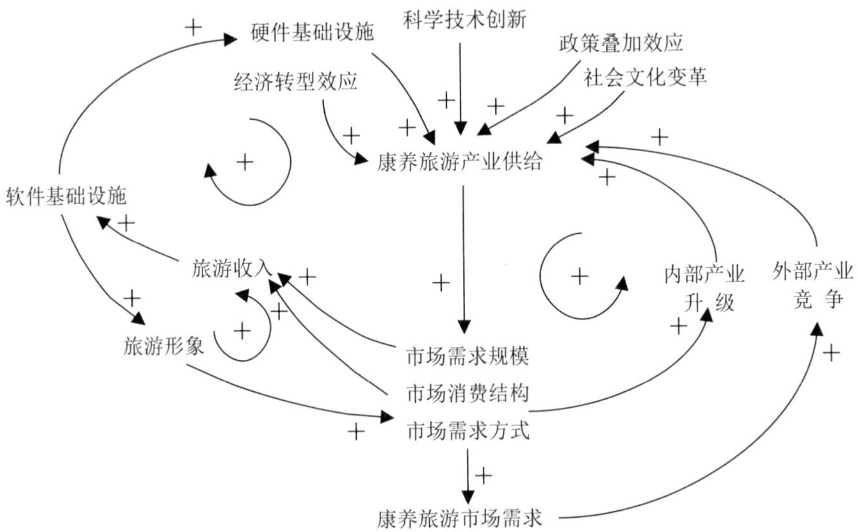

图 4-3 康养旅游产业创新发展的动力机制图

在康养旅游产业创新发展动力系统中市场需求动力系统、产业供给动力系统、基础设施动力系统和外部环境动力系统及其动力因素相互关联、交互影响而形成有机联系的整体，形成不同层次和类型的因果反馈回路；每一个因素的变化会带动其他因素随之变化，并引起整个动力系统的变化，使得整个动力系统在“打破平衡、恢复平衡、再打破平衡”的动态过程中实现螺旋式上升，形成推动康养旅游产业创新发展的持续动力。随着动力系统的动态演进，系统内各个动力因素的影响作用也处于交替变化中，推动康养旅游产业创新发展的主导动力和辅助动力也随之动态调整，形成不同主导动力类型的康养旅游产业创新发展动力模式，如市场需求动力型、产业供给动力型、基础设施动力型、外部环境动力型。

4.4 实证研究

4.4.1 变量选取与数据来源

基于以上理论分析，构建共享经济下康养旅游产业创新发展的动力因素指标体系（见表 4-4）。以重庆市康养旅游产业为研究对象，收集 2011 至 2019 年相关指标数据，数据来源于 2011 年至 2019 年的《重庆统计年鉴》《重庆市国民经济和社会发展统计公报》《重庆市旅游业统计公报》等统计资料（见表 4-5）。

表 4-4　康养旅游产业创新发展的动力因素指标体系

层次	要素	评价指标
市场需求动力系统	市场需求规模	康养旅游者人次（X1） 老年人口数量（X2）
	市场消费结构	医疗保健占消费支出比重（X3）
产业供给动力系统	外部产业竞争	养老机构床位数（X4）
	内部产业升级	旅游收入 / 第三产业（X5）
基础设施动力系统	医疗设施	每万人拥有卫生床位数（X6）
	交通设施	每平方公里公路线路里程（X7） 每万人公共汽电车辆数（X8）
	体育设施	人均拥有体育场地面积（X9）
	商业服务设施	人均社会消费品零售总额（X10）

续表

层次	要素	评价指标
外部环境动力系统	政策环境	第三产业投资增长率（X11）
	经济环境	人均 GDP（X12） 常住居民人均可支配收入（X13）
	人文环境	每万人文化机构数（X14）
	科技环境	专利授权量（X15）

表 4-5　2011—2019 年重庆康养旅游产业创新发展动力因素指标的统计值

指标＼年份	2011	2012	2013	2014	2015	2016	2017	2018	2019
康养旅游总收入*（亿元）（X0）	16.1	32.5	34.0	24.9	30.6	32.8	66.8	92.5	124.4
康养旅游者人次*（万人）（X1）	397.3	681.3	747.1	860.5	903.4	598.2	705.9	714.6	803.1
老年人口数量（万人）（X2）	356.49	375.11	391.12	411	429.83	450.34	475.96	501.43	525.89
医疗保健占消费支出比重（%）（X3）	5.88	6.39	6.79	7.0	7.38	8.2	8.22	9.266	9.696
养老机构床位数（张）（X4）	91746	102251	113066	156763	83473	85511	82005	86272	97435
旅游收入 / 第三产业（%）*（X5）	35.01	38.24	33.7	30.02	30.01	31.12	34.59	38.21	45.32
每万人拥有卫生床位数（张）*（X6）	32.18	36.29	40.7	44.06	48.75	52.3	56.79	60.36	63.44
每平方公里公路线路里程（公里）*（X7）	1.439	1.465	1.491	1.546	1.706	1.734	1.795	1.911	2.115
每万人公共汽电车辆数（辆）*（X8）	2.35	2.39	3.18	3.22	3.43	3.49	3.77	3.60	3.87
人均拥有体育场地面积（平方米）（X9）	1.0	1.1	1.2	1.37	1.37	1.37	1.37	1.67	1.75
人均社会消费品零售总额（元）（X10）	12019	13758	17095	19159	21385	23978	26349	31458	34050

续表

指标＼年份	2011	2012	2013	2014	2015	2016	2017	2018	2019
第三产业固定资产投资增长率（%）（X11）	8.84	28.53	21.68	18.53	16.11	11.94	−0.68	7.4	4.3
人均 GDP（元）（X12）	34762	39236	43599	48288	52837	58502	63689	65933	75828
常住居民人均可支配收入（元）（X13）	14055	16263	16569	18352	20110	22034	24153	26386	28920
每万人文化机构数（个）*（X14）	0.47	0.45	0.51	0.54	0.61	0.62	2.55	2.62	2.90
专利授权量（个）（X15）	15525	20364	24828	24312	38915	42738	34780	45688	43870

注：鉴于部分指标没有原始统计数据，对此类型数据（表中用 * 标注）做如下转换处理：X0 重庆市康养旅游总收入 = 全国健康疗养旅游收入乘以重庆市旅游收入占全国旅游总收入的比重；X1 重庆市康养旅游人次 = 全国健康疗养旅游人次乘以重庆市旅游人次占全国旅游总人次的比重；X5= 旅游收入除以第三产业产值；X6 每万人拥有卫生床位数 = 卫生床位数除以常住人口数；X7 每平方公里公路线路里程 = 公路线路里程除以重庆行政面积；X8 每万人公共汽电车辆数 = 公共汽电车辆数除以常住人口数；X11 第三产业固定资产投资增长率 = 当年第三产业固定资产投资增长除以去年第三产业固定资产投资 ×100%；X14 每万人文化机构数 = 文化机构数除以常住人口数。

4.4.2　确定指标权重

熵值法作为一种客观赋权方法，在评价对象数目较多、指标体系较复杂的情况下优势较为明显，且更具客观性和科学性。依据评价指标无量纲化处理和熵值法客观赋权的步骤计算，最终确定各指标的权重（见表 4-6），并加权计算出重庆市 2011—2019 年各年份的康养旅游产业创新发展动力水平（见表 4-7）。具体计算步骤如下：

（1）数据标准化处理：

$x'_{ij}=\dfrac{x_{ij}-x_{\min}}{x_{\max}-x_{\min}}$（$x'_{ij}$ 为第 j 项指标第 i 年的标准化值；x_{ij} 为第 j 项指标第 i 年的原数据；$x_{\max}$ 为第 j 项指标的最大值；$x_{\min}$ 为第 j 项指标的最小值）

（2）第 j 个指标下的第 i 个年份中占该指标的比重：

$$p_{ij}=\frac{x'_{ij}}{\sum_{i=1}^{m}x'_{ij}}\qquad(0\leqslant p_{ij}\leqslant 1)$$

（3）计算第 j 项指标的信息熵值：

$$e_j=-K\sum_{i=1}^{m}P_{ij}\ln(p_{ij})\qquad（K 为波尔兹曼常数，K=\frac{1}{\ln m}）$$

（4）计算评价指指标权重：

$$W_j=\frac{1-e_j}{\sum_{j=1}^{n}(1-e_j)}\qquad(0\leqslant W_j\leqslant 1)$$

（5）计算样本综合值：

$$U=\sum_{i=1}^{n}x'_{ij}w_i\qquad（n 为指标个数）$$

分析结果显示：2011—2019 年重庆市康养旅游产业创新发展动力水平增长迅速，从 2011 年的 0.056 增长至 2019 年的 0.866（见表 4-7），其年均增长率为 35.5%。这反映出重庆康养旅游产业发展具有典型的创新驱动特征。

表 4-6 指标权重计算结果

层次	要素	指标	权重
市场需求动力系统	市场需求规模	康养旅游者人次（X1）	0.0518
		老年人口数量（X2）	0.0622
	市场消费结构	医疗保健占消费支出比重（X3）	0.0616
产业供给动力系统	外部产业竞争	养老机构床位数（X4）	0.0898
	内部产业升级	旅游收入 / 第三产业（X5）	0.0750
基础设施动力系统	医疗设施	每万人拥有卫生床位数（X6）	0.0597
	交通设施	每平方公里公路线路里程（X7）	0.0720
		每万人公共汽电车辆数（X8）	0.0594
	体育设施	人均拥有体育场地面积（X9）	0.0594
	商业服务设施	人均社会消费品零售总额（X10）	0.0629

续表

层次	要素	指标	权重
外部环境动力系统	政策环境	第三产业投资增长率（X11）	0.0587
	经济环境	人均 GDP（X12）	0.0614
		常住居民人均可支配收入（X13）	0.0623
	人文环境	每万人文化机构数（X14）	0.1039
	科技环境	专利授权量（X15）	0.0598

表 4–7　重庆市 2011—2019 年的康养旅游产业创新发展动力水平

年份	得分	年份	得分	年份	得分
2011 年	0.056	2014 年	0.391	2017 年	0.559
2012 年	0.219	2015 年	0.402	2018 年	0.713
2013 年	0.293	2016 年	0.435	2019 年	0.866

4.4.3　灰色关联分析

由上述分析可知，重庆市康养旅游产业创新发展受到多方面因素影响，但是这些因素的影响程度仍需要进一步分析。1982 年，邓聚龙教授提出灰色系统理论，该方法对样本量多少和样本有无规律都适用。因此，本研究运用灰色关联分析方法分析不同动力因素对重庆市康养旅游产业创新发展的影响程度。把重庆康养旅游产业创新发展看作一个灰色系统，2011—2019 年的重庆市旅游总收入作为参考序列，上述的 15 个评价指标作为比较序列（见表 4–5）。具体计算步骤如下：

（1）选择参考序列和比较序列：

参考序列$X_0=(x_{01},x_{02},x_{03}\cdots,x_{09})$

比较序列$X_i=(x_{i1},x_{i2},x_{i3}\cdots,x_{i9})$，其中 ($i$=1，2，3，…，15)

（2）对变量进行无量纲化处理：

$$x'_i=\frac{x_i}{x_{i1}}\quad(i=0,1,2,\cdots,15)$$

（3）计算差序列、最大差和最小差：

差序列为：$\Delta_{0i}(k)=|x'_0(k)-x'_i(k)|$ （k=1,2,⋯,n）

最大差为：M=$\text{Max}_i\text{Max}_k\,\Delta_i(k)$

最小差为：M=$\text{Min}_i\text{Min}_k\,\Delta_i(k)$

（4）计算关联系数：

$r(x_0(k),x_i(k))=(m+\xi M)/(\Delta_{0i}(k)+\xi M)$，$\xi\in(0,1)$（$k$=1,2,⋯,$n$;$i$=0,1,2,⋯,$m$）。其中，$\xi$为分辨系数，一般$\xi$=0.5。

（5）计算关联度：

$$r(x_0,x_i)=\frac{1}{n}\sum_{i=1}^{n}r(x_0(k),x_i(k)) \qquad (i=0,1,2,\cdots,m)$$

根据灰色关联分析计算方法，首先对各指标数据进行无量纲化处理（见表4-8）。

表4-8 无量纲化处理表

	2011	2012	2013	2014	2015	2016	2017	2018	2019
X0	1	2.02	2.11	1.55	1.90	2.04	4.15	5.75	7.73
X1	1	1.71	1.88	2.17	2.27	1.51	1.78	1.80	2.02
X2	1	1.05	1.10	1.15	1.21	1.26	1.34	1.41	1.48
X3	1	1.09	1.15	1.19	1.26	1.39	1.40	1.58	1.65
X4	1	1.11	1.23	1.71	0.91	0.93	0.89	0.94	1.06
X5	1	1.09	0.96	0.86	0.86	0.89	0.99	1.09	1.29
X6	1	1.13	1.26	1.37	1.51	1.63	1.76	1.88	1.97
X7	1	1.02	1.04	1.07	1.19	1.21	1.25	1.33	1.47
X8	1	1.02	1.35	1.37	1.46	1.49	1.60	1.53	1.65
X9	1	1.10	1.20	1.37	1.37	1.37	1.37	1.67	1.75
X10	1	1.14	1.42	1.59	1.78	2.00	2.19	2.62	2.83
X11	1	3.23	2.45	2.10	1.82	1.35	−0.08	0.84	0.49
X12	1	1.13	1.25	1.39	1.52	1.68	1.83	1.90	2.18
X13	1	1.16	1.18	1.31	1.43	1.57	1.72	1.88	2.06
X14	1	0.96	1.09	1.15	1.30	1.32	5.43	5.57	6.17
X15	1	1.31	1.60	1.57	2.51	2.75	2.24	2.94	2.83

计算指标数据的差序列值（见表 4-9）。

表 4-9　差序列值

	2011	2012	2013	2014	2015	2016	2017	2018	2019
△ X1	0.00	0.30	0.23	0.62	0.37	0.53	2.37	3.95	5.71
△ X2	0.00	0.97	1.01	0.39	0.69	0.77	2.81	4.34	6.25
△ X3	0.00	0.93	0.96	0.36	0.65	0.64	2.75	4.17	6.08
△ X4	0.00	0.90	0.88	0.16	0.99	1.11	3.26	4.81	6.66
△ X5	0.00	0.93	1.15	0.69	1.04	1.15	3.16	4.65	6.43
△ X6	0.00	0.89	0.85	0.18	0.39	0.41	2.38	3.87	5.76
△ X7	0.00	1.00	1.08	0.47	0.72	0.83	2.90	4.42	6.26
△ X8	0.00	1.00	0.76	0.18	0.44	0.55	2.54	4.21	6.08
△ X9	0.00	0.92	0.91	0.18	0.53	0.67	2.78	4.08	5.98
△ X10	0.00	0.87	0.69	0.05	0.12	0.04	1.96	3.13	4.89
△ X11	0.00	1.21	0.34	0.55	0.08	0.69	4.23	4.91	7.24
△ X12	0.00	0.89	0.86	0.16	0.38	0.35	2.32	3.85	5.55
△ X13	0.00	0.86	0.93	0.24	0.47	0.47	2.43	3.87	5.67
△ X14	0.00	1.06	1.03	0.40	0.60	0.72	1.28	0.17	1.56
△ X15	0.00	0.71	0.51	0.02	0.61	0.72	1.91	2.80	4.90

两极最大差 M=7.24，两极最小差 m=0，取分辨率 ξ=0.5，依据关联系数和关联度公示计算得出重庆康养旅游产业创新发展各动力因素的灰色关联系数（见表 4-10）、灰色关联度和关联序（见表 4-11）。如果某个动力因素的灰色关联度越大，则该因素与重庆市康养旅游收入的关联度越高，对康养旅游产业创新发展的影响程度就越大；如果灰色关联度越小，则该因素与重庆市旅游收入的关联度越低，对康养旅游产业创新发展的影响程度就越小。

表 4-10　灰色关联系数及灰色关联度

	2011	2012	2013	2014	2015	2016	2017	2018	2019	$r(x_0, x_i)$
$r[(x_0(k), x_1(k)]$	1.000	0.923	0.940	0.854	0.907	0.872	0.604	0.478	0.388	0.774

续表

	2011	2012	2013	2014	2015	2016	2017	2018	2019	$r(x_0, x_i)$
$r[(x_0(k), x_2(k)]$	1.000	0.789	0.781	0.902	0.839	0.824	0.563	0.455	0.367	0.724
$r[(x_0(k), x_3(k)]$	1.000	0.795	0.791	0.910	0.849	0.849	0.568	0.465	0.373	0.733
$r[(x_0(k), x_4(k)]$	1.000	0.800	0.805	0.957	0.785	0.766	0.527	0.430	0.352	0.713
$r[(x_0(k), x_5(k)]$	1.000	0.796	0.759	0.840	0.776	0.759	0.534	0.438	0.360	0.696
$r[(x_0(k), x_6(k)]$	1.000	0.802	0.810	0.953	0.904	0.898	0.603	0.483	0.386	0.760
$r[(x_0(k), x_7(k)]$	1.000	0.783	0.771	0.885	0.835	0.813	0.555	0.450	0.367	0.718
$r[(x_0(k), x_8(k)]$	1.000	0.783	0.827	0.954	0.891	0.868	0.587	0.462	0.373	0.749
$r[(x_0(k), x_9(k)]$	1.000	0.798	0.799	0.953	0.872	0.844	0.566	0.470	0.377	0.742
$r[(x_0(k), x_{10}(k)]$	1.000	0.806	0.840	0.987	0.968	0.988	0.649	0.536	0.425	0.800
$r[(x_0(k), x_{11}(k)]$	1.000	0.750	0.914	0.868	0.979	0.841	0.461	0.424	0.333	0.730
$r[(x_0(k), x_{12}(k)]$	1.000	0.803	0.808	0.958	0.905	0.911	0.610	0.485	0.395	0.764
$r[(x_0(k), x_{13}(k)]$	1.000	0.808	0.795	0.938	0.885	0.885	0.598	0.483	0.390	0.754
$r[(x_0(k), x_{14}(k)]$	1.000	0.773	0.779	0.901	0.857	0.834	0.739	0.955	0.699	0.838
$r[(x_0(k), x_{15}(k)]$	1.000	0.837	0.876	0.995	0.857	0.835	0.655	0.564	0.425	0.782

表 4-11 灰色关联度及关联序的评价结果

要素	评价指标	关联度	关联序
市场需求规模	康养旅游者人次（X1）	0.774	4
	老年人口数量（X2）	0.724	12
市场消费结构	医疗保健占消费支出比重（X3）	0.733	10
外部产业竞争	养老机构床位数（X4）	0.713	14
内部产业升级	旅游收入 / 第三产业（X5）	0.696	15
医疗设施	每万人拥有卫生床位数（X6）	0.760	6

续表

要素	评价指标	关联度	关联序
交通设施	每平方公里公路线路里程（X7）	0.718	13
	每万人公共汽电车辆数（X8）	0.749	8
体育设施	人均拥有体育场地面积（X9）	0.742	9
商业服务设施	人均社会消费品零售总额（X10）	0.800	2
政策环境	第三产业投资增长率（X11）	0.730	11
经济环境	人均 GDP（X12）	0.764	5
	常住居民人均可支配收入（X13）	0.754	7
人文环境	每万人文化机构数（X14）	0.838	1
科技环境	专利授权量（X15）	0.782	3

评价结果显示（见表 4-11）：重庆市康养旅游收入与各动力因素之间的灰色关联度大小排列顺序是每万人文化机构数、人均社会消费品零售总额、专利授权量、康养旅游者人次、人均 GDP、每万人拥有卫生床位数、常住居民人均可支配收入、每万人公共汽电车辆数、人均拥有体育场地面积、医疗保健占消费支出比重、第三产业投资增长率、老年人口数量、每平方公里公路线路里程、养老机构床位数和旅游收入占第三产业比重。

4.5　本章小结

本章主要研究共享经济下康养旅游产业创新发展的动力因素及其动力机制。首先，运用系统理论思想构建康养旅游产业创新发展的动力系统分析框架。其次，分析推动康养旅游产业创新发展的市场需求动力系统、产业供给动力系统、基础设施动力系统和外部环境动力系统构成的动力结构体系及其交互作用关系，总结提炼康养旅游产业创新发展的动力机制。最后，以重庆市康养旅游产业为研究对象进行实证研究。研究结论主要有：

（1）共享经济下康养旅游产业创新发展的动力因素框架由市场需求动力系统、产业供给动力系统、基础设施动力系统、外部环境动力系统四个子动力系统构成；各子动力系统及其内部各动力因素相辅相成、交互作用，市场需求规模、市场消费结构、市场需求方式、外部产业竞争、内部产业升级、硬件基础设施保障、软件基础设施保障、政策叠加效应、经济转型效应、社会文化变革、科学技术创新在产业生态系统运行规则的动态交互作用下形成动力要素之间的因果反馈关系。

（2）实证结果表明重庆市康养旅游产业创新发展动力水平呈快速增长态势，重庆市康养旅游产业发展具有显著的创新驱动特征；市场需求规模、市场消费结构、外部产业竞争、内部产业升级、医疗设施、交通设施、体育设施、商业服务设施、政策环境、经济环境、人文环境、科技环境等是影响重庆市康养旅游产业创新发展的重要动力因素；其中，人文环境、商业服务设施、科技环境、市场需求规模、经济环境对重庆市康养旅游产业创新发展影响程度较大。

第 5 章　共享经济下康养旅游产业共享的概念模型与测量量表

共享经济下康养旅游产业创新发展是受内在因素和外在因素共同作用下的战略选择。从不同理论视角研究康养旅游产业创新发展的前因变量是康养旅游研究的重要方向之一。已有文献对康养旅游产业创新发展的前因变量进行了广泛研究，但是由于康养旅游产业创新发展的多因性、复杂性，对康养旅游产业创新发展的前因变量研究仍然有广阔的探索空间。本章在借鉴已有研究成果的基础上，基于从产业共享视角研究共享经济下康养旅游产业创新发展的前因变量，在理论上阐释康养旅游产业共享的概念内涵、结构维度，并开发其测量量表，为后续研究康养旅游产业创新发展机理提供理论支持和测量工具。在实践应用方面，运用产业共享理念指导国内康养旅游产业创新发展实践，有利于提高康养旅游产业的资源配置效率，实现康养旅游产业发展范式变革，具有重大的理论价值和现实意义。

5.1　康养旅游产业共享的概念内涵

共享（Sharing）一词的基本意思是分享，即一件物品或者信息的使用权或知情权与其他所有人共同拥有。阿尔弗雷德·马歇尔（Alfred Mashall，1890）在《经济学原理》中首次将共享引入产业经济研究领域，其提出劳动力市场共享和知识信息外溢促进了当地经济规模不断扩大。此后，一些国外学者将共享置于外部经济框架下研究了劳动力共享、专业化投入和服务共享、知识和信息的溢出共享等问题。2009 年，哈佛大学的加里·皮萨诺（Gary

P.Pisano）和威利·史（Willy C.Shih）在《恢复美国竞争力》中首次提出“产业共享”（Industrial Commons），并在《制造繁荣：美国为什么需要制造业复兴》著作中对产业共享的概念进行详细阐释。此后，产业共享逐渐受到政府和学术界的关注与重视。美国先后发布了《先进制造业国家战略计划》（2012）、《重建产业共享》（2013），明确提出将产业共享作为重要的战略任务；德国、日本等发达国家先后提出制造业产业共享的发展战略。一些国内学者在借鉴国外相关研究成果的基础上，对产业共享的概念进行探讨（见表5-1）。虽然国内学者对产业共享概念的名称表述不尽相同，但国内外学者在界定产业共享概念时均沿用了加里·皮萨诺（Gary P.Pisano）和威利·史（Willy C.Shih）关于产业共享概念的核心思想，即能够对多个产业的发展和创新提供支持的一系列技术能力和制造能力的集合；不同之处是学者们对支持产业创新的具体技术和能力尚未形成统一认识。

表 5-1　国内外学者关于产业共享的概念界定

作者（年份）	概念定义
Gary P.Pisano 和 Willy C.Shih（2009）	根植于企业、大学和其他组织之中的能够对多个产业的发展和创新提供支持的一系列技术能力和制造能力的集合
Gary P.Pisano 和 Willy C.Shih（2012）	能够向多个产业的发展和创新提供支持的各种专有技术、产业运作能力和专业化技能的网络交织构成的能力集合
Eva Gatarik 和 Rainer Born（2013）	由参与公司共同分享技能与知识并贡献知识基础和供应链
The Council on Competitiveness（2013）	满足产业重大创新投入的增长从而建立强大和良性循环的能力，其有利于减少业务外包的收益并提高区域生产力
National Science and Technology Council（2012）	为制造商（尤其是中小型企业）提供技术更新机会的共享知识资本和物资设备的集合
钱平凡（2015）	支撑相关产业共同发展，并被相关利益群体共同分享的体系
蔡建刚（2015）	一系列能够支撑旅游所属行业以及相关产业发展的关键要素和关键能力的集合
窦园园（2016）	维系某个国家或区域一系列产业持续成长和技术创新的各种能力和要素网络交织形成的集合
聂鲲（2018）	能够对相关产业的发展和创新提供支持的公共共用体系，是根植于企业、大学和其他相关组织之中各种能力的集合

资料来源：作者汇编。

产业共享概念最初是从制造业的实践中提炼出来，已有研究成果也大多研究制造业的实践问题。康养旅游产业是典型的服务业，其在产业属性、生产经营方式、投入产出等方面与制造业存在很大差异。同时，共享经济下信息技术手段对传统康养旅游产业造成颠覆性影响。因此，本研究将康养旅游产业共享的概念界定为：利用互联网等现代信息技术及其他手段，以使用权共享为主要特征，对存在于康养旅游产业内部和外部的一系列核心资源进行优化配置与整合利用，以形成能够支持康养旅游产业创新发展的共用资源的集合。

共享经济下康养旅游产业共享的内涵包含以下五个方面：

第一，共享经济下产业共享是塑造康养旅游产业竞争优势的关键环节。康养旅游产业共享的战略目标是建设产业内和产业间的资源共用体系，实现资源优化配置和价值创造。共享经济下产业共享是康养旅游产业创新发展的关键环节。产业共享是一个系统工程，通过建立康养旅游产业内和产业间的资源共用体系使康养旅游产业内部成员及产业之间在资源共享机制作用下形成资源共享共用、价值创造最大化的一种优化状态，进而形成产业竞争优势并最终支持康养旅游产业创新发展。

第二，共享经济下产业共享的本质是产业内部与外部各利益相关者之间责任与利益关系的协调管理机制。共享经济下基于利益共享的纽带关系，产业内部与外部各利益相关者之间通过分担、协作及共同参与方式制定产业共享的集体行动方案，建立被各方认可并遵守的管理规则、程序和协议，并有相应的组织机构保障这种管理规则得到遵守。产业共享只有具备很强的协调管理机制，才能有效约束各参与主体追逐“私利”而损害“公利”的行为，驱使其在集体行动框架下选择共享共赢的行为，保障产业共享中参与者的责任与利益相统一，实现产业内部总体资源配置效率的最大化，防止“公地悲剧”的发生。

第三，产业共享强调参与者之间建立“资源互补、互惠互利”关系。产业共享参与者在群体行动中扮演着各自的角色并发挥作用，其既相互融合、合作协同；同时，产业共享参与者又有各自不同的价值追求，在共享其拥有资源的同时也追求资源的价值。因此，产业共享强调了参与者付出与回报相统一的利益博弈机制，从而保障了参与者在产业共享中实现“公利”与“私利”的动态平衡。

第四，共享经济下产业共享是一个开放的系统。共享经济下康养旅游产业共享在产业内部与外部之间进行信息、知识、物质、资金等各种资源的流动与交换，运用系统科学管理方法对资源要素进行优化配置与重新整合，以实现“1+1 ＞ 2”的协同效应。同时，产业共享包括内生资源和外生资源两个构面。内生资源和外生资源构面又分别包含若干个结构维度。

第五，共享经济下产业共享具有典型互联网信息技术手段特征。共享经济下康养旅游产业依托移动互联网、大数据、云计算、智能终端等技术手段，基于“共享共赢”利益纽带建立多层次、多形式、全方位的资源共享关系，在“市场机制”和“政府调控”的规则下开展产业内部和外部资源的优化配置与资源使用过程。因此，共享经济下康养旅游产业共享凭着信息技术优势创新了资源配置方式，从而提高了产业整体资源利用效率。

5.2 康养旅游产业共享的概念模型

共享经济下产业共享是一个复杂的多维度抽象变量。由于产业共享概念提出的时间较晚，国内外关于产业共享构成维度的研究成果较少。基于研究视角、划分标准的不同，国内外学者从各自关注的视角对产业共享的构成维度进行了划分。早期国内外学者虽然没有提出产业共享概念，但是其研究内容已经涉及产业共享的一些要素，如劳动力共享、基础设施、公共服务共享、知识和信息的溢出共享、基础技术共享、网络共享、设备共享、企业共享和管制共享等。Gary P.Pisano 和 Willy C.Shih（2009）全面考察美国制造业发展兴衰后率先提出制造业产业共享包含研发与制造的基础设施、专业知识、工艺开发能力、工程制造能力的集合，它是维持美国制造业创新和竞争优势的基础。此后，随着相关研究的逐渐深入，国内外学者对产业共享的构成维度划分也更加细致。美国国家科学技术委员会（2012）在《美国先进制造业国家战略计划》中提出产业共享包含共享知识资本和物资设备。美国竞争力委员会（The Council on Competitiveness，2013）在《重建产业共享》中提出从培养熟练的员工、共享基础设施和知识溢出三个方面重建产业共享。Koorosh

等（2013）从共享参与主体的角度提出产业共享包括与员工的共享、与客户的共享、与合作企业的共享和与企业所有者的共享。钱平凡（2015）首次将产业共享引入中国并将其构成要素拓展至支撑产业群体共同发展的能力、资源、生产体系、产业基础设施等。蔡建刚（2015）研究了大尺度区域旅游合作与开发中的"产业公地"，他提出产品制造能力、旅游基础设施、旅游公共信息服务、区域合作规划与制度、旅游教育与培训是主要构成要素。窦园园（2016）提出产业公地包括基础设施配套能力、工艺开发能力、工程制造能力、信息化水平、制度创新能力等各种能力和要素网络交织形成的集合。聂鲲（2018）在梳理国内外文献的基础上，提出产业共享的构成包括产业的公共知识与技能、体制机制、产业集群运作的公共平台和产业发展的外部环境。另外，一些国内外学者重点考察了一个或几个产业共享的构成要素及其影响效应，包括知识共享（Namhyun K 和 Changsup S，2018）、信任（Zach F J 和 Hill T L，2017）、技术共享（王玉荣、杨震宁、李军，2011）、资源共享（彭正龙、王海花、蒋旭灿，2011）、异业联盟能力（陈希、刘佳杰、韩冬，2019）等。

综合以上研究成果，结合康养旅游产业特性，提出共享经济下康养旅游产业共享包括公共经营资源、基础设施和产业合作网络三个构成维度；据此构建康养旅游产业共享的概念模型（见图 5-1）。

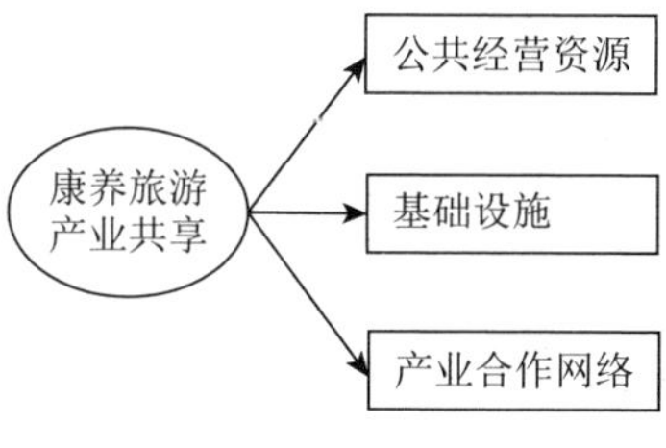

图 5-1　共享经济下康养旅游产业共享的概念模型

5.3　康养旅游产业共享量表的开发与验证

共享经济下康养旅游产业共享是一个新概念，已有成果尚未研究其测量量表。为了提供测量共享经济下康养旅游产业共享的测量量表，在借鉴国内外研究成果的基础上，结合我国康养旅游产业发展实际，开发康养旅游产业共享量表。

遵循量表开发的科学方法和步骤，本研究按照以下步骤开发量表：初步确定康养旅游产业共享的维度、量表初始题项的建立、确定预测问卷、预试与量表修正、正式施测与题项净化、验证性因子分析（见图 5-2）。

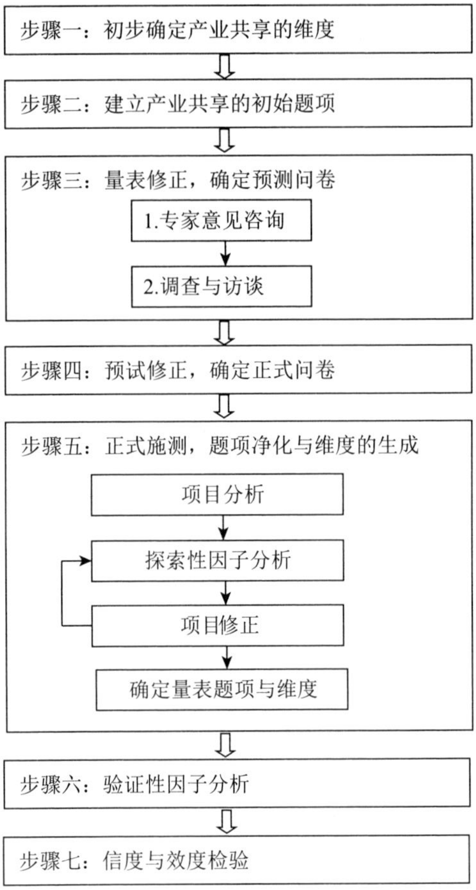

图 5-2　康养旅游产业共享量表开发流程

首先，结合文献研究和深度访谈法，界定康养旅游产业共享的概念内涵及其构成维度；其次，运用文献研究和深度访谈法，并结合专家意见，形成量表的初始题项；再次，确定预测问卷，选取小规模样本进行预测试，对初始题项进行修正以形成正式的调研问卷；进行大规模正式调研，收集调研数据并对量表进行信度和效度检验。

5.3.1　康养旅游产业共享维度的初步确定

在综合国内外文献的基础上，结合康养旅游产业的特性，初步拟定共享经济下康养旅游产业共享由公共经营资源、基础设施和产业合作网络 3 个维度构成。

5.3.2　康养旅游产业共享测量项目的收集

遵循 Churchill（1979）提出的量表开发原则，题项应从一般题项库中抽取代表性的题项。研究程序遵循以下几个步骤：①收集国内外文献的量表题项，对内容意思相同、相近的题项进行合并；②进行个别访谈调查，从实践中获取产业共享的问卷题项；③对上述两类来源的问卷题项进行整合，合并意思相同、相近的题项，对题项的文字表达进行精简修改。

5.3.2.1　国内外文献的量表题项收集

在对国内外有关产业共享文献进行研阅的基础上，收集并汇总产业共享的量表题项，最终收集测量表的题项 42 项。对收集 42 项量表的题项进行分类梳理。一是对意思相近或相同的题项进行合并，例如"基础设施""研发与制造的基础设施""R&D 和生产基础设施""共享基础设施"等合并为"研发基础设施"和"经营的基础设施"。二是根据共享经济下康养旅游产业特点对部分题项进行修改，例如，将"自然资源"修改为"康养旅游资源"，将"实验平台"修改为"共享经济平台"，将"合作（联盟）网络"修改为"康养旅游供应链"。三是对部分不适合康养旅游产业的题项进行删除，例如，"工艺开发能力""工程制造能力""流程开发技巧""工程能力"等题项具有典型的制造业属性特征，其明显不适合康养旅游产业的服务产业属性，因此将其删除。经过以上处理，最终得到 22 个康养旅游产业共享的测量题项。

5.3.2.2 专家访谈

邀请康养旅游领域的专家学者和高级经营管理者对各题项进行评估，以确定初试问卷题项。共邀请4位康养旅游专家学者，其中2位是高校教授，2位是资深旅游业界高管。4位专家对康养旅游产业共享量表项目的重要性、准确性、清晰性等进行评价和修改。4位专家的意见主要集中在修改题项的文字表述、合并题项和删除不当题项等。根据专家的意见，本研究对各题项进行修正、合并与删减；同时，为了评估调研对象对指标题项的理解程度，保证问卷题项的文字表述没有歧义，本研究选择8名不同文化程度的康养旅游产业从业人员对问卷进行测试。测试内容主要是询问调研对象对问卷题项的文字表述是否理解、是否有歧义或不合理的地方。根据8名调研对象的访谈反馈意见对问卷题项的文字表述进行调整、修改：一是对题项内容意思相同或者文字表述不同，但是深层意思一致的题项进行合并。二是对题项的文字表述进行修改，以符合准确、精练、通俗的要求，同时也要符合康养旅游产业特性。经过以上问卷项目的合并与修改，最终确定14个康养旅游产业共享预测问卷的题项。根据这些题项的内容属性，将其归类到相应的维度，最终得到6个公共经营资源题项、4个基础设施题项、4个产业合作网络题项（见表5-2）。

表5-2 量表题项设计

变量	测量指标	指标来源
公共经营资源	IC1 本地区的自然生态环境条件好（空气质量、绿化植被、旅游景区等） IC2 本地区的医疗机构条件好 IC3 本地区的休闲体育场地与设施条件好 IC4 本地区的康养旅游经营管理人才较多 IC5 本行业企业容易获得技术与信息资源 IC6 本地区康养旅游品牌的影响力大	Laesser（2011）；袁开国（2013）；Omerzel（2015）；赵文红等（2012）；Hung 和 Chou（2013）；王玉荣等（2011）；高长元（2011）；聂鲲（2017）；访谈结果
基础设施	IC7 本行业具有数量充足的研究机构、旅游规划企业等 IC8 本行业的共享网络平台条件好 IC9 本地区的旅游基础设施条件好 IC10 本地区的商业服务设施条件好	Pechlaner（2003）；Schalber C 和 Peters M（2012）；Namhyun K（2018）；何昭丽（2014）；王毅（2017）；聂鲲（2017）；访谈结果

续表

变量	测量指标	指标来源
产业合作网络	IC11 本行业具有成熟的产业合作（联盟）网络 IC12 本行业企业与上游供应商的合作效率高 IC13 本行业企业与下游经销商的合作效率高 IC14 本行业和相关辅助产业的合作效率高	Koorosh（2013）；Doohee Chung 等（2019）；王玉荣等（2011）；陈希等（2018）；访谈结果

5.3.3　问卷设计与数据收集

根据研究目的设计调查问卷的内容，一是问卷受访者的个人情况和企业情况，包括性别、年龄、受教育程度、单位类型、职位、经营业务领域、经营时间、所在地域等；二是康养旅游产业共享题项。问卷采用李克特五级量表，“完全不同意——完全同意”分别对应 1~5 分的评估标度。

调查对象为北京、上海、天津、重庆、黑龙江、河北、河南、山东、山西、安徽、湖北、江苏、四川、贵州、云南、广西、浙江、江西、广东、福建、海南共计 21 个省（直辖市、自治区）的康养旅游企业的经营管理者（包含职位为主管、部门经理、副总经理、总经理等经营管理者）。

正式调查的时间从 2020 年 3 月至 5 月，研究者通过致函给部分省（直辖市、自治区）的文化和旅游委（局）、旅游企业总经理等多种渠道与康养旅游企业管理人员进行联系，寻求他们配合此次调研，最终得到21个省（区、市）的康养旅游企业的配合。本次调研通过邮寄纸质问卷和网络传递问卷两种方式进行；调研之前对企业对接的调研负责人进行调研程序、调研方法等介绍说明。本次调研共发放问卷 710 份，回收问卷 621 份，问卷回收率为 87.5%。经过对问卷的筛选，回收的问卷中有 79 份存在题项填写不完整、真实性较低等问题而被剔除，最终得到有效问卷共 542 份，有效问卷率为 87.3%。参与调研的康养旅游企业分布在我国的东部、中部和西部地区，调研样本具有地域代表性。

不同研究方法对问卷样本的数量要求有所不同。本研究对问卷数据的处理方法是使用探索性因子分析和结构方程模型分析。对于探索性因子分析，样本数要求为量表题项的 5 倍以上（Stevens，2002）；本研究的调查问卷有

14 个量表题项，样本数的最低标准为 70 个。对于结构方程模型分析，样本数的最低标准是样本数与观察变量数的比例最少为 10：1（Thompson，2000；黄芳铭，2004），而取样样本数越多，则 SEM 统计分析的稳定性与各种指标的适用性也愈佳；本研究在结构方程模型分析中观察变量的数量为 18 个，样本数的最低标准为 180 个。本研究的有效问卷数量为 542 个，符合相关研究方法对样本数量的要求。

5.3.4 研究方法

对于调研数据的处理方法，“通常探索性因子分析（EFA）是利用一组样本来产生测量变量间因素结构，而验证性因子分析（CFA）则是再从总体中抽取另一组样本来检验假设因素结构的契合度。有的研究者会将样本一分为二，以一半的样本使用 EFA 方法产生因素结构，另外一半样本采用 CFA 方法来进行模型的正式比较”。（吴明隆，2011）。本研究将正式调研数据（N=542）分成对等的两部分；运用 SPSS19.0 统计软件对其中一半数据（N=271）进行产业共享结构的探索性因子分析，运用 AMOS17.0 对另一半数据（N=271）进行验证性因子分析。

5.3.5 数据分析结果

5.3.5.1 探索性因子分析

运用 SPSS19.0 统计软件对康养旅游产业共享量表进行探索性因子分析，问卷样本为正式调研的一半数据（N=271）。结果显示：产业共享量表的 KMO 检验值为 0.915 > 0.8，表示因子分析适合性是好的，Bartlett 球体检验 p 值为 0.000，表示产业共享量表适合做因子分析（见表 5-3）。

表 5–3　产业共享量表的 KMO and Bartlett 检验值

Kaiser–Meyer–Olkin Measure of Sampling Adequacy.		0.915
Bartlett's Test of Sphericity	Approx. Chi–Square	4619.438
	df	91
	Sig.	0.000

对产业共享分量表进行探索性因子分析；采用主成分分析方法抽取因素，用正交方差极大法进行因素旋转，并输出旋转后的因子负荷矩阵；因子萃取标准遵循 Kaiser 准则，即选取特征值大于 1 的因素。

对于萃取因子载荷的标准，学者们有不同观点；Kaiser（1974）、吴明隆（2010）、邱皓政（2013）等认为因子载荷在 0.45 以上较佳，因子载荷在 0.32 及以下则不理想。本研究采用因子载荷在 0.45 以上标准。产业共享分量表的正式调研数据经探索性因子分析，结果见表 5–4。产业共享分量表的 14 个项目可以提取 3 个因子，3 个因子的结构清晰，每一个项目的因子负荷均在 0.50 以上，大于 0.45；总体方差的解释率达到 66.74%。对于总体方差的解释率标准，学者们有不同的观点。吴明隆（2010）认为“如果萃取后的因素能联合解释所有变量 50% 以上的变异量，则萃取的因素可以接受；如果其在 60% 以上，则相当理想”。因此，产业共享量表提取的 3 个因子的总体方差的解释率是相当理想的。根据各因素项目的内容分析，可将这 3 个因子分别命名为公共经营资源（F1–F6）、基础设施（F7–F10）、产业合作网络（F11–F14）（见表 5–5）。

表 5–4　产业共享量表第一次探索性因素分析结果（N=271）

项目	因子 1	因子 2	因子 3
F1	0.110	0.767	–0.077
F2	0.274	0.540	0.286
F3	0.138	0.733	0.317
F4	0.448	0.503	0.342
F5	0.370	0.654	0.239
F6	0.256	0.571	0.251

续表

项目	因子 1	因子 2	因子 3
F7	0.379	0.196	0.656
F8	0.466	0.176	0.661
F9	0.156	0.228	0.761
F10	0.187	0.152	0.832
F11	0.770	0.242	0.300
F12	0.861	0.247	0.246
F13	0.878	0.241	0.199
F14	0.801	0.305	0.273

提取方法：主成分。
旋转法：具有 Kaiser 标准化的正交旋转法。
a. 旋转在 5 次迭代后收敛。

表 5–5 产业共享量表的探索性因子分析题项

变量		测量指标
产业共享	公共经营资源	F1 企业所在地的自然生态环境条件好
		F2 企业所在地的医疗机构条件好
		F3 企业所在地的休闲体育场地与设施条件好
		F4 企业所在地的专业技术、管理人才较多
		F5 本行业企业容易获得技术资源
		F6 本地区康养旅游品牌的影响力大
	基础设施	F7 本行业具有数量充足的研究机构、规划企业等
		F8 本行业的共享网络平台条件好
		F9 本地区的旅游基础设施条件好
		F10 本地区的商业服务设施条件好
	产业合作网络	F11 本行业具有成熟的产业合作（联盟）网络
		F12 本行业企业与上游供应商的合作效率高
		F13 本行业企业与下游经销商的合作效率高
		F14 本行业和相关辅助产业的合作效率高

5.3.5.2　信度与效度检验

（1）信度检验。

国内外学者普遍认为层面或构念的信度系数在 0.5 以上是可接受的范围，信度系数在 0.7 以上则信度高；总量表的信度系数在 0.7 以上是可接受的范围，信度系数在 0.8 以上则信度高（见表 5-6）。

表 5-6　量表信度系数标准

内部一致性信度系数值	层面或构念	整个量表
α 系数＜ 0.50	不理想，舍弃不用	非常不理想，舍弃不用
0.50 ≤ α 系数＜ 0.60	可以接受，增列题项或修改	不理想，重新编制修订
0.60 ≤ α 系数＜ 0.70	尚佳	勉强接受，最好增列题项或修改语句
0.70 ≤ α 系数＜ 0.80	佳（信度高）	可以接受
0.80 ≤ α 系数＜ 0.90	理想（信度很高）	佳（信度高）
α 系数≥ 0.90	非常理想（信度非常好）	非常理想（信度很高）

运用 SPSS19.0 软件对产业共享量表及其 3 个维度的题项进行信度分析，结果显示产业共享量表的 Cronbach'a 大于 0.90，3 个维度分量表的 Cronbach'a 均大于 0.8（见表 5-7），说明产业共享量表及其 3 个维度分量表的信度高，说明产业共享量表的信度较佳，该测量工具的内部一致性信度符合要求。

表 5-7　产业共享及各维度的 Cronbach'a 值

维度	Cronbach'a
公共经营资源	0.819
基础设施	0.834
产业合作网络	0.930
产业共享	0.920

（2）效度检验。

内容效度：本研究量表的题项经过广泛的文献研究，在参考国内外成熟测量工具的基础上，对康养旅游企业经营管理者进行访谈调查，构建了产业共享的初始量表，充分保证了量表具有定义完好的内容范围。同时，经过同行专家的评估与修改，并经过预测试的检验与修订，保证了量表题目恰当地代表了所测内容。因此，本量表整体上能够很好地反映康养旅游产业共享的内容状况，具有较高的内容效度。

建构效度：对康养旅游产业共享量表进行因子分析，结果显示：产业共享量表的 KMO 检验值分别为 0.915，Bartlett 球体检验 p 值均为 0.000，表示其适合做因子分析。因子分析结果显示：产业共享量表可以提取 3 个因子，3 个因子的结构清晰，并与理论结构的特质相吻合；每一个项目的因子负荷均在 0.5 以上，总体方差的解释率达到 66.74%，大于 60% 的理想标准（吴明隆，2010）。因此，产业共享量表整体上具有良好的建构效度。

5.3.5.3 验证性因子分析

验证性因子分析的主要目的是检验量表建构效度的适切性与真实性，可以确认理论构架的有效性和考察信效度。本研究运用 AMOS17.0 软件，对正式调研的另一半数据（N=271）进行验证性因子分析，以检验康养旅游产业共享的因素结构模型是否与实际数据匹配。

5.3.5.3.1 一阶验证性因子分析

为了对康养旅游产业共享结构维度的区别效度进行检验，并探究 3 个潜在变量之间的关系，对康养旅游产业共享的 3 个构成因素进行一阶验证性因子分析。各变量用以下符号表示：公共经营资源（Public Resources）用 PR 表示，基础设施（Basic Facilities）用 BF 表示，产业合作网络（Cooperation Network）用 CN 表示，产业共享量表（Industrial Sharing）用 IS 表示；其标准化估计模型见图 5-3。结构方程模型的拟合指数主要有：（1）卡方自由度比 χ^2/df，当卡方自由度比小于 3 时，认为模型拟合度较好；当卡方自由度比小于 5 时，表示模型可以接受（Wheaton 等，1977）；由于本研究的样本数量大，因此选择卡方自由度比的适配标准是 5；（2）根均方差 RMSEA 越接近 0 越好，一般小于 0.08 即模型可以接受；（3）拟合优度 GFI、校正拟合优度 AGFI、标准拟合指数 NFI、比较拟合指数 CFI 等指标大于 0.9，表示模型可以接受；（4）简约拟合指数 PGFI 大于 0.50，表示模型可以接受。从模型验证性因子分析的拟合指数来看（见表 5-8），RMSEA=0.044 ＜ 0.08、卡方值自由度比 =1.532 ＜ 5.0、GFI=0.945 ＞ 0.90、AGFI=0.922 ＞ 0.90、NFI=0.943 ＞ 0.90、CFI=0.979 ＞ 0.90、PGFI=0.666 ＞ 0.50；各项指标均在适配的临界值范围，数据拟合度良好。

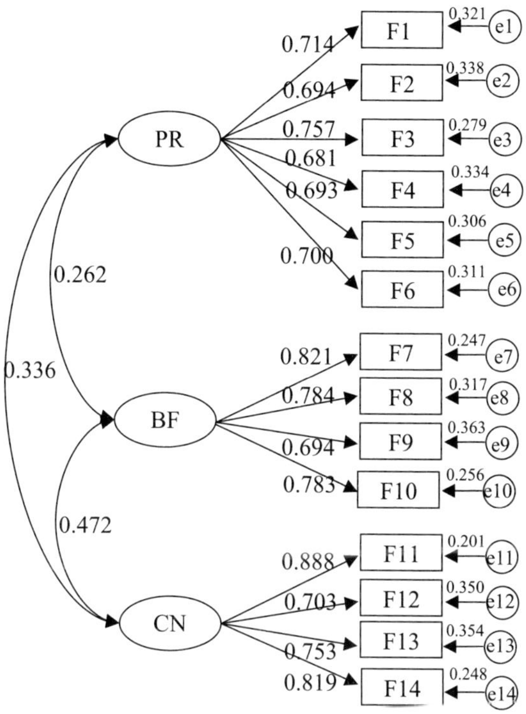

图 5-3　康养旅游产业共享一阶验证性因子估计模型

表 5-8　康养旅游产业共享结构维度模型验证性因子分析的拟合指数

	根均方差 RMSEA	卡方值自由度比	拟合优度 GFI	校正拟合优度 AGFI	标准拟合指数 NFI	比较拟合指数 CFI	简约拟合优度指数 PGFI
检验结果	0.044	1.532	0.945	0.922	0.943	0.979	0.666
适配标准	＜ 0.08	＜ 5.0	＞ 0.90	＞ 0.90	＞ 0.90	＞ 0.90	＞ 0.50
适配判断	是	是	是	是	是	是	是

根据康养旅游产业共享一阶验证性因子估计模型显示，产业共享测量模

型的测量指标均落在预期构念上，测量模型具有良好的区别效度。康养旅游产业共享的 3 个潜在变量之间的协方差估计值见表 5-9。

表 5-9 康养旅游产业共享潜在变量之间的协方差估计值

	协方差估计值	标准误	临界比值	显著性 P 值
PR ⟷ BF	0.296	0.040	7.481	***
BF ⟷ CN	0.465	0.055	8.496	***
PR ⟷ CN	0.364	0.046	8.004	***

注：*** 表示 $p < 0.001$

根据表 5-9 数据结果显示，康养旅游产业共享 3 个潜在变量间的协方差估计检验值显著不为 0，表示康养旅游产业共享 3 个潜在变量之间存在显著的共变关系；各协方差显著性 $p < 0.001$，达到显著性水平，表明康养旅游产业共享 3 个潜在变量之间相关系数显著。因此，这 3 个初阶因子可以归于另一个更高阶因子，需要使用二阶验证性因子分析进行验证。

5.3.5.3.2 二阶验证性因子分析

根据产业共享一阶验证性因子分析结果，构建产业共享的二阶因子结构方程模型，其中 3 个一阶因子为内因潜在变量，包括公共经营资源（PR）、基础设施（BF）、产业合作网络（CN），外因潜在变量为高阶因子“产业共享”（IS）。运用 AMOS17.0 对该二阶因子模型进行检验，标准化估计值模型见图 5-4。

AMOS 二阶验证性因子分析结果显示：一阶内因潜在变量对二阶外因潜在变量的因素负荷量范围为［0.717，0.880］，说明模型的基本适配指标良好。在模型的整体拟合指标方面，绝对适配度指数（RMSEA=0.045 < 0.08、AGFI=0.902 > 0.9）；增值适配度指数（NFI=0.927、GFI=0.926、TLI=0.968、CFI=0.973，以上指标均符合大于 0.9 的标准）；简约适配度指数（χ^2/df=1.547 < 5.0、PGFI=0.699、PNFI=0.782、PCFI=0.820，以上指标均符合大于 0.5 的标准）（见表 5-10）。各项指标均在适配的临界值范围，数据拟合度良好。各测量指标在潜在变量上的标准载荷在 0.596~0.881，各题项的因素负荷都在 0.45 以上。因此，模型的结构效度良好。

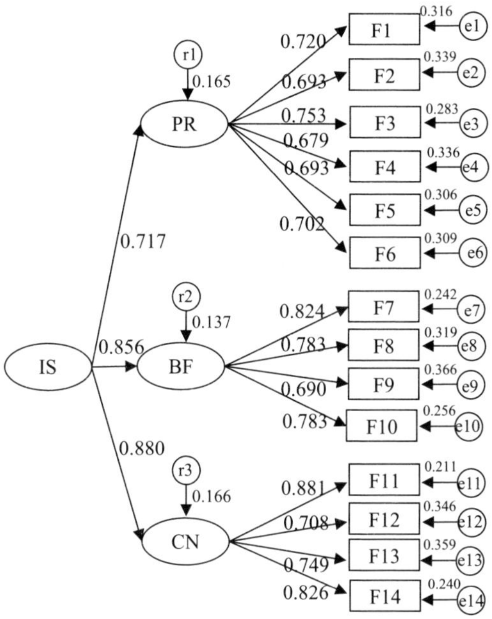

图 5-4　康养旅游产业共享二阶因子估计模型

表 5-10　“产业共享”二阶验证性因子分析的整体模型适配度检验摘要表

统计检验量	检验结果数据	适配的标准	模型适配判断
根均方差 RMSEA	0.045	＜ 0.08	是
卡方值自由度比	1.547	＜ 5.0	是
拟合优度 GFI	0.926	＞ 0.90	是
校正拟合优度 AGFI	0.902	＞ 0.90	是
标准拟合指数 NFI	0.927	＞ 0.90	是
非标准拟合指数 TLI	0.968	＞ 0.90	是
比较拟合指数 CFI	0.973	＞ 0.90	是
简约拟合优度指数 PGFI	0.699	＞ 0.50	是
简约规范拟合指数 PNFI	0.782	＞ 0.50	是
简约比较拟合指数 PCFI	0.820	＞ 0.50	是

综合以上分析，预设的产业共享二阶验证性因子分析模型达到较为理想的水平，样本数据完全验证了康养旅游产业共享的内在维度结构。检验结果

显示康养旅游产业共享二阶因子与一阶因子的关系之间有较强的关联性，这表示康养旅游产业共享是在公共经营资源、基础设施、产业合作网络 3 个一阶因子相互影响下形成。

5.4 本章小结

本章的主要内容是探究康养旅游产业共享的概念模型，并按照量表开发的科学方法和步骤开发测量量表。首先，界定康养旅游产业共享的概念，并阐述其内涵；其次，运用文献研究法确定康养旅游产业共享的结构维度，构建康养旅游产业共享的概念模型；最后，按照量表开发的科学方法和步骤，开发和验证康养旅游产业共享量表。研究得出的主要结论是：

（1）康养旅游产业共享由公共经营资源、基础设施和产业合作网络 3 个因子构成。国内外研究者普遍认同产业共享是一个复杂的多维度抽象变量，但是学术界对产业共享的构成因素尚未形成统一的认识。一些学者虽然提出了产业共享构成因素的构架，但是缺乏系统的理论论证和实证检验。本研究理论构建康养旅游产业共享的概念模型，设计量表的题项，并对全国 21 个省（区、市）的 542 名康养旅游企业经营管理者进行问卷调查，对调研数据进行数理统计分析。本研究首次实证检验了康养旅游产业共享的构成维度。与已有文献不同之处在于：本研究增加了产业合作网络因子，以凸显共享经济环境下产业内部和产业之间的合作网络对康养旅游产业共享的重要作用。另外，一些维度的测量指标也根据康养旅游产业特点进行了修正，例如“自然生态环境条件”“医疗机构条件”“休闲体育场地与设施”“政府对康养旅游企业有优惠政策”等。因此，本研究关于康养旅游产业共享的结构维度和测量量表的研究结论具有典型的共享经济特征和康养旅游产业特色。

（2）康养旅游产业共享的构成因子的影响权重存在差异。康养旅游产业共享的构成因子的影响权重由大到小依次为：产业合作网络、基础设施和公共经营资源。国内外学者大多定性讨论了产业共享的构成因子，而对不同构成因子的影响作用并没有进行定量研究。本研究首次定量研究了共享经济下康养旅游产业共享的构成因子的影响权重。研究发现产业合作网络是康养旅游产业共享最重要的构成因子，这揭示了共享经济新环境下康养旅游产业发展的新现象。基础设施是康养旅游产业共享的重要构成因子，其既是康养旅游产业创新发展的必备条件，又可以成为吸引旅游者的重要因素。这与以前成果的研究结论有一定的差异。公共经营资源的影响权重在 3 个因子中虽然最小，但其影响权重仍达到 0.717，这显示出康养旅游产业具有典型资源依赖性特征，自然生态、医疗机构资源、场地与设施资源、人力资源、品牌资源等是其创新发展的核心资源。

总之，本章探索了康养旅游产业共享的概念模型，并开发了其测量量表，为后续开展相关实证研究提供了一个评价康养旅游产业共享的测量工具。

第 6 章　共享经济下康养旅游产业创新发展机理①

康养旅游产业创新发展随着外部环境和内部环境的改变进行动态调整。共享经济对康养旅游产业发展带来了新挑战和新要求。共享经济下康养旅游产业创新发展机理已经发生变化。新环境下影响康养旅游产业创新发展的关键因素有哪些？在外部环境作用下，关键影响因素如何对康养旅游产业创新发展起作用？本研究从共享经济视角研究康养旅游产业创新发展机理，在规范研究的基础上构建共享经济下康养旅游产业创新发展机理理论模型，并运用实证研究方法进行验证，有利于丰富和拓展旅游产业创新理论，不仅为康养旅游产业创新发展提供新的理论工具，还从实践层面革新我国康养旅游产业创新发展的指导思想，具有重要的理论价值与实践意义。

6.1　康养旅游产业创新发展研究综述

1912 年，美籍奥地利经济学家约瑟夫·熊彼特（Joseph Alois Schumpeter）将“创新”引入经济学，其代表著作《经济发展理论》奠定了现代创新理论基础。此后，产业创新研究成为产业经济研究的重要领域之一。旅游产业创新研究最早起源于 20 世纪 90 年代，其逐渐发展成为一个热点研究领域。国内外学者从研究旅游产业创新影响因素的视角剖析旅游创新机理，产生了丰硕的研究

---

① Li L, Chen X. Empirical Research into the Development Mechanism of Industry Innovation of Health and Wellness Tourism in the Context of the Sharing Economy［J］. International Journal of Environmental Research and Public Health，2022，19（19）.

成果。由于旅游产业的综合性特征，旅游产业创新发展受到多种因素的综合影响。一些学者以产业边界为分类标准，将影响因素归纳总结为外部因素和内部因素或宏观因素和微观因素，并进行实证研究。宋慧林、宋海岩（2013）在综述国外文献的基础上，认为旅游创新影响因素包括企业规模、企业管理模式、人力资本和企业家精神、制度和政策、企业合作与集聚、市场需求。魏金金（2018）提出旅游产业创新的影响因素主要有科技创新投入、经济发展水平、创新资源、知识基础、政府政策、资源整合障碍。

随着研究的深入，国内外学者开始研究一个或主要影响因素对旅游产业创新的影响。新时期人们对健康与旅游的双重需求推动了康养旅游市场迅猛增长。旅游市场需求的变化和消费升级推动创新产品、优化经营管理、开拓新市场，推动了旅游产业创新发展（Buhalis，2000；张辉等，2011）。技术进步是旅游产业结构变动的基础和动力。技术尤其是信息技术广泛应用于旅游业，它在创新产品、提高经营管理效率、优化流程、变革组织等方面推动旅游产业创新发展（王兆峰等，2010；Zrinka，2019）。合作能力是关系能力、联盟能力和网络能力的组合体，合作能力激发创新网络的主动性行为，实现创新网络不断升级，进而带动相关产业可持续发展（郑胜华等，2017）；企业间的合作与聚集有利于企业获取外部的创新资源，带来资源集聚优势和规模经济，进而提升创新绩效（Koorosh，2013；罗颖等，2017）。人力资本在旅游创新中发挥着重要作用。高水平的企业管理者和员工能够吸收外部知识、识别市场机会并进行内部创新，提高旅游企业管理水平和创新能力，促进旅游企业创新（Sundbo 等，2007；Paget 等，2010）。知识是最重要的创新资源之一。知识共享有利于产业内部传递知识和信息，信息和知识资源有利于提高产业成员的学习能力和创新能力，促进产业创新（Namhyun K 等，2018）。

综上所述，学术界关于康养旅游产业创新发展议题已进行了广泛而深入的研究，但是由于环境条件的变化以及研究内容的细化，相关研究仍然存在一些不足。首先，康养旅游产业创新发展的影响因素仍然存在争论，尚未形成统一认识。已有研究虽然较系统地归纳了数量众多的旅游产业创新影响因素，但是缺乏共享经济环境下对康养旅游产业创新影响因素的系统研究。其次，对康养旅游产业创新的过程机理仍然缺乏全面和深入的认识，有关中介变量和调节变量的影响机制仍然不清晰。已有成果大多直接研究影响因素对旅游产业创新的影响作用，对中介变量的中介影响机制缺乏探讨。在跨文化背景下，引入新的调节变量是康养旅游产业创新研究的新方向。而国内研究缺乏在康养旅游产业情景下对产业创新的调节变量进行研究。最后，已有成果缺乏共享经济环境下我国康养旅游产业创新发展的实证研究。总之，理论与实践研究的滞后已严重制约我国康养旅游产业创新发展，亟待加强相关研究。

6.2 研究模型与研究假设

6.2.1 研究模型的构建思路

国内外学者关于旅游产业研究的重点集中在影响因素研究领域，而对于各种中介变量、调节变量的作用鲜有研究。康养旅游产业创新发展具有多因性、复杂性。在共享经济环境下内外部环境发生重大变化，康养旅游产业创新发展的影响因素及其影响作用也随之发生变化。因此，虽然国内外学者对康养旅游产业创新进行了广泛而深入的研究，但其仍存在诸多不足，有待深化研究。从共享经济视角研究康养旅游产业创新发展机理，引入新的前因变量、中介变量和调节变量，探索各变量之间的影响关系，这些都是深化康养旅游产业创新研究的方向。

首先，本研究提出将康养旅游产业共享及其公共经营资源、基础设施、产业合作网络三个构成维度作为研究康养旅游产业创新发展的前因变量。矛盾论认为解决问题的关键是抓住问题的主要矛盾。虽然影响康养旅游产业创新发展的因素十分庞杂，但是只要抓住关键影响因素就能够梳理决定康养旅游产业创新发展的主要原因。在梳理相关文献的基础上，本研究构建以产业共享作为前因变量的康养旅游产业创新机理模型，尝试探究产业共享对康养旅游产业创新发展的影响机理。

其次，本研究的理论模型选择资源获取能力作为中介变量。资源基础理论认为企业具有不同的有形和无形的资源，这些资源可转变成独特的能力，特异性资源和能力是企业竞争优势的来源（Penrose，1959）。一些研究成果在制造业领域验证了资源获取能力的中介作用，但是在康养旅游业仍缺少相关实证研究成果。因此，本研究的产业创新机理模型选择资源获取能力作为中介变量。

再次，本研究的产业创新发展机理模型选择政策支持作为调节变量。在跨文化情景下，引入新的调节变量是康养旅游产业创新理论研究的重要方向。在中国情景下，政府及政策支持对产业创新发展发挥着重要作用，是影响康养旅游产业创新发展的重要因素。已有成果大多定性研究政策支持对康养旅游产业创新发展的影响作用，缺少定量研究及将政策支持作为调节变量的研究成果。本研究选择政策支持作为调节变量，使本研究的理论模型具有中国情景特色，这是对康养旅游产业创新理论的丰富和拓展。

最后，本研究的产业创新发展机理模型选择产业创新作为结果变量。国内外学者普遍认为研究产业创新比创新行为更有实践意义和更容易操作（Tsai，2001）。众多研究证实了产业创新是产业创新机理的结果变量（POTI，2001；Yeoh，2009；史丹丹，2014；郜宇梅，2017）。因此，本研究选择用产业创新作为结果变量。

6.2.2 研究模型框架

通过文献回顾，前人关于产业共享、产业创新的研究成果为构建共享经济下康养旅游产业创新发展机理概念模型提供了坚实的理论基础：康养旅游产业共享的构成维度（包括公共经营资源、基础设施、产业合作网络）与产业创新有关，其中资源获取能力作为中介变量、政策支持作为调节变量。因此，本章提出共享经济下康养旅游产业创新发展机理模型见图 6-1。

6.2.3　研究假设

6.2.3.1　产业共享对资源获取能力的影响

共享经济下康养旅游产业共享的战略目标是建设产业内和产业间的资源共用体系，提高产业经营活动中资源识别、汇集、使用和配置效率，从而提高资源获取能力，实现最高的总体产业资源配置效率。

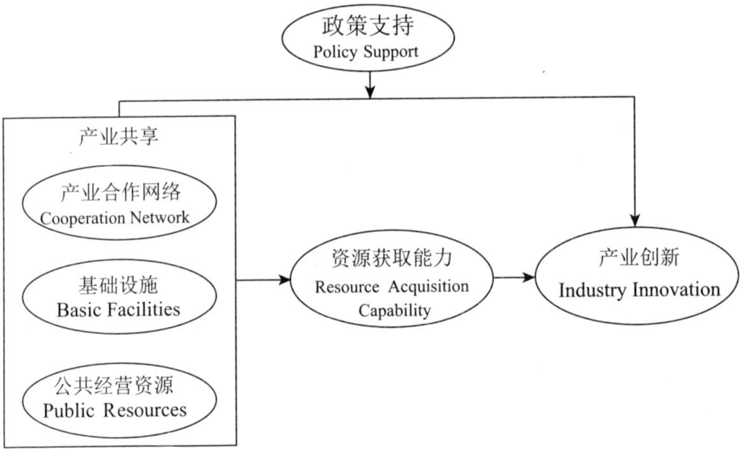

图 6-1 共享经济下康养旅游产业创新发展机理模型

产业共享会聚集产业发展和创新需要的各种要素条件，而这些公共物品会给产业内每一个成员带来好处。产业共享会在共性技术、生产体系等方面产生溢出效应，能吸引高质量的人才、大企业、技术基础设施等有利于产业发展的优质资源要素聚集。康养旅游资源包括山林、水滨、气候、乡村、文化、医疗等资源；旅游资源是旅游活动的客体，是发展旅游的基本条件，其有利于吸引其他生产要素的聚集。共享经济下康养旅游产业共享在产业内部与外部之间进行信息、知识、物质、资金等各种资源的流动与交换，运用系统科学管理方法对资源要素进行优化配置与重新整合，从而影响资源获取能力。

基础设施与产业经济产出同步增长，建设和完善基础设施是康养旅游产业发展的前提。良好的市政基础设施、医疗设施、文化体育设施、商业服务设施、安全救助设施、公共信息设施等不仅有利于促进康养旅游产业发展，而且有利于营造良好的投资环境，吸引更多的资本投资和实力雄厚的企业聚集。共享经济下依托移动互联网技术、大数据、云计算、智能终端等技术手段建立的共享网络平台创新了资源配置方式，从而提高了产业整体资源使用效率。共享网络平台可以使康养旅游产业内的企业共享公共技术平台、公共知识、销售渠道、劳动力市场与服务、公共设施等，使得企业能够快速、经济、便捷地获得外部资源和实现创新资源的共享和整合，从而提高产业的资源获取能力。

康养旅游产业链是由从最基本的原材料投入最终用户产品形成之间的所有价值形成和转移环节所构成的一种连锁链条，包括旅游供应商价值链、旅游渠道价值链、旅游消费者价值链等。产业链上各个环节的旅游企业通过契约、交易关系联结，形成纵横连接的社会关系网络。越强的社会关系网络使得企业获取资源的渠道越多，成员之间的关系越密切，资源交换就越多，从而提高其资源获取能力。康养旅游企业与供应商建立良好关系有利于其获得更有效的市场信息、更优质的原材料和服务、更多的资金周转空间、更优惠的价格、技术支持、管理经验的分享等；康养旅游企业与竞争企业之间建立良好关系有利于促进彼此之间交流与沟通，有利于资源共享；康养旅游企业与下游销售渠道企业之间建立高效的合作关系有助于企业及时了解市场变化和顾客需求，通过合作与分享信息来提升其获取信息资源的能力。基于以上分析提出如下假设。

H_{1-a}：康养旅游产业的公共经营资源对资源获取能力具有显著正向影响。

H_{1-b}：康养旅游产业的基础设施对资源获取能力具有显著正向影响。

H_{1-c}：康养旅游产业的产业合作网络对资源获取能力具有显著正向影响。

6.2.3.2　资源获取能力对产业创新的影响

资源是产业发展的基础要素。康养旅游产业创新依赖于技术与信息资源、人力资源、资金资源以及各种物资资源。资源获取能力越强，产业获取的资源数量就越充分，资源的品质就越高，从而为产业创新发展奠定优质的资源条件，有利于塑造康养旅游发展的竞争优势。具有价值性、稀缺性的核心资源是产业获得竞争优势的根本。在市场竞争日益激烈的环境下，各行业对核心资源的争夺也愈加激烈。产业通过有效识别并获取外部资源以形成产业竞争优势，促进产业创新发展。旅游企业持续地获取和利用知识、信息、资金等外部资源，有利于提高企业的创新能力和创新绩效。因此，资源获取能力与创新绩效具有显著正向相关关系。基于以上分析提出如下假设：

H_2：康养旅游产业资源获取能力对产业创新具有显著正向影响。

6.2.3.3 产业共享对产业创新的影响

产业共享是康养旅游产业创新发展的重要基础和条件。产业共享聚集了康养旅游产业创新发展所需要的资源和基础设施要素，以支持产业创新活动的开展；同时，产业共享能够辐射带动康养旅游产业链上下游关联产业创新发展，以杠杆效应培育康养旅游产业创新能力，促进康养旅游产业创新发展。

景观、空气、水、地理位置和气候特性等自然资源是康养旅游产业创新发展的基础和条件。旅游资源禀赋的差异性决定了区域核心旅游产品的区位及吸引力；资源带来比较优势，资源使用产生竞争优势，资源和资源使用决定康养旅游的创新能力。知识是最重要的创新资源之一，在促进产业创新发展中发挥重要作用。信息、经营技巧、知识等资源越多，越有利于提高学习能力和创新能力，从而获取好的创新绩效。技术进步是旅游产业结构变动的基础和动力。技术尤其信息技术广泛应用于旅游业，它在创新产品、提高经营管理效率、优化流程、变革组织等方面对旅游产业产生重大影响。信息技术的发展和网络经济引发了旅游产业体制创新、经营管理创新、市场创新，改变了旅游产业的发展方式。旅游业是劳动密集型产业。人力资本包括高素质的旅游人才和企业家；人力资本的规模和质量越高，旅游创新活动的数量就越多、质量也越高，旅游产业效率和效益也会大大提升，从而推动旅游产业创新转型。

基础设施是旅游产业创新发展的重要因素。交通、运输、邮电、公共服务机构等基础设施为旅游业创新发展提供交通、知识与信息、公共服务等保障，从而推动旅游产业创新发展。科研院所、大学等科研机构是旅游产业新技术的源头，其为旅游产业创新提供知识、技术支撑，提高旅游产业的科学技术含量，从而促进旅游产业创新发展。共享经济下依托互利网技术、大数据、云计算、区块链等现代信息技术建立O2O运营平台、第三方支付平台、社交平台等共享网络平台是连接创新主体的纽带。产业创新平台利用联结机制将产业内外部的创新主体有效地联结起来，依托平台整合、配置与共享创新资源，从而实现产业资源的高效利用，促进了产业结构转型升级。

康养旅游企业和产业链的供应商、分销商、零售商、代理商、竞争者、政府、行业协会、中介机构、科研院所等机构建立相互合作的社会关系网络。康养旅游企业通过社会关系网络获取外部的创新资源，带来资源集聚优势和规模经济，进而提升创新绩效。康养旅游企业与供应商建立合作关系有利于其获得研发技术、管理经验、市场信息、新机会等资源；其与康养旅游分销商、零售商、代理商等建立良好的合作关系有利于获得所需的资金、市场信息、技术等，有利于康养旅游供应链的资源共享，从而提升企业的创新能力，促进产业创新发展。自上而下和自下而上的产业协作、配套产业和相关产业的分工协作体系影响产业创新发展。基于以上分析提出如下假设。

H_{3-a}：康养旅游产业的公共经营资源对产业创新具有显著正向影响。

H_{3-b}：康养旅游产业的基础设施对产业创新具有显著正向影响。

H_{3-c}：康养旅游产业的产业合作网络对产业创新具有显著正向影响。

6.2.3.4　资源获取能力的中介效应

通过上述文献梳理，在康养旅游产业共享对产业创新的影响关系中，一方面，康养旅游产业共享及其公共经营资源、基础设施、产业合作网络会直接影响产业创新。其中，康养旅游产业共享正向影响产业创新，公共经营资源正向影响产业创新，基础设施正向影响产业创新，产业合作网络正向影响产业创新。另一方面，康养旅游产业共享及其构成维度公共经营资源、基础设施、产业合作网络通过资源获取能力间接影响产业创新。其中，康养旅游产业共享正向影响资源获取能力，公共经营资源正向影响资源获取能力，基础设施正向影响资源获取能力，产业合作网络正向影响资源获取能力。同时，资源获取能力正向影响产业创新。因此，基于以上分析提出如下假设。

H_{4-a}：康养旅游产业的公共经营资源与产业创新之间，资源获取能力充当部分中介变量。

H_{4-b}：康养旅游产业的基础设施与产业创新之间，资源获取能力充当部分中介变量。

H_{4-c}：康养旅游产业的产业合作网络与产业创新之间，资源获取能力充当部分中介变量。

6.2.3.5 政策支持的调节效应

在中国情景下，政府及政策支持对产业创新发展发挥着重要作用，是影响康养旅游产业创新发展的重要因素。研究发现，康养旅游产业的产业共享及其构成维度公共经营资源、基础设施、产业合作网络对产业创新具有显著影响，但其对产业创新的影响程度大小不一致。这说明在产业共享及公共经营资源、基础设施、产业合作网络与产业创新之间存在某些调节变量。康养旅游产业关联多、行业涉及面广；政府在旅游业发展中发挥着规划者、协调者、发展驱动者等角色。政府控制着多种用于促进创新的政策工具，其通过优惠政策在资金支持、税收优惠、财政补贴、创新奖励等方面对产业创新活动进行激励，这有利于提供创新所需要的资源。政府出台一系列产业扶持政策会营造有利的产业环境，能够吸引社会资本投资以获得外部资金，吸引大型旅游企业、优秀旅游人才聚集，以激发产业活力和创造力，从而影响产业创新能力。政府出台的宏观调控政策可以促进基础设施建设、城市规划和生态环境保护等，促进旅游产业创新发展。

基于以上分析，本研究提出如下假设：

H_{5-a}：政策支持在康养旅游产业的公共经营资源与产业创新之间起显著调节作用；

H_{5-b}：政策支持在康养旅游产业的基础设施与产业创新之间起显著调节作用；

H_{5-c}：政策支持在康养旅游产业的产业合作网络与产业创新之间起显著调节作用。

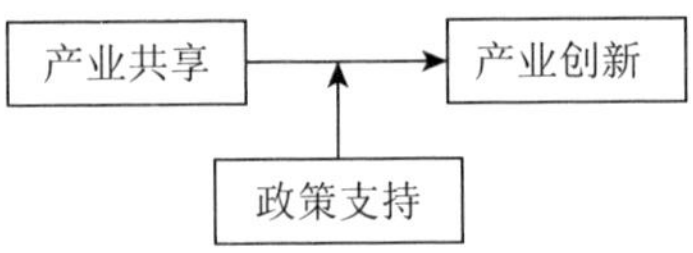

图 6–2　政策支持调节作用简图

表 6-1　研究假设汇总表

序号	研究假设
H_{1-a}	康养旅游产业的公共经营资源对资源获取能力具有显著正向影响
H_{1-b}	康养旅游产业的基础设施对资源获取能力具有显著正向影响
H_{1-c}	康养旅游产业的产业合作网络对资源获取能力具有显著正向影响
H_2	康养旅游产业资源获取能力对产业创新具有显著正向影响
H_{3-a}	康养旅游产业的公共经营资源对产业创新具有显著正向影响
H_{3-b}	康养旅游产业的基础设施对产业创新具有显著正向影响
H_{3-c}	康养旅游产业的产业合作网络对产业创新具有显著正向影响
H_{4-a}	康养旅游产业的公共经营资源与产业创新之间，资源获取能力充当部分中介变量
H_{4-b}	康养旅游产业的基础设施与产业创新之间，资源获取能力充当部分中介变量
H_{4-c}	康养旅游产业的产业合作网络与产业创新之间，资源获取能力充当部分中介变量
H_{5-a}	政策支持在康养旅游产业的公共经营资源与产业创新之间起显著调节作用
H_{5-b}	政策支持在康养旅游产业的基础设施与产业创新之间起显著调节作用
H_{5-c}	政策支持在康养旅游产业的产业合作网络与产业创新之间起显著调节作用

6.3　研究方法

6.3.1　研究对象

本研究选择的研究对象是北京、上海、天津、重庆、黑龙江、河北、河南、山东、山西、安徽、湖北、江苏、四川、贵州、云南、广西、浙江、江西、广东、福建、海南共 21 个省（区、市）的 542 名康养旅游企业的经营管理者，样本的具体人口学、组织学特征见表 6-2。

表 6-2　正式调查样本的主要人口学、组织学特征统计（N=542）

变量	类别	频数	百分比（%）
性别	女	244	45.0
	男	298	55.0

续表

变量	类别	频数	百分比（%）
出生年份	18~29 岁	121	22.3
	30~39 岁	207	38.2
	40~49 岁	156	28.8
	50~59 岁	58	10.7
受教育程度	高中、中专及以下	86	15.9
	大专	193	35.6
	本科	238	43.9
	硕士及以上	25	4.6
单位类型	旅游景区、娱乐企业	251	46.3
	酒店、度假村、民宿	138	25.5
	旅行社	48	8.9
	其他	105	19.3
职位	主管	251	46.3
	部门经理	157	29.0
	副总经理	75	13.8
	总经理	59	10.9
业务领域	只经营康养旅游业务	30	5.5
	康养旅游是主要业务	199	36.7
	康养旅游是次要业务	313	57.8
经营年限	1 年以下	36	6.6
	1~3 年	130	24.0
	4~5 年	79	14.6
	6~9 年	115	21.2
	10 年及以上	182	33.6

6.3.2　变量测量

6.3.2.1　产业共享

产业共享（Industrial Sharing，简称 IS）是利用互联网等现代信息技术手段及其他手段，以使用权分享为主要特征，对存在于康养旅游产业内部和外部的一系列核心资源进行优化配置与整合利用，以形成能够支持康养旅游产业创新发展的共用资源的集合。共享经济下康养旅游产业共享的测量问卷来自第五章的量表。产业共享量表包含 14 个项目（见表 6–3），分别为公共经营资源（6 个项目）、基础设施（4 个项目）、产业合作网络（4 个项目）。产业共享问卷的 Cronbach'a 为 0.916，各构成维度问卷的 Cronbach'a 分别为 0.838、0.849 和 0.905，均大于 0.7，说明产业共享及其 3 个维度分量表的信度较佳，该测量工具的内部一致性信度符合要求。

表 6–3　产业共享的量表题项设计

变量	测量指标	指标来源
公共经营资源	IS1 本地区的自然生态环境条件好（空气质量、绿化植被、旅游景区等） IS2 本地区的医疗机构条件好 IS3 本地区的休闲体育场地与设施条件好 IS4 本地区的康养旅游经营管理人才较多 IS5 本行业企业容易获得技术与信息资源 IS6 本地区康养旅游品牌的影响力大	Laesser（2011）；袁开国（2013）；黄俭（2015）；Omerzel（2015）；赵文红等（2012）；刘金山（2016）；Hung 和 Chou（2013）；王玉荣等（2011）；高长元、杜鹏（2011）；聂鲲（2017）；访谈结果
基础设施	IS7 本行业具有数量充足的研究机构、旅游规划企业等 IS8 本行业的共享网络平台条件好 IS9 本地区的旅游基础设施条件好 IS10 本地区的商业服务设施条件好	王毅（2017）；谭俊涛、张平宇、李静（2016）；Pechlaner（2003）；Schalber C，Peters M（2012）；Namhyun K（2018）；何昭丽（2014）；聂鲲（2017）；访谈结果
产业合作网络	IS11 本行业具有成熟的产业合作（联盟）网络 IS12 本行业企业与上游供应商的合作效率高 IS13 本行业企业与下游经销商的合作效率高 IS14 本行业和相关辅助产业的合作效率高	Koorosh（2013）；Doohee Chung 等（2018）；王玉荣等（2011）；陈希等（2018）；访谈结果

6.3.2.2 政策支持

政策支持（Policy Support，简称 PS）是国家和地方政府部门制定的一系列方针政策和法律法规对产业的直接和间接促进作用。本研究借鉴张敏（2011）、李作良（2014）、徐建中（2018）等制订的量表。政策支持包括 3 个项目，例如“政府制订了本行业发展的规划”等（见表 6-4）。本次调查中政策支持的 Cronbach’a 系数值为 0.910，该测量工具的内部一致性信度符合要求。

表 6-4 政策支持的量表题项设计

变量	测量指标	指标来源
政策支持	PS1 政府制订了本行业发展的规划 PS2 政府对康养旅游产业发展大力支持 PS3 政府对康养旅游企业有减税、补助、补贴、等扶持政策	张敏（2011）；李作良（2014）；徐建中（2018）

6.3.2.3 资源获取能力

资源获取能力（Resource Acquisition Capability，简称 RAC）是组织或个人获得有用资源的能力。本研究借鉴 Wilson（2002）、Wiklund（2003）、史丹丹（2014）、宁玲玲（2018）、李珊珊、徐向艺（2019）等制订的量表。资源获取能力包括 3 个项目，例如“本行业企业能够方便地从行业中获取所需的经营资源”等（见表 6-5）。本次调查中资源获取能力的 Cronbach’a 系数值为 0.877，该测量工具的内部一致性信度符合要求。

表 6-5 资源获取能力的量表题项设计

变量	测量指标	指标来源
资源获取能力	RAC1 本行业企业能够方便地从行业中获取所需的经营资源 RAC2 本行业企业能够从行业中获取所需的技术、管理知识、市场信息、管理人才等资源 RAC3 本行业企业能够从行业中获取所需的资金、设施设备等资源	Wilson 等（2002）；Wiklund 等（2003）；史丹丹（2014）；宁玲玲（2018）；李珊珊、徐向艺（2019）

6.3.2.4　产业创新

产业创新（Industry Innovation，简称 II）是运用一系列的科学方法和手段，通过技术研发、市场开拓、组织重组、产品创新等方式将新的生产要素和生产条件的新组合引入康养旅游产业的生产体系，从而形成一种新的生产能力，实现提高康养旅游产业竞争力的过程。本研究借鉴 Poti（2001）、Yeoh（2009）、应洪斌（2010）、尹博（2012）、蔡猷花等（2013）等制订的量表。产业创新包括 4 个项目，例如“本行业经常推出新产品、新服务”等（见表 6–6）。本次调查中产业创新的 Cronbach’a 系数值为 0.896，该测量工具的内部一致性信度符合要求。

表 6–6　产业创新的量表题项设计

变量	测量指标	指标来源
产业创新	II1 本行业经常推出新产品、新服务 II2 本行业新产品（新项目）的销售收入不断上升 II3 本行业的市场份额逐步扩大 II4 本行业的生产效率逐步提高	Poti（2001）；Yeoh（2009）；应洪斌（2010）；尹博（2012）；蔡猷花等（2013）

6.3.3　统计分析方法

运用 SPSS19.0 统计软件对产业共享、政策支持、资源获取能力和产业创新进行因子分析，以检验各问卷的建构效度；进行相关分析，以检验各变量间是否存在相关关系；运用 AMOS17.0 软件对产业共享与产业创新关系模型进行路径分析，以检验各变量路径关系假设。运用 SPSS19.0 统计软件对康养旅游产业共享、政策支持、产业创新进行调节层级回归分析，以检验政策支持的调节作用。

6.4　数据分析与结果

6.4.1　因子分析

对康养旅游的产业共享、政策支持、资源获取能力和产业创新进行因子分析；采用主成分分析方法抽取因素，用正交方差极大法进行因素旋转，因子萃取标准遵循 Kaiser 准则，即选取特征值大于 1 的因素；采用 KMO 检验值检验各问卷数据是否适合进行因子分析，根据学者 Kaiser（1974）、吴明隆（2010）、邱皓政（2013）的观点，如果 KMO 值小于 0.5 时，则不宜进行因子分析；KMO 值大于 0.6 可以进行因子分析；KMO 值大于 0.8，表示变量间的关系是良好的；KMO 值大于 0.9，表示变量间的关系是极佳的。用 Cronbach'a 系数检验因子内部结构的一致性；对于层面或构念分量表来说 Cronbach'a 在 0.5 以上是可接受的范围，大于 0.6 为较佳信度，Cronbach'a 大于 0.7 为高信度。

6.4.1.1 产业共享因子分析

产业共享分量表的 KMO 检验值为 0.815 > 0.6，Bartlett 球体检验 p 值为 0.000，表示产业共享分量表适合做因子分析。因子分析结果显示，产业共享分量表的 4 个项目可以提取 1 个因子，每一个项目的因子负荷均在 0.80 以上，总体方差的解释率达 77.511%。以上结果说明产业共享分量表的建构效度良好。运用 SPSS19.0 软件对产业共享分量表的题项进行信度分析，结果显示 Cronbach'a 为 0.903 > 0.70，说明产业共享分量表的信度高，该测量工具的内部一致性信度符合要求（见表 6-7~ 表 6-10）。

表 6-7 KMO 测度和巴特利球体检验

KMO 样本测度		0.815
Bartlett 的球形度检验	近似卡方值	1427.432
	自由度 df	6
	显著性概率 Sig.	0.000

表 6-8 解释的总方差

成分	初始特征值			提取平方和载入		
	合计	方差的 %	累积 %	合计	方差的 %	累积 %
1	3.100	77.511	77.511	3.100	77.511	77.511
2	0.439	10.965	88.477			
3	0.264	6.597	95.074			
4	0.197	4.926	100.000			

提取方法：主成分分析。

表 6-9　康养旅游产业共享因子负荷表

产业共享	因子
	1
1. 本行业企业能够通过租赁、交换、借用等方式获得所需的经营资源	0.835
2. 本行业企业之间资源共享比较普遍	0.885
3. 共享（合作）是本行业的普遍现象	0.894
4. 本行业的产业共享（合作）水平较高	0.906

表 6-10　康养旅游产业共享可靠性统计量

Cronbach's Alpha	基于标准化项的 Cronbachs Alpha	项数
0.903	0.903	4

6.4.1.2　政策支持因子分析

政策支持分量表的 KMO 检验值为 0.750 ＞ 0.6，Bartlett 球体检验 p 值为 0.000，表示政策支持分量表变量间的关系是极佳的，适合做因子分析。因子分析结果显示，政策支持分量表的 3 个项目可以提取 1 个因子，命名为政策支持，每一个项目的因子负荷均在 0.80 以上，总体方差的解释率达到 84.705%。以上结果说明政策支持分量表的建构效度良好。运用 SPSS19.0 软件对政策支持分量表的题项进行信度分析，结果显示 Cronbach'a 系数为 0.910 ＞ 0.70，说明政策支持分量表的信度佳，该测量工具的内部一致性信度符合要求（见表 6-11~ 表 6-14）。

表 6-11　KMO 测度和巴特利球体检验

KMO 样本测度		0.750
Bartlett 的球形度检验	近似卡方值	1105.577
	自由度 df	3
	显著性概率 Sig.	0.000

表 6–12 解释的总方差

成分	初始特征值			提取平方和载入		
	合计	方差的 %	累积 %	合计	方差的 %	累积 %
1	2.541	84.705	84.705	2.541	84.705	84.705
2	0.274	9.140	93.845			
3	0.185	6.155	100.000			

提取方法：主成分分析。

表 6–13 康养旅游产业政策支持因子负荷表

政策支持	因子
	1
1. 当地政府部门制订了本行业发展规划	0.931
2. 当地政府部门大力支持康养旅游产业发展	0.928
3. 政府对康养旅游企业有优惠政策（如减税、补贴等）	0.902

表 6–14 康养旅游产业政策支持可靠性统计量

Cronbach's Alpha	基于标准化项的 Cronbachs Alpha	项数
0.910	0.910	3

6.4.1.3 资源获取能力因子分析

资源获取能力分量表的 KMO 检验值为 0.739 ＞ 0.6，Bartlett 球体检验 p 值为 0.000，表示资源获取能力分量表变量间的关系是良好的，适合做因子分析。因子分析结果显示，资源获取能力分量表的 3 个项目可以提取 1 个因子，每一个项目的因子负荷均在 0.80 以上，总体方差的解释率达到 80.382%。以上结果说明资源获取能力分量表的建构效度良好。运用 SPSS19.0 软件对资源获取能力分量表的题项进行信度分析，结果显示 Cronbach'a 系数为 0.877 ＞ 0.70，说明资源获取能力分量表的信度高，该测量工具的内部一致性信度符合要求（见表 6–15~ 表 6–18）。

表 6–15　KMO 测度和巴特利球体检验

KMO 样本测度		0.739
Bartlett 的球形度检验	近似卡方值	853.257
	自由度 df	3
	显著性概率 Sig.	0.000

表 6–16　解释的总方差

成分	初始特征值			提取平方和载入		
	合计	方差的 %	累积 %	合计	方差的 %	累积 %
1	2.411	80.382	80.382	2.411	80.382	80.382
2	0.332	11.056	91.437			
3	0.257	8.563	100.000			

提取方法：主成分分析。

表 6–17　康养旅游产业资源获取能力因子负荷表

资源获取能力	因子
	1
1. 企业能够容易地从行业中获取所需的经营资源	0.907
2. 企业能够从行业中获取所需的经营管理知识、市场信息等资源	0.902
3. 企业能够从行业中获取所需资金、设施设备等资源	0.881

表 6–18　康养旅游产业资源获取能力可靠性统计量

Cronbach's Alpha	基于标准化项的 Cronbachs Alpha	项数
0.877	0.878	3

6.4.1.4　产业创新因子分析

产业创新分量表的 KMO 检验值为 0.825 ＞ 0.8，Bartlett 球体检验 p 值为 0.000，表示产业创新分量表变量间的关系是良好的，适合做因子分析。因子分析结果显示，产业创新分量表的 4 个项目可以提取 1 个因子，每一个项目的因子负荷均在0.80以上，总体方差的解释率达到76.549%。以上结果说明产业创新分量表的建构效度良好。运用SPSS19.0软件对产业创新分量表的题项进行信度分析，结果显示Cronbach'a系数为0.896 > 0.70，说明产业创新分量表的信度高，该测量工具的内部一致性信度符合要求（见表6-19~表6-22）。

表6-19 KMO测度和巴特利球体检验

KMO样本测度		0.825
Bartlett的球形度检验	近似卡方值	1342.976
	自由度df	6
	显著性概率Sig.	0.000

表6-20 解释的总方差

成分	初始特征值			提取平方和载入		
	合计	方差的%	累积%	合计	方差的%	累积%
1	3.062	76.549	76.549	3.062	76.549	76.549
2	0.396	9.891	86.439			
3	0.344	8.597	95.036			
4	0.199	4.964	100.000			

提取方法：主成分分析。

表6-21 康养旅游产业创新因子负荷表

产业创新	因子
	1
1. 本行业经常推出新产品（项目）	0.854
2. 本行业新产品（项目）的销售收入不断上升	0.848
3. 本行业的市场份额逐步扩大	0.905
4. 本行业的生产效率逐步提高	0.892

表 6-22　康养旅游产业创新可靠性统计量

Cronbach's Alpha	基于标准化项的 Cronbachs Alpha	项数
0.896	0.898	4

6.4.2　相关分析

运用 SPSS19.0 软件对产业共享、政策支持、资源获取能力和产业创新变量进行相关分析（见表 6-23），结果显示：产业共享、政策支持、资源获取能力和产业创新之间在 0.01 水平（双侧）上显著相关。以上结果说明各变量之间存在相关关系，但是并不能说明变量之间影响关系的大小以及变量之间的因果关系。因此，为了探究各变量之间的因果关系以及影响关系的大小，需要对各变量之间关系运用结构方程模型进行检验（见表 6-23）。

表 6-23　各变量描述性统计分析与相关矩阵

变量	均值	标准差	产业共享	政策支持	资源获取能力	产业创新
产业共享	3.70368	0.794871	1	0.214**	0.668**	0.595**
政策支持	3.32016	0.904558	0.214**	1	0.272**	0.666**
资源获取能力	3.78454	0.810669	0.668**	0.272**	1	0.648**
产业创新	3.78571	0.756257	0.595**	0.666**	0.648**	1

说明：** 表示在 0.01 水平（双侧）上显著相关。

6.4.3　回归分析与结构方程路径分析

6.4.3.1　产业共享构成维度对产业创新的影响效果分析

对康养旅游产业共享的构成维度即公共经营资源、基础设施、产业合作网络与产业创新的相关分析显示，公共经营资源、基础设施、产业合作网络与产业创新具有显著的正相关，但对他们之间的因果关系需要进行回归分析。运用 SPSS19.0 对公共经营资源、基础设施、产业合作网络与产业创新进行回归分析，结果见表 6-24。检验结果表明，康养旅游产业共享的构成维度即公共经营资源、基础设施、产业合作网络与产业创新的回归系数在 p=0.001 水平下达到显著性水平；康养旅游产业共享的公共经营资源、基础设施、产业合作网络解释了产业创新的 54.3% 的变异，表明康养旅游产业共享的构成维度即公共经营资源、基础设施、产业合作网络对产业创新具有良好的预测效度，是其重要的预测指标之一。公共经营资源、基础设施、产业合作网络的 β 系数分别为 0.202、0.341 和 0.315，表明公共经营资源、基础设施、产业合作网络对产业创新具有正向的预测性。多元共线性诊断显示三个自变量的容忍度值均大于 0.1，其膨胀系数均小于 10，表示这三个变量和其他变量间不存在共线性问题（见表 6-24）。

表 6-24　康养旅游产业共享的构成维度对产业创新的预测作用

康养旅游产业创新						
自变量	β	t	校正 R^2	F 值	容差	VIF
公共经营资源	0.202***	5.325	0.543	212.691	0.593	1.685
产业合作网络	0.341***	8.488			0.526	1.899
基础设施	0.315***	8.046			0.554	1.805

注：*** 表示 $p < 0.001$

6.4.3.2　中介变量验证

本研究在 6.2.3.4 研究假设中提出资源获取能力是康养旅游产业共享（产业合作网络、基础设施、公共经营资源）与产业创新关系之间的中介变量。因此，在验证康养旅游产业共享与产业创新关系之前，需要对提出的假设中介变量进行检验，以确定该变量能否作为中介变量进入因果关系模型（Buckley 等，1998）。检验的标准是：因变量同时对自变量和中介变量的回归分析，中介变量的回归系数要达到显著水平，自变量的回归系数减小；当自变量的回归系数减小到不显著水平时，说明中介变量起完全中介作用；当自变量的回归系数减小但仍达到显著水平时，资源获取能力中介变量起部分中介作用（Baron 和 Kenny，1986）。

运用 SPSS19.0 软件进行层级回归分析，中介作用的检验结果见表 6–25。在中介变量对自变量的回归分析和因变量同时对自变量和中介变量的回归分析中，康养旅游产业共享的产业合作网络、基础设施、公共经营资源的回归系数在 0.001 水平下均达到显著性水平；在因变量同时对自变量和中介变量的回归分析中，产业合作网络、基础设施、公共经营资源的回归系数均显著减小，且在 0.001 水平下均达到显著性水平，说明康养旅游产业共享（包括产业合作网络、基础设施、公共经营资源）对其产业创新的影响作用过程中，资源获取能力起部分中介作用（见表 6–25）。

表 6–25　资源获取能力中介作用检验结果

	中介变量对自变量的回归		因变量对自变量的回归		因变量同时对自变量和中介变量的回归		中介作用
	资源获取能力		产业创新		产业创新		
自变量	β	t	β	t	β	t	—
产业合作网络	0.250	6.401***	0.202	5.325***	0.137	3.609***	—
基础设施	0.418	10.098***	0.341	8.488***	0.232	5.499***	—
公共经营资源	0.161	3.982***	0.315	8.046***	0.273	7.133***	—
资源获取能力	—	—	—	—	0.260	6.439***	部分中介
校正 R2	0.512		0.543		0.572		—
F 值	190.084***		212.691***		181.882***		—

注：*** 表示 $p < 0.001$。

6.4.3.3 结构模型整体性检验与分析

根据上述中介变量的检验结果，采用结构方程建模方法，运用 AMOS17.0 软件检验康养旅游产业共享对产业创新的影响机理模型（见图 6–1）检验，以进一步探究各变量之间的因果关系以及影响程度。本研究构建的结构模型中公共经营资源、基础设施、产业合作网络是外源潜变量，康养旅游产业的资源获取能力、产业创新是内生潜变量。

（1）基准模型 M_a 的结构关系检验。

根据前文 2.3 研究假设而构建的基准因果模型 M_a 见图 6-3。模型的拟合指标见表 6-26，分析结果显示该结构方程模型的拟合度指标皆处于可接受的范围之内，模型与样本数据拟合良好，具有整体结构的有效性与合理性。康养旅游产业共享与产业创新的结构方程模型的分析结果见表 6-27。

表 6-26 康养旅游产业共享与产业创新的结构方程模型 M_a 拟合度指标

统计检验量	检验结果数据	适配的标准	模型适配判断
根均方差 RMSEA	0.039	＜ 0.08	是
卡方值自由度比 χ^2/df	1.814	＜ 5.0	是
拟合优度 GFI	0.949	＞ 0.90	是
校正拟合优度 AGFI	0.930	＞ 0.90	是
标准拟合指数 NFI	0.959	＞ 0.90	是
非标准拟合指数 TLI	0.976	＞ 0.90	是
比较拟合指数 CFI	0.981	＞ 0.90	是
简约拟合优度指数 PGFI	0.694	＞ 0.50	是
简约规范拟合指数 PNFI	0.772	＞ 0.50	是
简约比较拟合指数 PCFI	0.789	＞ 0.50	是

表 6-27 康养旅游产业共享与产业创新的结构方程模型 M_a 分析结果

			Estimate	S.E.	C.R.	P
RAC	←	PR	0.425	0.101	4.216	***
RAC	←	BF	0.165	0.070	2.351	**
RAC	←	CN	0.441	0.059	7.476	***
II	←	RAC	0.232	0.057	4.086	***
II	←	PR	0.238	0.092	2.571	**
II	←	BF	0.338	0.065	5.204	***
II	←	CN	0.173	0.057	3.035	**

注：*** 表示 $p < 0.001$，** 表示 $p < 0.01$。

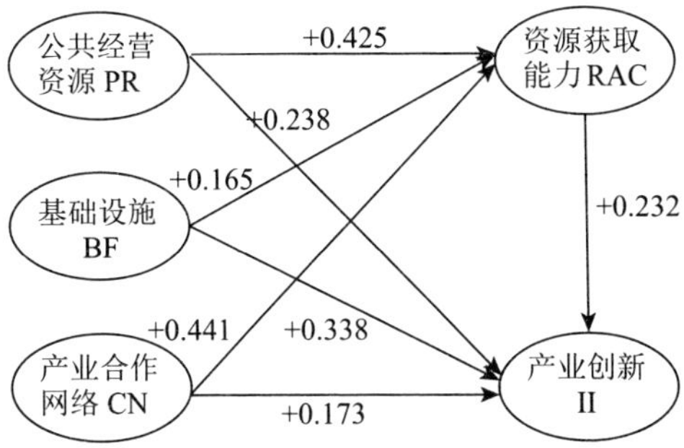

图 6–3　康养旅游产业共享与产业创新的结构方程模型 M_a

为了解各变量之间作用程度的大小，需要对各变量之间的效果进行分析。效果是不依赖于样本大小、反映自变量和因变量关联强度的指标。变量之间的效果包括直接效果、间接效果和总效果。直接效果是自变量与因变量之间的路径系数；间接效果表示自变量与因变量之间至少有一个中介变量，其效果值为所有自变量到因变量的路径的直接效果值相乘后加总；总效果等于直接效果与间接效果之和。学者们对效果的大小评价标准没有一致的结论。Cohen（1982，1988）提出直接效果值小于 0.06，则效果小；直接效果值在 0.06 至 0.16 之间，则效果中等；直接效果值大于 0.16，则效果大。根据 AMOS17.0 对康养旅游产业共享与产业创新关系模型的检验结果，计算康养旅游产业的公共经营资源、基础设施、产业合作网络、资源获取能力和产业创新各变量之间的直接效果、间接效果和总效果（见表 6–28）。

表 6–28　各变量之间的效果值

结果变量	前因变量	直接效果	间接效果	总效果
资源获取能力	公共经营资源	0.425	—	0.425
	基础设施	0.165	—	0.165
	产业合作网络	0.441	—	0.441
产业创新	公共经营资源	0.238	0.099	0.337
	基础设施	0.338	0.038	0.376
	产业合作网络	0.173	0.102	0.275
	资源获取能力	0.232	—	0.232

一是公共经营资源对资源获取能力、产业创新的影响。康养旅游产业的公共经营资源对资源获取能力的直接效果为 0.425（$p < 0.001$），说明康养旅游产业的公共经营资源对资源获取能力具有显著的正向影响关系，假设 H_{1-a} 成立。康养旅游产业的公共经营资源对产业创新的直接效果为 0.238（$p < 0.05$）；同时，康养旅游产业的公共经营资源对产业创新的间接效果为 0.099（$p < 0.001$），总效果为 0.337，说明康养旅游产业的公共经营资源对产业创新具有显著的正向影响，假设 H_{3-a} 成立。另外，由于公共经营资源既直接正向影响产业创新，又通过资源获取能力间接正向影响产业创新。因此，在康养旅游公共经营资源与产业创新之间，资源获取能力充当了部分中介变量，假设 H_{4-a} 成立。

二是基础设施对资源获取能力、产业创新的影响。康养旅游产业的基础设施对资源获取能力的直接效果为 0.165（$p < 0.05$），说明康养旅游产业的基础设施对资源获取能力具有显著的正向影响关系，假设 H_{1-b} 成立。康养旅游产业的基础设施对产业创新的直接效果为 0.338（$p < 0.001$）；同时康养旅游产业的基础设施对产业创新的间接效果为 0.038（$p < 0.001$），总效果为 0.376，说明康养旅游产业的基础设施对产业创新具有显著的正向影响，假设 H_{3-b} 成立。另外，由于基础设施既直接正向影响产业创新，又通过资源获取能力间接正向影响产业创新。因此在康养旅游基础设施与产业创新之间，资源获取能力充当了部分中介变量，假设 H_{4-b} 成立。

三是产业合作网络对资源获取能力、产业创新的影响。康养旅游产业的产业合作网络对资源获取能力的直接效果为 0.441（$p < 0.001$），说明康养旅游产业的产业合作网络对资源获取能力具有显著的正向影响关系，假设 H_{1-c} 成立。康养旅游产业的产业合作网络对产业创新的直接效果为 0.173（$p < 0.05$）；同时康养旅游产业的产业合作网络对产业创新的间接效果为 0.102（$p < 0.001$），总效果为 0.275，说明康养旅游产业的产业合作网络对产业创新具有显著的正向影响，假设 H_{3-c} 成立。另外，由于产业合作网络既直接正向影响产业创新，又通过资源获取能力间接正向影响产业创新。因此在康养旅游产业合作网络与产业创新之间，资源获取能力充当了部分中介变量，假设 H_{4-c} 成立。

四是资源获取能力对产业创新的影响。康养旅游产业的资源获取能力对产业创新的直接效果为 0.232（$p < 0.001$），说明康养旅游产业的资源获取能力对产业创新具有显著的正向影响关系，假设 H_2 成立。

表 6–29　结构模型假设关系验证结果

研究假设	假设关系	总效果	p 值	假设验证
H_{1-a}	正向	0.425	***	成立
H_{1-b}	正向	0.165	**	成立
H_{1-c}	正向	0.441	***	成立
H_2	正向	0.232	***	成立
H_{3-a}	正向	0.337	**	成立
H_{3-b}	正向	0.376	***	成立
H_{3-c}	正向	0.275	**	成立
H_{4-a}	康养旅游产业的公共经营资源与产业创新之间，资源获取能力充当部分中介变量。			成立
H_{4-b}	康养旅游产业的基础设施与产业创新之间，资源获取能力充当部分中介变量。			成立
H_{4-c}	康养旅游产业的产业合作网络与产业创新之间，资源获取能力充当部分中介变量。			成立

注：*** 表示 $p < 0.001$，** 表示 $p < 0.01$。

综合以上分析，本研究所构建的康养旅游产业共享对产业创新的影响机理模型中提出的各变量之间的关系假设 H_1 至 H_4 均得到验证成立（见表 6–29）。从各变量之间作用程度的总效果来看，在产业创新方面，康养旅游产业共享的构成维度基础设施对产业创新的影响最大（0.376），其次是公共经营资源（0.337）、产业合作网络（0.275）。在资源获取能力方面，康养旅游产业共享的产业合作网络对资源获取能力的影响程度最大（0.441），其次是公共经营资源（0.425）、基础设施（0.165）。

（2）备择模型及其与基准模型的比较。

为了验证模型 M_a 是最优模型，需要将基准模型 M_a 与备择模型进行比较。备择模型与基准模型比较的原理主要依据 $\Delta\chi^2$ 和 Δdf；当备择模型是在基准模型的基础上增加路径时，若卡方值变化不显著，则基准模型优于备择模型，接受基准模型；若卡方值变化显著，则备择模型优于基准模型，接受备择模型。当备择模型是在基准模型的基础上减少路径时，若卡方值变化不显著，则备择模型优于基准模型，接受备择模型；若卡方值变化显著，则基准模型优于备择模型，接受基准模型。

一是备择模型 M_b。已有研究中，有些学者认为在产业共享与产业创新之间，资源获取能力充当完全的中介作用，即公共经营资源、基础设施和产业合作网络并不直接影响产业创新。因此，在基准模型 M_a 的基础上，删除公共经营资源、基础设施、产业合作网络和产业创新的 3 条直接路径，构建备择模型 M_b（见图 6-4）。对备择模型 M_b 估计结果见表 6-30，备择模型 M_b 和基准模型 M_a 的卡方值之差为 158.298，自由度之差为 9；备择模型 M_b 在基准准模型 M_a 的基础上减少路径，卡方值变化显著 $\Delta\chi^2_{\Delta df=9}= > 21.666$（df=9 及 p=0.01 时的 χ^2 临界值），则基准模型 M_a 优于备择模型 M_b，因此备择模型 M_b 被拒绝。

表 6-30 备择模型 M_b 及其与基准模型 M_a 的拟合度指标比较

测量模型	χ^2	df	χ^2/df	RMSEA	GFI	AGFI	NFI	TLI	CFI
基准模型 M_a	306.622	169	1.814	0.039	0.949	0.930	0.959	0.976	0.981
修正模型 M_b	424.920	178	2.387	0.051	0.928	0.907	0.943	0.960	0.966

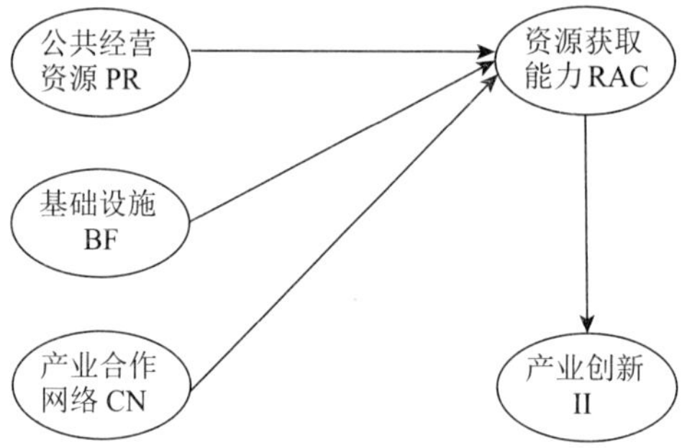

图 6-4 备择模型 M_b 结构方程模型

二是备择模型 M_c。已有研究中，有些学者研究认为产业共享是资源获取能力的前因，而有些学者认为资源获取能力是产业共享的前因。因此，关于产业共享和资源获取能力的因果关系仍然存在争论，尚没有一致的研究结论。为了验证康养旅游产业共享和资源获取能力的路径方向，在基准模型 M_a 的基础上，将产业共享与资源获取能力的路径关系互换，即资源获取能力作为因变量影响产业创新（见图 6-5）。对备择模型 M_c 进行检验分析，结果显示：结构方程模型 M_c 拟合度指标卡方值自由度比、拟合优度 GFI、校正拟合优度 AGFI、标准拟合指数 NFI、非标准拟合指数 TLI、比较拟合指数 CFI 均不符合模型适配的标准（见表 6-31），因此备择模型 M_c 被拒绝。

表 6-31　结构方程模型 M_c 拟合度指标

统计检验量	检验结果数据	适配的标准	模型适配判断
根均方差 RMSEA	0.141	< 0.08	否
卡方值自由度比 χ^2/df	11.822	< 5.0	否
拟合优度 GFI	0.788	> 0.90	否
校正拟合优度 AGFI	0.730	> 0.90	否
标准拟合指数 NFI	0.766	> 0.90	否
非标准拟合指数 TLI	0.747	> 0.90	否
比较拟合指数 CFI	0.781	> 0.90	否
简约拟合优度指数 PGFI	0.621	> 0.50	是
简约规范拟合指数 PNFI	0.664	> 0.50	是
简约比较拟合指数 PCFI	0.676	> 0.50	是

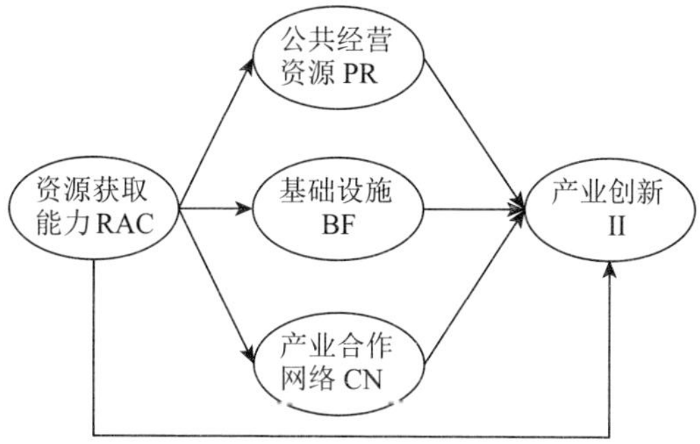

图 6-5　备择模型 M_C 结构方程模型

综合比较基准模型 M_a 及备择模型 M_b、M_c 的检验结果，基准模型 M_a 是最优模型，备择模型 M_b、M_c 均被拒绝。

6.4.3.4 政策支持的调节作用检验

调节变量是一种影响自变量（X）对因变量（Y）作用强度和方向的变量，它所要解释的是自变量在何种条件下会影响因变量，即当某因素影响自变量与因变量的相关大小或正负方向时，这个因素就是自变量与因变量之间的调节变量（见图 6-6）。

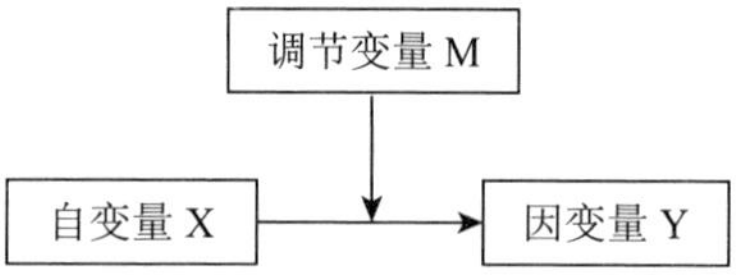

图 6-6 调节变量示意图

调节效应（moderating effect）表示自变量与因变量之间的因果关系随调节变量的取值不同而产生变化。调节变量的作用原理见图 6-7，作用路径 a 代表自变量对因变量的影响，作用路径 b 代表调节变量对因变量的影响，作用路径 c 代表自变量和调节变量对因变量的交互影响。调节变量与中介变量的不同之处是：中介变量在自变量之后，自变量通过中介变量影响因变量；调节变量与自变量在同一层次，调节变量同自变量一样影响因变量。

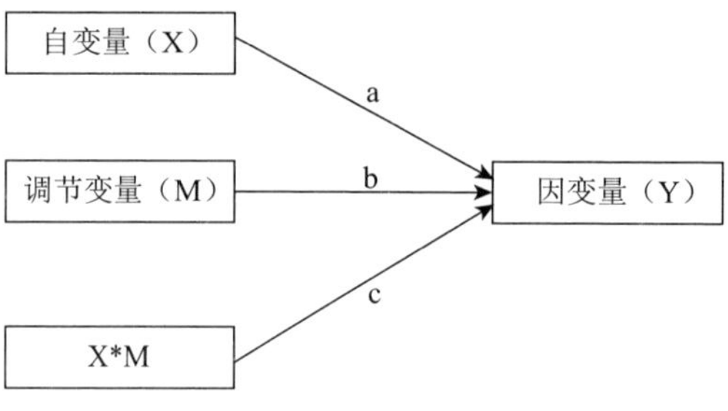

图 6-7 调节变量作用路径图

当自变量和调节变量都是连续变量时，对调节变量的调节效应检验一般采用层级回归分析方法。为了避免变量间多重共线性问题，对自变量（公共经营资源、基础设施、产业合作网络）、调节变量（政策支持）分别进行中心化变换（即变量减去其均值）。判断调节变量存在显著调节效应的判断标准是：回归模型的交互作用项的系数显著不等于 0。

（1）政策支持在公共经营资源与产业创新之间的调节作用检验。

按照以上步骤进行产业创新对公共经营资源、政策支持进行层级回归分析，分析结果显示（见表 6-32）：

表 6-32　公共经营资源和政策支持对产业创新的层级回归分析结果

变量	因变量：产业创新		
	模型 1（Model 1）	模型 2（Model 2）	模型 3（Model 3）
常数	3.784***	3.784***	3.786***
政策支持	0.558***	0.543***	0.551***
公共经营资源	—	0.674***	0.667***
公共经营资源 * 政策支持	—	—	-0.079*
R^2	0.444	0.754	0.757
F	431.747***	827.627***	557.885***
ΔR^2	0.444	0.310	0.005
△ F	431.747***	680.348**	5.275**

注：*** 表示显著性 $p < 0.001$，** 表示显著性 $p < 0.01$，* 表示显著性 $p < 0.05$

政策支持对产业创新的方差贡献是 44.4%，公共经营资源对产业创新的方差贡献是 31.0%，而政策支持与公共经营资源的交互项对产业创新的方差贡献是 0.5%，且都通过 F 检验（在 $p < 0.001$ 水平下显著）；公共经营资源 * 政策支持交互作用项的系数 β 为 -0.079（t=-2.297，$p < 0.05$），交互作用项的系数显著不等于 0，说明政策支持的调节效应显著，政策支持的高低会影响公共经营资源与产业创新之间关系的强弱，因此假设 H_{5-a} 得到验证。

用容忍度及方差膨胀系数对回归方程进行多元共线性检验。容忍度值越接近 0 时（一般容忍度＜ 0.1），表示变量间多元共线性问题越严重；而当膨胀系数大于 10 时，则表示变量间有线性重合问题（吴明隆，2010）。公共经营资源和政策支持对产业创新的层级回归的共线性检验结果显示：各自变量的容忍度值均大于 0.1，其膨胀系数均小于 10，表示进入回归方程式的自变量间不存在严重的多元共线性问题（见表 6–33）。

表 6–33　公共经营资源和政策支持对产业创新的层级回归的共线性检验

模型		共线性统计量	
		容忍度	VIF
1	（常量）		
	政策支持	1.000	1.000
2	（常量）		
	政策支持	0.999	1.001
	公共经营资源	0.999	1.001
3	（常量）		
	政策支持	0.957	1.045
	公共经营资源	0.982	1.018
	公共经营资源 * 政策支持	0.944	1.059

（2）政策支持在基础设施与产业创新之间的调节作用检验。

产业创新对基础设施、政策支持进行层级回归分析，结果见表 6–34：政策支持对产业创新的方差贡献是 44.4%，基础设施对产业创新的方差贡献是 31.2%，而政策支持与基础设施的交互项对产业创新的方差贡献是 0.5%，且都通过 F 检验（在 $p < 0.001$ 水平下显著）；基础设施 * 政策支持交互作用项的系数 β 为 −0.081（t=−3.186，$p < 0.05$），交互作用项的系数显著不等于 0，说明政策支持的调节效应显著，政策支持的高低会影响基础设施与产业创新之间关系的强弱，因此假设 $H_{5\text{-}b}$ 得到验证。

表 6–34　基础设施和政策支持对产业创新的层级回归分析结果

变量	因变量：产业创新		
	模型 1（Model 1）	模型 2（Model 2）	模型 3（Model 3）
常数	3.784***	3.785***	3.792***
政策支持	0.558***	0.497***	0.515***

续表

变量	因变量：产业创新		
	模型 1（Model 1）	模型 2（Model 2）	模型 3（Model 3）
基础设施	—	0.580***	0.574***
基础设施 * 政策支持	—	—	-0.081*
R^2	0.444	0.757	0.761
F	431.747***	837.377***	571.111***
△ R^2	0.444	0.312	0.005
△ F	431.747***	691.184***	10.150**

注：*** 表示显著性 $p < 0.001$，** 表示显著性 $p < 0.01$，* 表示显著性 $p < 0.05$。

基础设施和政策支持对产业创新的层级回归的共线性检验结果显示（见表 6-35）：各自变量的容忍度值均大于 0.1，其膨胀系数均小于 10，表示进入回归方程式的自变量间不存在严重的多元共线性问题。

表 6-35　基础设施和政策支持对产业创新的层级回归的共线性检验

模型		共线性统计量	
		容忍度	VIF
1	（常量）		
	政策支持	1.000	1.000
2	（常量）		
	政策支持	0.983	1.017
	基础设施	0.983	1.017
3	（常量）		
	政策支持	0.889	1.124
	基础设施	0.976	1.024
	基础设施 * 政策支持	0.903	1.107

（3）政策支持在产业合作网络与产业创新之间的调节作用检验。

产业创新对产业合作网络、政策支持进行层级回归分析，结果见表 6-36：政策支持对产业创新的方差贡献是 44.4%，产业合作网络对产业创新的方差贡献是 31.4%，而政策支持与产业合作网络的交互项对产业创新的方差贡献是 1.0%，且都通过 F 检验（在 $p < 0.001$ 水平下显著）；产业合作网络 * 政策支持交互作用项的系数 β 为 −0.117（$t=-4.781$，$p < 0.001$），交互作用项的系数显著不等于 0，说明政策支持的调节效应显著，政策支持的高低会影响产业合作网络与产业创新之间关系的强弱，因此假设 H_{5-c} 得到验证。

表 6-36　产业合作网络和政策支持对产业创新的层级回归分析结果

变量	因变量：产业创新		
	模型 1（Model 1）	模型 2（Model 2）	模型 3（Model 3）
常数	3.784***	3.785***	3.797***
政策支持	0.558***	0.485***	0.506***
产业合作网络	—	0.557***	0.555***
产业合作网络 * 政策支持	—	—	−0.117***
R^2	0.444	0.758	0.768
F	431.747***	846.250***	594.668***
ΔR^2	0.444	0.314	0.010
△ F	431.747***	701.045***	22.860**

注：*** 表示显著性 $p < 0.001$，** 表示显著性 $p < 0.01$

产业合作网络和政策支持对产业创新的层级回归的共线性检验结果显示（见表 6-37）：各自变量的容忍度值均大于 0.1，其膨胀系数均小于 10，表示进入回归方程式的自变量间不存在严重的多元共线性问题。

表 6-37　产业合作网络和政策支持对产业创新的层级回归的共线性检验

模型		共线性统计量	
		容忍度	VIF
1	（常量）		
	政策支持	1.000	1.000
2	（常量）		
	政策支持	0.976	1.024
	产业合作网络	0.976	1.024

续表

模型		共线性统计量	
		容忍度	VIF
3	（常量）		
	政策支持	0.917	1.090
	产业合作网络	0.976	1.025
	产业合作网络 * 政策支持	0.939	1.065

综上所述，政策支持在康养旅游产业共享构成维度与产业创新之间起调节作用（假设 H_5 成立）；政策支持在康养旅游产业公共经营资源与产业创新之间起显著调节作用（H_{5-a} 成立）；政策支持在康养旅游产业的基础设施与产业创新之间起显著调节作用（H_{5-b} 成立）。政策支持在康养旅游产业的产业合作网络与产业创新之间起显著调节作用（H_{5-c} 成立）（见表 6–38）。

表 6–38　政策支持调节作用假设关系的验证结果

序号	研究假设	假设验证
H_{5-a}	政策支持在康养旅游产业的公共经营资源与产业创新之间起调节作用	支持
H_{5-b}	政策支持在康养旅游产业的基础设施与产业创新之间起调节作用	支持
H_{5-c}	政策支持在康养旅游产业的产业合作网络与产业创新之间起调节作用	支持

6.5　结论与讨论

6.5.1　研究结论

第一，在理论研究的基础上，梳理了康养旅游产业的产业共享、资源获取能力、政策支持、产业创新变量之间的关系，并构建康养旅游产业的产业共享对产业创新的影响机理模型。第二，采用实证研究方法对全国 21 个省（区、市）的 542 名康养旅游企业的经营管理者进行问卷调查，运用 AMOS17.0 统计分析软件对结构方程模型进行路径分析。研究得出的主要结论是：

（1）公共经营资源对资源获取能力、产业创新的影响。

康养旅游产业的公共经营资源对资源获取能力的直接效果为 0.425（$p < 0.001$），说明康养旅游产业的公共经营资源对资源获取能力具有显著的正向影响关系，假设 H_{1-a} 成立。康养旅游产业的公共经营资源对产业创新的直接效果为 0.238（$p < 0.05$）；同时康养旅游产业的公共经营资源对产业创新的间接效果为 0.099（$p < 0.001$），总效果为 0.337，说明康养旅游产业的公共经营资源对产业创新具有显著的正向影响，假设 H_{3-a} 成立。另外，由于公共经营资源既直接正向影响产业创新，又通过资源获取能力间接正向影响产业创新。因此，在康养旅游公共经营资源与产业创新之间，资源获取能力充当了部分中介变量，假设 H_{4-a} 成立。

（2）基础设施对资源获取能力、产业创新的影响。

康养旅游产业的基础设施对资源获取能力的直接效果为 0.165（$p < 0.05$），说明康养旅游产业的基础设施对资源获取能力具有显著的正向影响关系，假设 H_{1-b} 成立。康养旅游产业的基础设施对产业创新的直接效果为 0.338（$p < 0.001$）；同时，康养旅游产业的基础设施对产业创新的间接效果为 0.038（$p < 0.001$），总效果为 0.376，说明康养旅游产业的基础设施对产业创新具有显著的正向影响，假设 H_{3-b} 成立。另外，由于基础设施既直接正向影响产业创新，又通过资源获取能力间接正向影响产业创新。因此，在康养旅游基础设施与产业创新之间，资源获取能力充当了部分中介变量，假设 H_{4-b} 成立。

（3）产业合作网络对资源获取能力、产业创新的影响。

康养旅游产业的产业合作网络对资源获取能力的直接效果为 0.441（$p < 0.001$），说明康养旅游产业的产业合作网络对资源获取能力具有显著的正向影响关系，假设 H_{1-c} 成立。康养旅游产业的产业合作网络对产业创新的直接效果为 0.173（$p < 0.05$）；同时，康养旅游产业的产业合作网络对产业创新的间接效果为 0.102（$p < 0.001$），总效果为 0.275，说明康养旅游产业的产业合作网络对产业创新具有显著的正向影响，假设 H_{3-c} 成立。另外，由于产业合作网络既直接正向影响产业创新，又通过资源获取能力间接正向影响产业创新。因此，在康养旅游产业合作网络与产业创新之间，资源获取能力充当了部分中介变量，假设 H_{4-c} 成立。

（4）资源获取能力对产业创新的影响。

康养旅游产业的资源获取能力对产业创新的直接效果为 0.232（$p < 0.001$），说明康养旅游产业的资源获取能力对产业创新具有显著的正向影响关系，假设 H_2 成立。

（5）政策支持的调节作用。

政策支持在康养旅游产业公共经营资源与产业创新之间起显著调节作用（H_{5-a} 成立）；政策支持在康养旅游产业的基础设施与产业创新之间起显著调节作用（H_{5-b} 成立）；政策支持在康养旅游产业的产业合作网络与产业创新之间起显著调节作用（H_{5-c} 成立）。因此，政策支持在康养旅游产业共享与产业创新之间充当调节变量。

综合以上分析，本研究所提出的各变量之间的关系假设 H_1 至 H_5 均得到验证成立（见表 6-1）。从各变量之间作用程度的总效果来看，在产业创新方面康养旅游产业共享的基础设施对产业创新的影响最大（0.376），其次是公共经营资源（0.337）、产业合作网络（0.275）。在资源获取能力方面康养旅游产业共享的产业合作网络对资源获取能力的影响程度最大（0.441），其次是公共经营资源（0.425）、基础设施（0.165）。

6.5.2　相关启示

6.5.2.1　理论启示

第一，以产业共享为前因变量研究康养旅游产业创新发展的影响机理，为康养旅游产业创新研究提供了一个新视角。已有研究成果缺乏从融合共享经济理论与传统产业经济理论的跨学科视角研究康养旅游产业创新发展的成果。本研究将康养旅游产业创新发展影响机理研究从传统产业经济视角扩展到共享经济视角，阐释康养旅游产业共享的公共经营资源、基础设施、产业合作网络三个构成维度对产业创新的影响机理，有利于拓展共享经济与产业创新的跨学科集成研究。

第二，资源获取能力在康养旅游产业共享与产业创新之间起部分中介作用。

在学术界，已有成果虽然证实了资源获取能力与产业创新具有正向相关关系，但是关于资源获取能力对产业创新的中介作用仍然存在争论。本研究证实资源获取能力在康养旅游产业共享对产业创新的影响机理模型中起部分中介作用。这一结论与一些学者认为资源获取能力只是前因变量的观点有所不同。在共享经济环境下，康养旅游产业发展突破了产业内部资源的束缚；康养旅游产业是基于产业共享框架下的资源集合体，产业内部和外部资源共同决定了康养旅游产业发展的规模和品质。产业共享聚集了康养旅游产业创新发展所需要的资源和基础要素，以支持产业创新活动的开展。共享经济环境下康养旅游产业共享影响资源获取能力，进而影响产业创新。因此，资源获取能力在康养旅游产业共享与产业创新之间起部分中介作用。

第三，政策支持变量的引入有助于阐释中国情景下政府对康养旅游产业创新发展的作用。已有文献大多将政策（政府）支持视为产业创新的一个前因变量，而对政策支持在产业共享与产业创新中所发挥的作用研究甚少。康养旅游产业具有投资规模大、投资回报周期长、资本风险高、招商难度大等特点。目前，我国康养旅游尚处于起步阶段，政策支持成为影响康养旅游产业创新发展的重要因素。本研究引入政策支持作为调节变量，实证验证了政策支持在康养旅游产业共享的公共经营资源、基础设施、产业合作网络三个构成维度与产业创新之间充当调节变量，凸显了理论模型的本土化特色，进一步阐释了在中国情景下政策支持在产业创新发展中的作用。

6.5.2.2 实践启示

康养旅游产业创新发展是一个复杂的系统工程。基于共享经济下康养旅游产业创新发展机理研究结论，在产业实践中可以从提高产业共享和政策支持两个方面促进康养旅游产业创新发展。

第一，提高公共经营资源、基础设施和产业合作网络水平有助于增强康养旅游产业共享，并最终促进康养旅游产业创新发展。旅游目的地应运用系统管理手段整体提高康养旅游产业的产业共享水平，即运用综合治理手段同时提高康养旅游的公共经营资源、基础设施和产业合作网络水平，不能顾此失彼。在公共经营资源方面，共享经济下综合运用政策和市场手段引导实力雄厚的互联网企业、康养旅游企业联合开发康养旅游的共享经济 App 软件及网络平台，创新租赁、交换、借用等多元共享方式利用现有的存量资源，借助资金、人员、物资、信息等资源的互通互联形成资源的共享共用和价值创造，以塑造康养旅游产业共享的核心优势。在基础设施方面，康养旅游目的地应鼓励和支持新设专门的康养旅游研究机构、规划企业。定期设立专项康养旅游研究课题并向社会招标，引导和鼓励社会智力合作开展康养旅游研究。同时，新建专门康养旅游基础设施和商业服务设施；重点发展旅游养老院、旅游疗养院、养生保健会馆、医疗机构等；在旅游景区、星级酒店内配备医疗、保健、养生设施设备等；在 A 级景区、星级酒店、旅游交通车辆、公共卫生间等全面提升无障碍设施的建设水平。在产业合作网络方面，大力发展地区康养旅游产业生态圈。运用政府调控和市场手段引导具有潜力的大中型康养旅游企业通过兼并重组、合资联营、战略联盟等方式组建企业集团、产业集群、产业园区等新业态。以重点康养旅游企业集团、产业集群、产业园区为支点实施产业多元化发展，以形成系统的康养旅游产业网络体系。

第二，提高政策支持水平以推动康养旅游产业创新发展。康养旅游目的地应健全康养旅游产业创新发展的政策体系，在投资、审批、税收、贷款等方面给予康养旅游企业更多的优惠政策。一方面，采取政策引导、产业规划等宏观调控手段深化推进疗养事业单位市场化改革，推进公有制疗（休）养院（所）企业化改制，降低疗养事业单位的国有经济比例和提高非国有经济比例；降低民营和外资投资康养旅游产业的政策门槛，运用优惠性政策吸引社会资本和外资投资康养旅游产业。另一方面，政府主管部门应重点健全市场监督管理体制，制订规范、科学的市场经营规则，并运用有效的行政手段加强对旅游市场的监管力度；提高政务服务效率和品质，按照建设“服务型政府”要求来推动管理部门从监管为主向服务为主的职能转变。

6.6　本章小结

本章主要内容是从理论层面构建共享经济下康养旅游产业创新发展机理模型，并对该模型进行实证检验。首先，通过梳理、归纳分析已有文献成果，在推导康养旅游产业共享、资源获取能力、政策支持、产业创新各变量之间逻辑联系的基础上，提出研究假设，构建共享经济下康养旅游产业创新发展机理模型；其次，进行研究设计，包括研究对象、变量测量和研究方法等；最后，运用相关统计分析方法对调研数据进行分析，验证理论假设。研究得出的主要结论是：

（1）康养旅游产业共享对资源获取能力具有显著正向影响；在康养旅游产业共享的构成因子中，产业合作网络对资源获取能力的影响程度最大，其次是公共经营资源、基础设施。

（2）康养旅游产业资源获取能力对产业创新具有显著正向影响。

（3）康养旅游产业共享对产业创新具有显著的正向影响关系；在康养旅游产业共享的构成因子中，基础设施对产业创新的影响最大，其次是公共经营资源、产业合作网络。

（4）在康养旅游产业共享与产业创新之间，资源获取能力充当部分中介变量。

（5）政策支持在康养旅游产业共享与产业创新之间充当调节变量。其中，政策支持在康养旅游产业共享构成维度公共经营资源、基础设施、产业合作网络与产业创新之间均起显著调节作用。

综上所述，本章理论构建和实证检验了康养旅游产业共享对产业创新的影响机理模型，在实践上创新基于产业共享视角的康养旅游产业创新发展理念，有利于促进我国康养旅游产业创新发展。

第 7 章　共享经济下康养旅游产业创新发展路径①

新时期在内外环境发生深刻变化背景下，创新成为引领康养旅游产业转型升级的必然选择。产业创新发展路径是康养旅游发展中重要的战略决策之一，它决定着康养旅游产业的当前产业效益和未来发展潜力。产业创新发展路径是一个复杂的综合决策，其受到环境条件和产业条件的综合影响。由于外部环境和产业条件的差异，不同地方的康养旅游产业创新发展路径会有所不同。综观国内外康养旅游产业创新发展历程，一些地方的康养旅游产业根据环境条件和产业条件选择适宜的创新发展路径，并根据内外部环境变化进行相应调整，从而实现了康养旅游产业的快速发展。因此，创新发展路径是关系康养旅游产业可持续发展的重大战略问题。进入共享经济时代，我国康养旅游产业进入快速发展阶段，宏观环境和产业环境已发生重大改变，如何正确选择创新发展路径成为我国很多地方康养旅游产业发展面临的重大战略问题。基于康养旅游产业创新发展路径的重要性和急迫性，本研究在借鉴前人研究成果的基础上，试图构建康养旅游产业创新发展路径的分析框架，并科学阐释典型康养旅游产业创新发展路径的内涵特征和实现方式，这对丰富旅游产业创新理论具有重要的理论意义，对实现康养旅游产业科学决策具有重要的实践意义。

① 陈雪钧，李莉. 共享经济下康养旅游产业创新发展模式研究［J］. 企业经济，2021，40（12）：152-160.

7.1 康养旅游产业创新发展路径研究综述

国外学者关于康养旅游产业创新发展路径（模式）研究主要集中在以下两个方面。一是基于 Schumpeter（1912）的创新理论框架探索康养旅游产业创新发展的具体路径。（1）产品创新。Harald Pechlaner（2006）研究了健康旅游的产品创新，包括高山养生旅游业、温泉（健康）旅游业等。Anne-Mette Hjalager（2009）运用案例研究法探讨了医学科学与旅游业的融合衍生发展旅行医学。Lee 等（2016）对 Sunmore Ginseng Health Spa 进行了案例研究，提出运用 Abernathy 和 Clark's（1985）创新模型对加拿大的健康水疗中心进行产品创新。（2）组织创新。Fundeanu D（2015）在研究罗马尼亚温泉旅游产业集群案例的基础上，提出健康旅游的集群创新发展路径，即通过构建由人力资本、相关行业、政府、服务提供者、合作机构、相关协会和医学领域基金会等组成的公共和私人组织的协会来促进康养旅游创新发展。Laddawan（2016）以泰国医疗旅游业为研究对象，从价值链视角研究了医疗旅游集群组织的主要利益相关者、构成及其运行流程。（3）市场创新。Hjalager 和 Nordin（2011）认为旅游企业与游客进行积极的思想和资源交流可以促进学习过程并从中受益，增强创新能力并最终提高组织的竞争力。消费者驱动的创新是基于外部购买者或使用者的需要、想法、观点驱动的新产品、新服务、新概念、新流程、新分销系统、新市场方法。在健康和水疗领域中以客户为导向的创新方法和技术有：消费者调查、主动投诉、重大事件访谈、观察和用户面板。（4）商业模式创新。共享经济下基于互联网虚拟社区的网络平台是一种新型的数字商业模式，在线社区使得利益相关者参与协作过程变得高效且可行，它是康养旅游产业创新的重要方式（Van der Zee 和 Vanneste，2015）。Lydia L（2011）依据服务提供主体的不同总结了美国医疗旅游的四种模式，包括直接医疗旅游、由医疗旅游服务商提供的医疗旅游、由美国健康计划或美国雇主提供的医疗旅游、由美国医疗保健提供者资助的医疗旅游，并区分了四种模式的服务差异。Maria（2012）系统总结了医疗旅游和健康旅行的各种商业模式，包括集群商业模式、缩减中间商模式、直销模式、特许经营模式等。Yiqian（2018）结合案例总结养老旅游主题发展模式，包括生态特色模式、古镇特色模式、传统文化模式、文化和艺术模式、医疗和保健结合模式。同时，一些学者系统研究了康养旅游的多种创新路径。Anne（2012）以北欧国家为案例，研究了康养旅游的核心产品和服务创新、技术创新、制度创新等。Sotiriadis（2016）总结了健康旅游和 SPA 在流程创新、组织创新和营销创新的类型及实践案例。

一是基于不同理论视角归纳总结康养旅游产业创新发展路径。由于康养旅游产业创新实践的丰富性和复杂性，康养旅游产业创新发展路径的类型也是纷繁复杂。ANNE（2011）通过药妆品生产商和温泉疗养企业的案例分析，从价值链视角研究了康养旅游的联合品牌和共同创造发展路径。Elżbieta Szyma ń ska（2015）运用德尔菲法进行专家调查，研究发现三种健康旅游创新路径，即科学推动创新过程路径、开放拉式路径和市场网络化和拉动路径。随着互联网经济的崛起，以整合“内外部资源”“开拓新市场”等为特征的开放式创新有效适应了康养旅游产业发展需要。Szymańska（2016）提出了 SPA 与健康旅游创新的开放拉式模型，该模型凸显了 SPA 和健康旅游创新对外部环境的开放性和消费者在创新过程中的驱动作用。开放式创新是旅游目的地管理创新的有效方法（Pikkemaat 和 Peters，2016）。互联网平台使旅游业的各利益相关者形成价值共创的生态系统，各种利益相关者可以从共享和交换资源中互利共赢，以促进产业系统创新（Prebensen，2013）。

进入 21 世纪以来，随着康养旅游在国内市场的兴起和繁荣，国内学者对康养旅游产业创新发展路径进行了广泛研究。一是从理论视角探索康养旅游产业创新发展路径。①养老旅游发展路径，如候鸟式养老旅游（孟桂如，2017）；移民定居式养老旅游（刘志军，2010）；乡村养老旅游（王胜今，2020）等。②养生旅游发展路径，如高端养生旅游（郑四渭，2012）、温泉（SPA）养生旅游（王燕，2008）、森林养生旅游等（丛丽、张玉钧，2016）。③医疗旅游发展路径，如外科手术旅游、美容旅游、减肥旅游、生殖旅游、传统医学旅游等特色发展路径（张广海，2012；单亚琴，2016；赵影，2019）。④其他康养旅游产品路径，如体育旅游发展路径（杨强，2016）、健康旅游发展路径（李新泰，2019）等。在产业跨界与集聚现象日益普遍的环境下，康养旅游产业出现产业融合创新路径。杨梅、徐芝兰（2013）提出基于互联网技术的“医疗机构+旅游团队”新型医疗旅游跨行业合作发展模式。吴旭云等（2017）指出打造一个全产业链高度整合的旅游养老休闲系统是未来中国旅游养老的重要方向。袁冠楠（2018）基于产业共生理论视角阐释了寄生模式、偏利共生模式、非对称互惠模式、对称互惠模式的养生旅游产业共生模型。黄坚（2019）论述了共享经济下旅游产业融合发展路径，包括技术融合、产品融合、业务融合、产业市场融合。杨懿（2020）提出健康旅游融合发展的具体路径有资源延伸、功能延伸、服务渗透和技术渗透。

另外，一些学者从不同理论视角出发研究康养旅游创新发展路径（模式）。白然（2016）对乡村养老旅游业发展模式进行了探索，提出乡村养老旅游小区、乡村养老院、乡村宅院养老等模式。谢经良（2015）从协同创新角度划分了体育旅游产业集群协同创新模式，包括以政府为主导的协同创新发展模式、以企业为主导的协同创新模式以及以大学和体育旅游科研机构为主导的协同创新模式。顾振华（2017）根据魏朱商业模式六要素模型，从用户需求定位、利益相关者分析、商业模式构建和可行性四个方面构建互联网时代下中国旅游养老电子商业模式。李慧芳等（2017）探讨了健康旅游的“原生态化”“一区一品”“互联网+健康+旅游”“资源深度融合”四种开发模式。

二是总结康养旅游产业创新发展路径的典型实践经验。国内学者大多从省（市）范围探讨地方特色发展路径或模式。娄白、廖育英（2015）探索了都江堰向峨镇实现传统旅游到养生旅游再到联合健康产业创新升级路径。周义龙（2016）认为海南医疗养生旅游发展模式可以选择医疗养生+医院、景区、酒店和度假村、宗教、温泉、医药基地、先行区、风情小镇、旅游地产、休闲农业等模式。刘秋兰（2017）基于“旅游+”发展理念，建议岭南地区中医药健康旅游应实施中医药+乡村旅游、养生旅游、文化旅游发展模式。胡靖洲（2018）总结了海南医疗旅游的政府主导型、行业主导型、医疗机构主导型发展模式。韩秋（2019）总结了我国康养旅游+文化旅游、温泉旅游的实践路径。齐欣（2019）基于互联网+视阈，提出黑龙江省冰雪体育旅游产业创新应实施互联网+冰雪体育旅游信息平台、冰雪体育旅游营销模式的融合创新、冰雪体育旅游产业链闭环的构建三大对策。

综上所述，康养旅游产业创新发展路径（模式）是当前康养旅游理论与实践研究的热点议题。国内外研究虽然取得了丰富的研究成果，但仍存在一些不足。一是缺少共享经济下康养旅游产业创新发展路径的系统理论研究。已有成果主要集中在国家、区域层面和企业层面，而涉及产业层面的研究成果相对很少。已有研究成果大多局限于产品创新、技术创新、管理创新等单一领域研究，而缺乏系统性整体研究。共享经济下康养旅游产业发展的外部和内部环境发生了重大变化，已有成果的研究范围局限于传统产业经济理论，以现象描述研究居多，缺乏理论上的提炼与阐释，研究视角和内容已经不能有效阐释康养旅游产业面临的新问题，尤其缺乏融合共享经济理论与产业创新理论的跨学科视角的研究成果。二是有关共享经济下我国康养旅游产业创新发展路径的实践研究薄弱。已有成果缺少对共享经济下我国康养旅游产业创新发展路径的案例研究。

7.2　康养旅游产业创新发展路径的分析框架

美籍奥地利经济学家约瑟夫·熊彼特（Joseph Alois Schumpeter）奠定了现代创新理论基础，其系统总结了创新理论思想。此后，众多学者在熊彼特创新理论的基础上广泛探索产业创新路径，逐渐演化出不同类型的产业创新发展路径。其中，两个最著名的创新路径分类是：按照创新程度划分为渐进创新和突破创新；按照创新的范围划分为封闭式创新、开放式创新、开放式创新 2.0 范式（Chesbrough，2003；武学超，2016）。

借鉴上述文献的理论观点，结合康养旅游产业的特质，提炼康养旅游产业创新发展路径的两个关键维度，即共享创新程度和共享创新范围；运用系统理论构建共享经济下康养旅游产业创新发展路径的分析框架（见图 7-1）。

横轴代表共享创新范围维度，包括康养旅游产业边界和跨产业边界；纵轴代表共享创新程度维度，包括低度共享创新和高度共享创新。横轴和纵轴的维度交叉划分出 4 个典型的创新发展路径，即企业内自主式共享创新路径、产业内合作式共享创新路径、跨产业合作式共享创新路径和跨产业协同式共享创新路径。不同地域康养旅游产业的宏观环境、微观环境和发展条件不同，产业创新发展路径也不同。康养旅游产业创新既可以选择其中某一个路径，又可以同时选择多个创新发展路径，从而构成创新发展的多个路径组合。

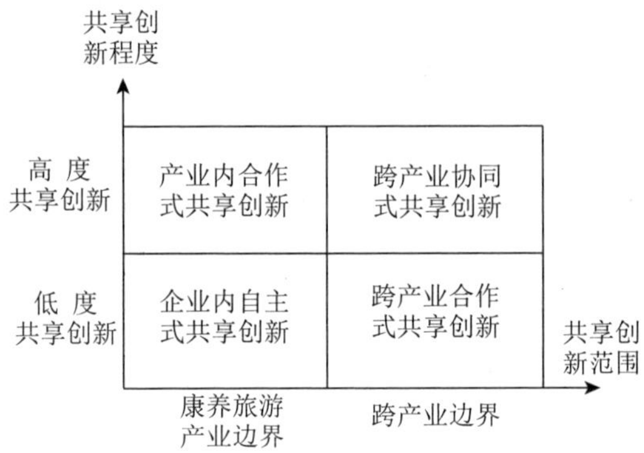

图 7-1 共享经济下康养旅游产业创新发展路径分析框架图

7.3 企业内自主式共享创新路径

7.3.1 典型案例

重庆羊鹿山常青国际养生园是西南地区规模最大的养生养老旅游度假地，其以养生养老旅游为主营业务，在充分挖掘和共享利用内部资源的基础上，创新休闲度假与户外运动经营、农业种植、动物养殖基地、餐饮服务、农业田园综合体、旅游开发及经营管理、养老会所酒店、酒店式养老公寓、医疗康护、健康咨询服务、文化教育、物业管理等业务。羊鹿山常青国际养生园创新“互联网 +”思维，打造集成“食、住、行、游、购、娱、修、学、养、疗”全业务的电商平台，通过线上和线下相结合的方式完成预订、消费、结算的“一卡通”全交易流程。羊鹿山常青国际养生园创新经营方式，运用直接经营、连锁经营、协议联盟等方式横向拓展其在全国范围的市场布局。目前，常青国际养生园集团拥有海南五指山、三亚与承德坝上草原、广西环江文雅天坑等自营公司，同时与全国各地 800 家景区、酒店、度假基地、养老机构等企业建立长期的合作联盟关系。

7.3.2　内涵特征

企业内自主式共享创新路径是由核心康养旅游企业对内部各种创新要素和资源进行共享利用和优化配置，主要使用自身资源并自主开展创新经营活动，最终实现引领和带动康养旅游产业创新发展（见图 7-2）。企业内自主式共享创新路径的内涵有：

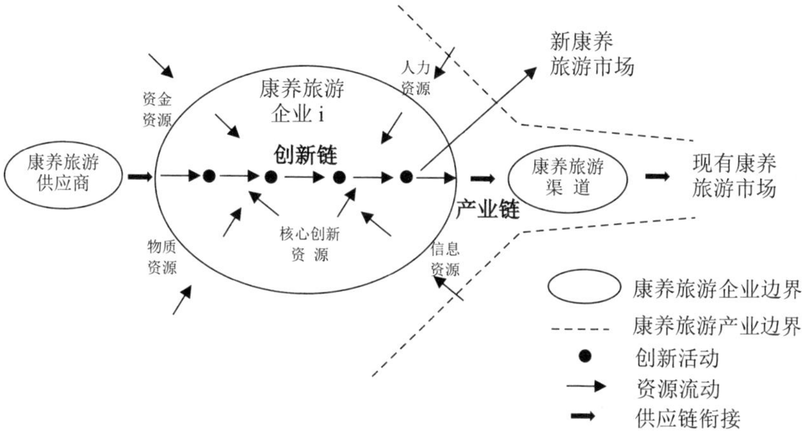

图 7-2　企业内自主式共享创新路径图

（1）以康养旅游核心企业为主体的内生性创新。企业内自主式共享创新路径强调创新的实施主体是康养旅游产业内部的核心企业或组织；企业（组织）边界是相对封闭的，依靠产业核心康养旅游企业共享利用内部资源并将其转化为创新要素以开展创新活动；核心创新资源来源于企业内部，即康养旅游企业或组织拥有专业人才、创新技术、知识产权等核心创新资源；创新的主体工作及主要过程（如创新研发、产品开发、科技创新、制度创新、市场创新）都是由康养旅游企业承担并通过企业内部资源支持。

（2）通过有限产业共享以整合利用外部资源。企业内自主式共享创新路径通过有限产业共享以构建“以内为主、以外为辅”的创新链，康养旅游企业与外部企业或组织之间存在有限的产业共享活动，其共享的范围仅局限于非核心创新资源（如一般经营资源）和非核心创新环节；有限共享则体现在产业共享的数量少、范围小、程度低。

（3）创新管理的重点是康养旅游企业创新要素的共享和优化配置。企业内自主式共享创新路径主要通过康养旅游企业内部优化配置创新资源。康养旅游企业通过共享与优化配置创新要素以构建高效的创新链，特别是解决企业内部研发部门和运营部门、营销部门的业务协同问题，以提高企业内部创新效率。康养旅游企业完全掌握创新资源的控制权和创新活动的主动权，其自主决定创新活动的范围和程度。这种方式要求康养旅游企业拥有充足的创新资源，用于创新活动的资源投入大、难度高，有利于康养旅游企业形成引领性竞争优势。

7.3.3 实现方式

企业内自主式共享创新路径的实现方式有基于常规业务的自发创新和基于专项业务的集聚创新。基于常规业务的自发创新是康养旅游企业的下属部门在经营常规业务的过程中自发地共享和使用其他部门的资源进行产品研发、技术革新、流程改进等创新活动。自发创新源于康养旅游企业各业务部门为了有效解决生产经营的现实问题，自发地共享部门内部和其他部门的资源，在产品、业务流程、原材料、生产经营方式和供应链等方面进行改进创新。具有创新精神的中层部门管理者、专业技术人员是发起和组织实施自发创新的主导力量。自发创新具有偶发性、多频次、小规模和量变性的特征，有利于营造企业内部创新文化和积累创新经验，引领和提高康养旅游企业整体的创新能力。

基于专项任务的集聚创新是康养旅游企业围绕某项专门任务成立跨职能部门的专门组织（例如新产品研发小组），其把企业内部各部门的创新资源进行共享使用和优化配置，以最高效的组合形式用于自主创新活动。集聚创新的关键是将各种创新资源优化配置成为适合创新活动需要的创新资源有机体。集聚创新适用于康养旅游企业完成临时性的复杂创新任务，有利于在短时间内高效率完成创新攻关，组织机动灵活、跨部门沟通和协调性高。

7.4 产业内合作式共享创新路径

7.4.1 典型案例

云南心景康养旅游集团是以康养旅游、全域健康、旅居享老、健康教育、康养酒店、社区康养为核心业务的休闲旅游度假产业和养生养老大健康产业的综合运营商。心景康养旅游集团在昆明和重庆两地自建旗舰基地，依托天然康养资源、专业的康养运营服务团队、国际国内先进医疗目的地资源、优质度假物业资源等打造重庆心景康养世界等康养旅游目的地标杆。借助于旗舰康养旅游基地的市场影响，心景康养旅游集团逐渐积累市场及客群基础，形成“心景康养旅游”品牌效应。一方面，心景康养旅游集团与全国范围内的同行企业建立合作联盟，以聚集优质资源拓展集团在全国市场的布局。采用品牌特许加盟、营销代理加盟等多种方式拓展康养旅游基地，逐步形成分布在昆明、重庆、大理、丽江、北戴河、成都、贵阳、三亚、桂林、苏州等 52 个康养旅游基地和 3 个海外康养基地。以全国康养旅游基地网络为依托，心景康养旅游集团围绕“食住行游学养娱”旅居享老服务体系创新“六乐六养”一站式“游养全国”的旅居享老服务产品和会员延伸服务。另一方面，心景康养旅游集团整合康养旅游产业链上下游企业，联合打造康养旅游全产业链合作平台。心景康养旅游集团整合国际旅游资源、医疗资源、养生目的地资源和文化体育资源，与优质的温泉、景区、度假物业、医疗机构、生物制药企业、养生养老机构、疗养中心、教育机构、健康护理用品企业等产业链上下游关联企业合作，共享利用纵向产业链合作伙伴的优质资源，将医疗、传统养生与休闲旅游、养老产业相结合，打造集团的全域康养旅游生态链。

7.4.2 内涵特征

产业内合作共享创新是康养旅游产业的核心旅游企业（组织）打破组织边界与康养旅游产业内相同或相近功能的企业、产业链上下游关联企业通过正式或非正式合作关系纽带组建合作联盟，以合作成员的共同利益为基础，以提高康养旅游产业创新能力为目标，在康养旅游产业合作成员之间共享资源并共同参与创新活动，实现康养旅游产业创新发展（见图 7-3）。产业内合作式共享创新路径的内涵有：

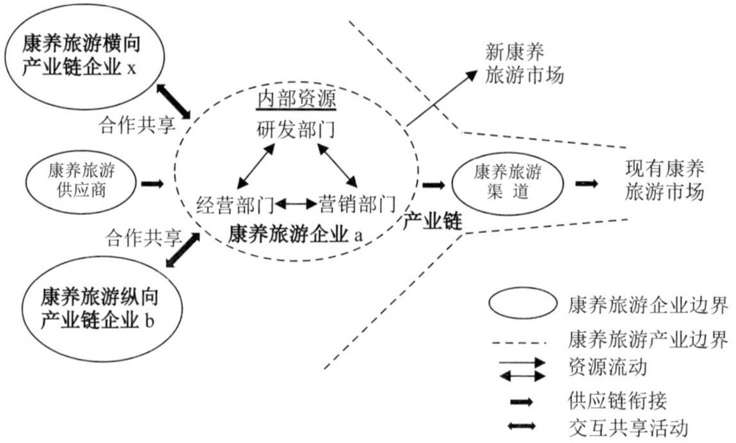

图 7-3　产业内合作式共享创新路径图

（1）基于利益纽带的合作关系机制。随着市场竞争的加剧和产品生命周期的缩短，康养旅游企业的创新活动需要在更短时间周期内更高效率地完成，而仅仅依靠自身积累创新资源已难以满足生产需要。基于互利共赢的利益纽带，康养旅游企业与不同类型的参与者建立相互合作、风险共担、资源共享的创新共同体。创新合作共同体是一种动态的开放式联盟体系，成员之间没有组织上的隶属关系，而是在合作过程中建立各种形式的正式或非正式的合作关系，共享利用合作伙伴的资源并将其转化为企业所需创新资源，以实现康养旅游产业创新发展并获得各自利益。

（2）多主体参与的联合创新行为。产业内合作式共享创新由两个以上的企业或组织共同参与实施创新的全过程或部分环节；康养旅游企业与合作伙伴之间是一一对应的线性联结；康养旅游企业在合作创新中拥有主导控制权，主导康养旅游企业会根据自身需要的资源寻找互补型合作伙伴；多主体之间共同参与、分工协作、共担风险、共享成果，共同推进各主体之间全方位的深度创新合作，以实现康养旅游产业的创新升级。

（3）康养旅游产业内部范围的开放式创新。产业内合作共享创新的本质特征是合作创新的活动范围虽然跨越了企业边界，但是仍局限于合作企业之间，资源和业务领域仍然在康养旅游产业范围内。产业内合作式共享创新由康养旅游产业内部的核心企业（组织）主动发起并组织和参与合作创新，康养旅游企业在合作联盟中有主导控制权，决定着合作伙伴的选择、合作关系的强弱、创新开放的程度等，并在合作过程中对合作企业进行监督制衡，控制机会主义行为；合作伙伴间的组织边界是开放和可渗透的，但其对外部封闭，合作伙伴间基于优势互补、分工协作原则进行资源共享交换和联合创新；康养旅游企业充分整合和配置自身内部和外部合作伙伴的资源以支持创新活动，内部资源和外部资源均成为重要的创新资源；创新的主体工作及主要过程在合作伙伴的网络组织范围内完成，合作成员之间共享程度较大、共享范围较广，但对康养旅游产业外部相对封闭。

7.4.3　实现方式

产业内合作共享创新的实现方式有产业内横向企业合作共享创新和产业内纵向企业合作创新（见图 7-4）。（1）产业内横向企业合作共享创新是康养旅游核心企业与同行业内相同或相近功能的竞争企业为了生产同类康养旅游产品而建立的合作关系。随着市场竞争的加剧和社会分工的进一步细化，康养旅游产业链结构日益复杂，产业链环节也变得越来越多。由于资源禀赋和能力不同，任何一家旅游企业都不可能拥有所有创新资源。为了获得自身缺少的创新资源，康养旅游企业需要打破自身组织边界，基于互补原则选择与竞争对手合作建立横向合作联盟。横向合作联盟内的企业在正式和非正式的合作交流中促进合作成员的资源共享和业务交流，通过优势互补、资源共享和优化组合产生核心资源强强联合的协同效应，形成了企业新的创新能力和竞争优势，实现双赢或多赢。在合作中受益的参与者会不断拓展资源共享的广度和深度，同时也会吸引更多的企业加入横向合作联盟，从而推动康养旅游产业内横向合作式共享创新螺旋式上升。

（2）产业内纵向企业合作共享创新是康养旅游核心企业与康养旅游产业链上游供应商企业、下游渠道商企业以及客户关系管理企业基于业务投入产出关联建立长期、制度化的垂直合作共享关系。纵向合作联盟企业通过互动的需求激励或供给激励，利用联盟内部共享代替市场交易，增强了康养旅游企业与上下游企业合作关系的紧密程度，促进原材料创新、供应链创新、营销渠道创新、产品（服务）创新、组织创新、技术创新等，从而提高创新活动的效率。纵向合作创新的重点是康养旅游企业与产业内上下游企业之间双向互动的供给或需求驱动的创新过程。康养旅游产业内横向企业合作创新和产业内纵向企业合作创新在长期的市场经营过程中交互作用、渗透融合，逐渐形成纵横交错的康养产业内部创新体系。

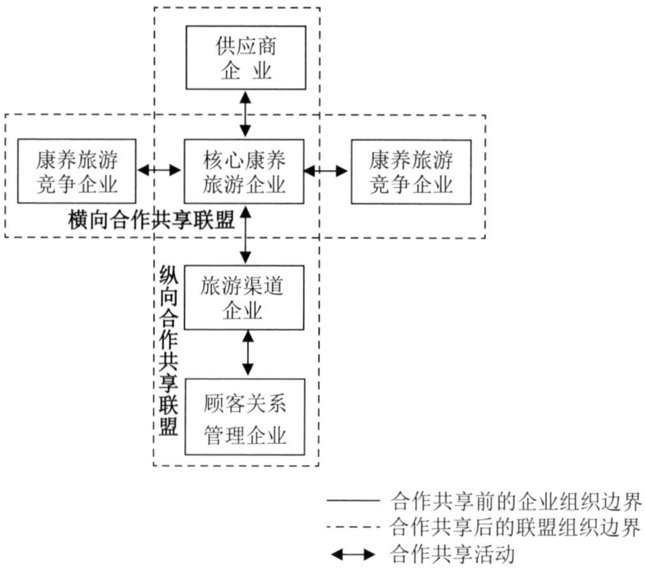

图 7-4 康养旅游产业内合作共享创新的实现方式

7.5 跨产业合作式共享创新路径

7.5.1 典型案例

重庆缙云山北温泉旅游度假区依托自然生态旅游资源和历史人文旅游资源禀赋，重点打造温泉旅游核心产品，逐渐形成北温泉·柏联温泉、悦榕庄、心景温泉、海宇云水温泉、康乐温泉、缙云大众温泉等温泉集群格局。一方面，北温泉旅游度假区加强与温泉旅游相关产业的企业跨界合作共享创新，创新温泉衍生产品，深度拓展温泉市场的消费潜力。北温泉旅游度假区引进世界 500 强企业——恒大集团打造国际温泉旅游健康小镇，引入重庆九街集团打造金刚碑历史文化街区，引入重庆远初房地产开发有限公司建设缙岭麓泉项目，引入中国铁建深度参与缙云山生态环境综合整治，推动温泉与博物馆、主题酒店、民宿、房地产、会展、主题商业街、医院、疗养院、养老院、养老养生公寓、中医养生、餐饮、剧院、物业管理、社区生活服务业等相关产业的企业合作，逐步丰富和完善了温泉旅游衍生配套产品，凸显温泉 SPA、康体休闲、养生度假为一体的康养旅游集群效应。另一方面，北温泉旅游度假区全方位拓展无关产业的企业跨界合作共享创新，其招商引资先进制造业、生物医药、智能制造、信息经济、创新创意、现代农业、金融等产业领域的企业，为北温泉旅游度假区的转型升级提供坚实的支撑。

7.5.2　内涵特征

跨产业合作式共享创新是康养旅游产业的核心旅游企业（组织）突破产业边界与其他产业领域的企业通过正式或非正式合作关系纽带组建合作组织，在跨产业合作成员之间共享资源并开展创新活动，实现康养旅游产业与其他产业的融合创新发展（见图 7-5）。

跨产业合作式共享创新与产业内合作式共享创新本质上都属于合作式共享创新，两者都具备基于利益纽带的合作关系机制和多主体参与的联合创新行为特征。两者的区别在于跨产业合作共享创新的范围更加广泛，其合作创新活动范围跨越康养旅游产业边界，资源与业务活动已超越康养旅游产业范围向其他产业领域延伸，有利于在更加广泛的产业领域汇集互补性资源。核心康养旅游企业与跨产业的企业组建跨界联盟，实现联盟内创新资源的共享以提高康养旅游企业的创新能力。另一方面，跨产业合作式共享创新的复杂程度和难度更高，对合作成员之间的管理成本也更高，这就要求发起合作的企业具备丰富的跨产业合作经验和协同管理能力。

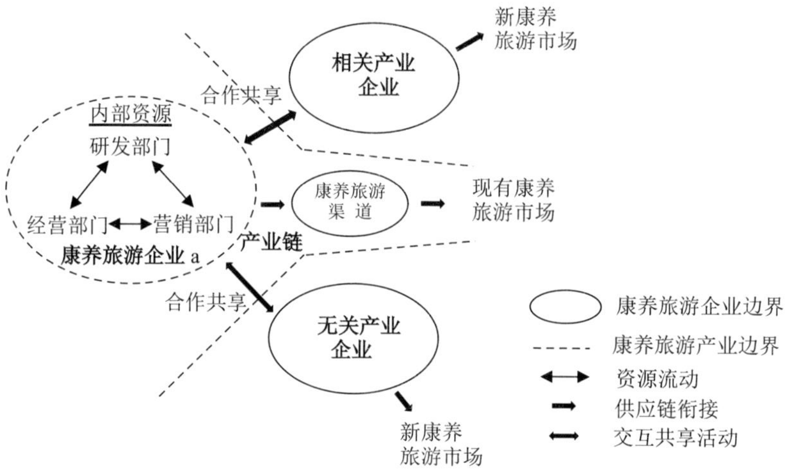

图 7-5 跨产业合作式共享创新路径图

7.5.3 实现方式

跨产业合作式共享创新的实现方式有相关产业跨界合作共享创新和无关产业跨界合作共享创新（见图 7-6）。（1）相关产业跨界合作共享创新是康养旅游核心企业与具有特定关联（如原材料、技术、品牌、市场、营销渠道等）的相关产业的企业组建合作联盟以共享资源并合作开展创新活动。基于特定关联纽带，康养旅游核心企业与跨界产业的企业具有天然联系的优势，这有利于合作成员之间通过对话与协商、谈判和交易达成制度化的合作机制，以协调合作成员在资源共享和业务合作等方面开展协同合作。

（2）无关产业跨界合作共享创新是康养旅游核心企业与完全不相关的其他产业的企业组建合作联盟以共享资源并合作开展创新活动。一方面，康养旅游产业在快速发展过程中存在着技术、知识、信息、人力、品牌、资金等资源过剩问题。受资本增值的自然属性支配，过剩资源会“自觉”地溢出到高利润的无关产业领域，从而实现供给驱动的无关产业跨界合作共享创新。另一方面，其他无关产业领域的企业在实施创新过程中会搜索与配置其所需的创新资源。特别是在移动互联网技术与共享平台高效解决了供需信息不对称条件下，康养旅游产业领域的创新资源在市场经济资源配置法则下会“自觉”参与其他无关产业领域的资源共享，从而实现需求驱动的无关跨界合作共享创新。由于相互联系程度低，康养旅游核心企业与其他产业的企业需要花费较高的时间、人力、资金成本等构建跨界合作共享创新联盟关系机制。无关产业跨界合作共享创新有利于实现全新的跨产业资源共享与整合。康养旅游核心企业将创新活动延伸至与康养旅游业完全不相关的其他产业的业务领域，将完全不相关产业的创新资源纳入共享范畴，有利于创造兼具不同产业属性的新产品、新技术、新市场、新组织、新资源等，实现康养旅游产业跨界创新。

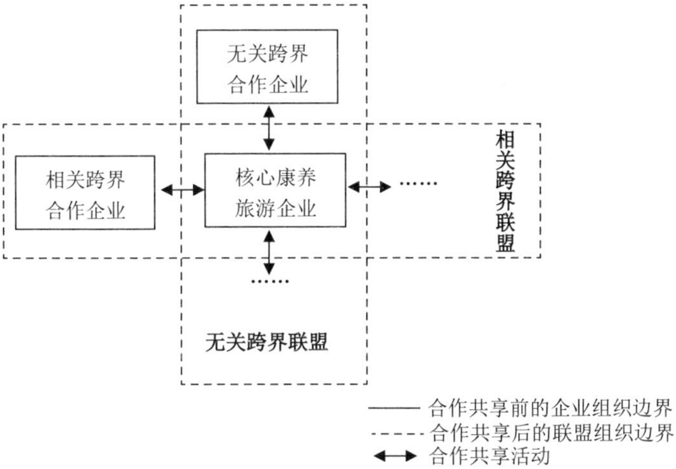

图 7–6　康养旅游跨产业合作式共享创新的实现方式

7.6　跨产业协同式共享创新路径

7.6.1　典型案例

四川省攀枝花市由政府牵头协调各种社会力量构建全域康养旅游产业生态圈，从而成功走出一条创建知名康养旅游目的地的特色化发展道路。攀枝花市政府从全市战略层面确立“建成全国阳光康养旅游目的地”战略目标，整合全市资源协同组建康养旅游产业生态圈联盟，大力推进康养产业跨越式发展。首先，攀枝花市从政策层面充分调动社会力量广泛参与康养旅游产业的积极性。政府职能部门出台了一系列的规划、政策、标准等，包括《中国阳光康养旅游城市发展规划》《康养产业发展规划》《老龄事业发展规划（2013—2020）》《全国阳光康养旅游目的地指标体系》《关于促进健康服务业发展的意见》《关于支持养老服务业发展的若干意见》等。同时，政府主导资源优化配置，推动旅游基础设施建设、打造重点项目群和特色旅游线路、营销目的地品牌和产品。其次，以大康养产业为核心，创新“康养＋农业”“康养＋工业”“康养＋医疗”“康养＋旅游”“康养＋运动”产业融合路径。攀枝花推广实行“市县联动、企业主动、项目带动”的工作机制，按照“一县（区）一重点康养旅游景区（度假区）、一特色康养旅游小镇和一精品康养旅游环线”的任务要求全面深层次推进地方的农业、林业、体育、医疗、文化、信息技术、金融、交通等关联产业与康养旅游深度融合发展。同时，由政府主管部门牵头建立“服务型招商体系”和旅游投资“客商库”，通过引进和培育重点项目来辐射带动旅游项目群。攀枝花目前已经形成普达阳光国际康养度假区、红山养生度假康养胜地、金沙江中心区段沿江景观带、红格温泉旅游度假区、东区花舞人间景区、二滩国家森林公园、桐子林山水休闲度假区、阿署达康养旅游小镇等重点旅游产业项目群。最后，攀枝花市与云南、贵州、重庆、成都等地建立康养旅游发展联盟。由攀枝花市文化旅游协会发起，在友好协商的基础上制订联盟制度以维系联盟成员的合作关系，实现合作区域的资源共享、客源互换、产品共建、投资合作、品牌共创、联合营销等，从而促进了西南地区康养旅游一体化高质量发展。

7.6.2 内涵特征

跨产业协同式共享创新路径是由核心康养旅游企业（组织）参与的产业创新联盟与多个产业创新联盟通过纵横交错的合作关系纽带组建多主体参与的立体化创新生态系统网络，以系统网络整体利益为基础，以提高系统网络创新能力为目标，基于互利共生、相互依存原则在网络成员之间共享创新资源并协同开展创新活动，最终形成多产业共生融合的创新路径（见图 7-7）。跨产业协同式共享创新路径的内涵包括以下两点：

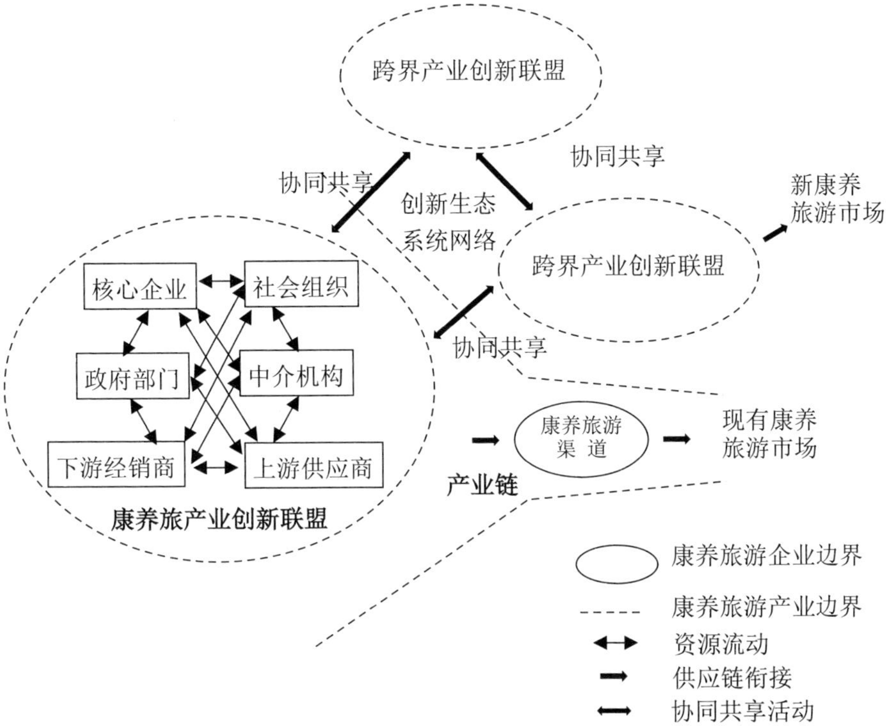

图 7-7　跨产业协同式共享创新路径图

（1）具有横纵结构的立体化合作关系网络。核心康养旅游企业（组织）参与的康养旅游产业创新联盟与多个产业创新联盟在分工协作的交互合作过程中逐渐形成稳定的横向合作关系和纵向合作关系。每个产业创新联盟由产业创新链和创新平台构建横纵交叉的立体系统。随着横纵合作关系的逐步强化和升级而产生聚集质变，衍化形成具有横纵结构的立体化创新网络。每一个企业（组织）是创新生态网络中的一个节点，每个节点既是资源的消费者，又是资源的供给者，即具备典型的产销者特征。当新的创新需求或供给出现后，网络中各个节点合纵连横、相互协同，不断强化分工合作以响应外部的创新需求；创新需求与供给在相互促进中跨界共享其他网络成员的资源来完成价值创造。生态系统中核心康养旅游企业与其他参与主体之间是立体式的非线性交互协同共享关系，这种网络关系的复杂程度和联系紧密程度已经远远超越二维线性的合作共享关系。

（2）多主体共同治理结构。跨产业协同式共享创新生态系统是由康养旅游产业创新联盟与多个产业创新联盟的核心企业、上游供应商、下游经销商、行业协会、中介组织、政府部门、社会组织等多元主体参与。随着康养旅游产业创新分工的进一步细化，系统内创新主体逐步增多和扩散，呈现出泛化趋势。康养旅游产业的创新不再依赖于某一个或几个核心企业，甚至不再依赖于单一产业链，而是依赖于由分散的多元个体和多个产业链组成的创新生态系统网络。网络中的成员以耦合松散的非正式组织关系连接，通过一套包括正式与非正式、内部与外部制度设计在所有利益相关者中分享控制权，通过利益协调和权利平衡来实现创新生态圈的共同治理。每一个成员在成为共享资源消费者的同时也是共享资源供给者，其为系统内其他成员提供自身的闲置资源。多主体共同治理结构有利于平衡系统内各方利益、增强成员之间信任、减少系统内部冲突和防止机会主义行为，从而有效保障康养旅游创新生态系统高效运行。

7.6.3 实现方式

根据联盟成员关系的性质，康养旅游跨产业协同式共享创新的具体实现方式有正式契约关系协同共享创新和非正式关系协同共享创新。正式契约关系协同共享创新是康养旅游企业与多个企业、组织等多元主体之间通过协议、契约等方式组建多主体交互联结的创新生态系统组织，对系统网络内的资源进行共享并协同开展创新活动。正式契约关系协同共享创新以正式的协议、契约来规范网络成员的责任、权力及合作行为，具有关系紧密程度高、协作运营效率高、稳定性强等优点，但对成员的门槛条件要求高，关系的灵活性差。在经营实践中其具体操作方式有租赁、特许经营、转让、委托开发、合作开发、合资、并购等。

非正式关系协同共享创新是康养旅游企业与多个企业、组织等多元主体之间通过口头约定、行业规则、“熟人”网络等非正式关系组建松散型的多主体交互联结的创新生态系统组织。非正式关系协同共享创新依靠非正式的联盟关系来协调各方关系以采取协同合作的行动策略，具有形式多样、灵活性高、进入门槛低等优点，但其关系紧密程度低、稳定性低、协作运营效率低。

在经营实践中其具体操作方式有信息知识交流、设施设备资源共享、共建虚拟研发联盟、人员交流等。

7.7　四种共享创新发展路径的综合比较

四种共享创新发展路径的共同点是康养旅游企业通过共享康养旅游产业的内部和外部资源构建其创新路径。而在创新范式、创新边界、创新来源、创新组织方式、与其他企业企业关系、治理模式、资源共享的实现方式等方面，四种共享创新发展路径之间存在差异（见表 7-1）。

表 7-1　四种共享创新发展路径的综合比较

<table>
<tr><th>创新路径
比较要点</th><th>企业内自主式
共享创新路径</th><th>产业内合作式
共享创新路径</th><th>跨产业合作式
共享创新路径</th><th>跨产业协同式
共享创新路径</th></tr>
<tr><td>创新范式</td><td>离散线性闭合式创新</td><td colspan="2">交互开放式创新</td><td>集成网络化创新</td></tr>
<tr><td>创新边界</td><td>企业边界是封闭的不可渗透</td><td>康养产业内部合作企业间边界可渗透，对产业外部封闭</td><td>跨产业合作伙伴间边界可渗透，对外部封闭</td><td>协同创新网络边界可渗透，动态开放、松散</td></tr>
<tr><td>创新来源</td><td>内部研发，创新源局限在企业内部</td><td>合作研发，康养产业内部为主，合作伙伴间部分共享资源</td><td>合作研发，康养产业内部和外部资源并重</td><td>协同研发，以产业外部资源为主，重视外部资源整合与共生发展</td></tr>
<tr><td>创新组织方式</td><td>企业内部纵向一体化，强调企业内部组织合作</td><td>横向和纵向产业链一体化，强调核心企业与产业内企业合作</td><td>跨产业多元化发展，强调核心企业与跨产业企业合作</td><td>松散型产业创新网络组织，强调网络整体协同</td></tr>
<tr><td>与其他企业关系</td><td>独立自主的市场交易关系</td><td colspan="2">互利合作的竞合关系</td><td>分工协作的共生依存关系</td></tr>
<tr><td>治理模式</td><td>核心企业主导的单一治理模式</td><td colspan="2">合作企业主导的双边治理模式</td><td>利益相关者主导的多主体治理模式</td></tr>
<tr><td>资源共享的实现方式</td><td>常规业务自发创新和专项业务集聚创新</td><td>产业内横向企业合作共享创新和产业内纵向企业合作创新</td><td>相关产业跨界合作共享创新和无关产业跨界合作共享创新</td><td>正式契约关系创新和非正式关系创新</td></tr>
</table>

在创新范式方面，企业内自主式共享创新路径属于离散闭合式创新，即康养旅游产业创新是由众多分散的康养旅游企业利用自身资源独立完成。产业内合作式共享创新路径和跨产业合作式共享创新路径属于交互开放式创新，其适应共享经济时代康养旅游产业创新发展需要，打破传统封闭式企业边界，通过康养旅游企业之间、康养旅游企业与跨产业企业之间创新有机融合来推动康养旅游产业创新发展。跨产业协同式共享创新路径属于集成网络化创新，即康养旅游产业与其他产业形成横纵交叉合作关系网络，在分工协作的交互合作过程中推动康养旅游产业创新发展。

在创新边界方面，企业内自主式共享创新路径的创新边界局限在企业（组织）边界内部，企业边界是封闭的且不可渗透，康养旅游创新活动在康养旅游企业内部完成。产业内合作式共享创新路径的创新边界在康养旅游产业内部企业之间，康养旅游产业内部合作企业间边界可渗透，但其对产业外部封闭。跨产业合作式共享创新路径的创新边界在跨产业合作企业之间，跨产业合作企业间边界可渗透。跨产业协同式共享创新路径的创新边界在跨产业协同创新企业之间，协同创新网络边界可渗透，其边界具有动态开放、松散特征。

在创新来源方面，企业内自主式共享创新路径的创新来源主要存在康养旅游企业（组织）内部，主要依靠康养旅游企业自身的研发资源开展产业创新活动。产业内合作式共享创新路径的创新来源主要存在康养旅游产业内部，主要依靠康养旅游合作企业间共享资源，合作开展产业创新活动。跨产业合作式共享创新路径的创新来源于康养旅游产业内部和外部，康养产业内部和外部资源并重。跨产业协同式共享创新路径的创新来源于康养旅游产业内部和外部，以康养旅游产业外部资源为主，主要通过产业外部资源的整合与共生发展来实现产业创新发展。

在创新组织方式方面，企业内自主式共享创新路径的创新组织方式是企业内部纵向一体化方式，通过康养旅游企业内部组织合作开展创新活动。产业内合作式共享创新路径的创新组织方式是横向产业链一体化和纵向产业链一体化，通过康养旅游核心企业与横向产业链企业、上下游纵向产业链企业合作开展创新活动。跨产业合作式共享创新路径的创新组织方式是跨产业多元化发展，通过康养旅游核心企业与跨产业企业合作开展创新活动。跨产业协同式共享创新路径的创新组织方式是松散型产业创新网络组织，通过创新生态系统网络的协同开展创新活动。

在与其他企业关系方面，企业内自主式共享创新路径与其他企业关系是独立自主的市场交易关系；产业内合作式共享创新路径、跨产业合作式共享创新路径与其他企业关系是互利合作的竞合关系；跨产业协同式共享创新路径与其他企业关系是分工协作的共生依存关系。

在治理模式方面，企业内自主式共享创新路径的治理模式属于核心企业主导的单一治理模式；产业内合作式共享创新路径、跨产业合作式共享创新路径的治理模式属于合作企业主导的双边治理模式；跨产业协同式共享创新路径的治理模式属于利益相关者主导的多主体治理模式。

在实现方式方面，企业内自主式共享创新路径的实现方式有基于常规业务的自发创新和基于专项业务的集聚创新。产业内合作共享创新的实现方式有产业内横向企业合作共享创新和产业内纵向企业合作创新。跨产业合作式共享创新的实现方式有相关产业跨界合作共享创新和无关产业跨界合作共享创新。跨产业协同式共享创新的具体实现方式有正式契约关系协同共享创新和非正式关系协同共享创新。

7.8　本章小结

本章主要内容是基于共享经济视角探索康养旅游产业创新发展路径。首先，在借鉴相关理论的基础上，从共享创新程度和共享创新范围两个维度构建共享经济下康养旅游产业创新发展路径的分析框架。其次，阐释四种典型康养旅游产业创新发展路径的典型案例、内涵特征和实现方式。最后，对四种共享创新发展路径进行综合比较。研究结论有以下两点：

（1）共享经济下康养旅游产业创新发展路径有四种基本类型，即企业内自主式共享创新、产业内合作式共享创新、跨产业合作式共享创新、跨产业协同式共享创新。企业内自主式共享创新路径的实现方式有基于常规业务的自发创新和基于专项业务的集聚创新。产业内合作共享创新的实现方式有产业内横向企业合作共享创新和产业内纵向企业合作创新。跨产业合作式共享创新的实现方式有相关产业跨界合作共享创新和无关产业跨界合作共享创新。跨产业协同式共享创新的具体实现方式有正式契约关系协同共享创新和非正式关系协同共享创新。

（2）四种康养旅游产业创新发展路径在创新范式、创新边界、创新来源、创新组织方式、企业关系、治理模式、实现方式等存在差异。

第8章　共享经济下康养旅游产业创新发展的策略[①]

“实施健康中国战略”是党中央坚持和发展新时代中国特色社会主义的一项重要战略安排。以习近平新时代中国特色社会主义思想为指导，坚持把人民群众生命安全和身体健康放在第一位，加快推进康养旅游产业高质量发展，有利于全民共享旅游产业发展成果，有利于更好地满足人民群众追求全生命周期的卫生与健康服务需求和实现社会经济发展需要，是实现“健康中国战略”的现实需要。进入21世纪以来，国内康养旅游产业保持高速增长态势，其经历着从小到大，从单一到多元，从初级到高级的跨越式发展，其在数量规模与质量效益上均取得重大进展。但与世界旅游强国相比，我国康养旅游产业仍然面临着诸多问题。一方面，国内康养旅游产业整体上处于规模扩张的初级阶段，康养旅游产业共享不足导致规模效应低。核心产业、基础支撑产业、延伸产业链融合度和关联度低，上下游企业尚未形成依存度高的竞合关系。另一方面，康养旅游产业创新不够导致产业核心竞争力低。国内康养旅游产业整体创新不足，产品同质化现象严重，产业研发和技术创新乏力，康养旅游产业还没有形成成熟的产业创新生态系统。

进入共享经济时代，共享经济已经渗透到社会经济的方方面面，并对康养旅游产业发展产生重大影响。如何有效应对共享经济带来的新挑战和新机遇，成为当前我国康养旅游产业面临的重大现实问题。本章结合共享经济下康养旅游产业创新发展机理与路径的研究结论，结合我国康养旅游产业创新发展的现

---

① 陈雪钧，李莉.共享经济下康养旅游产业创新发展策略研究［J］.开发研究，2022(4)：73-81.

实需要，探索优化国内康养旅游产业创新发展的具体策略（见图 8-1）。

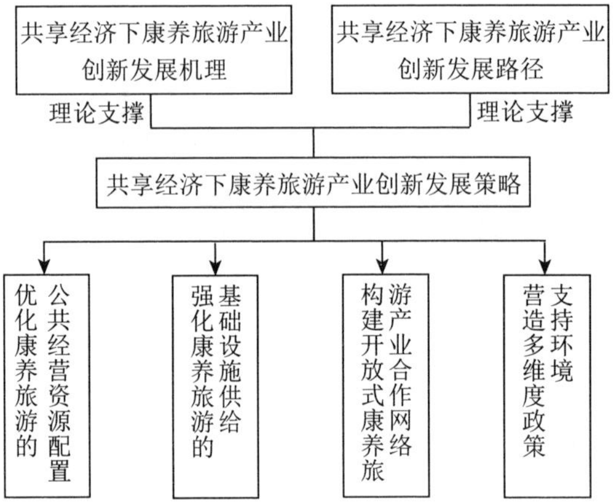

图 8–1 共享经济下康养旅游产业创新发展的策略框架

8.1 优化康养旅游的公共经营资源配置

公共经营资源是康养旅游产业创新发展的基础和条件。公共经营资源共享的指导思想是基于共享经济理念创新开放式资源配置机制，运用系统的科学管理方法和技术，借助互联网共享平台实现康养旅游产业系统内部和外部的公共经营资源在需求方与供给方之间的整合与优化配置，打造无边界的公共经营资源供给，以实现整体资源最优配置和综合效益最大化目标。

8.1.1 优化康养旅游公共经营资源的配置机制

以共享经济理念为指导，基于“互惠互利、共享共赢”原则，建立以市场机制为核心的资源识别、资源获取、资源配置和资源利用的全过程共享配置机制，以实现康养旅游资源共享。一方面，运用市场“无形的手”建立资源需求方、供给方、共享平台等参与主体之间紧密的利益纽带，以利益纽带优化调节公共经营资源配置，提高资源在价值链传递的效益产出。通过市场竞争使优质资源向优势康养旅游企业聚集，通过持续积累优势资源以促进康养旅游企业快速成长，并最终带动整个康养旅游产业结构的优化升级。另一方面，公共经营资源共享需要兼顾参与主体的整体利益。因为存在着部分市场调节失灵的领域，需要政府“有形的手”对其进行政策调控和引导，以规避市场机制的外部性、短期逐利等问题。政府主管部门应为康养旅游资源共享营造良好的法律环境、政策环境和运营环境，加快康养旅游经济的市场化进程，推进国有康养旅游企业改制和改革，积极培育市场主体，以构建“大市场、小政府”的产业格局。

8.1.2　拓宽康养旅游公共经营资源的供给主体

以共享经济理念为指导，打破传统模式下公共经营资源主要来自政府、企业、社会组织的供给范式，将拥有闲置资源且愿意将其共享的企业、政府部门、社会组织、消费者等多元主体都纳入供给主体范畴，形成多元主体协同互动的开放式资源供给网络（见图 8-2）。在不改变资源所有权的前提下，通过资源使用权的转移来打破资源的创新边界，促进公共经营资源在不同组织（个人）间交换与流通。资源所有权和组织边界不再成为限制资源交换与流动的因素，有利于破解现有康养旅游公共经营资源分布与利用的“碎片化”问题，盘活闲置资源。

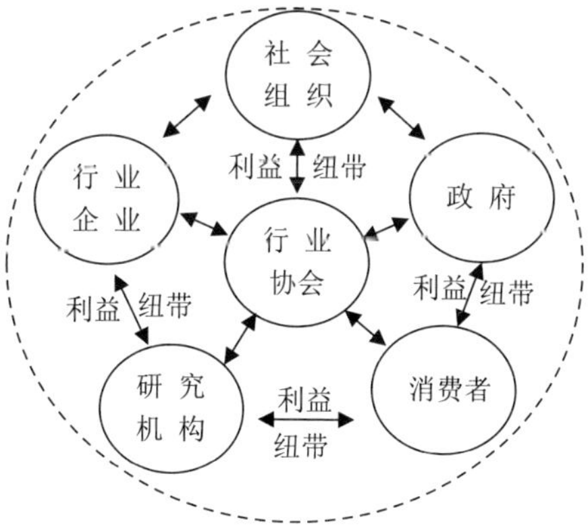

图 8-2　康养旅游开放式资源供给网络

多元主体之间通过对话协商、沟通协作、契约共建等方式形成不同层次的“多边关系”，如市场交易关系、合作伙伴关系、战略联盟关系等。利益是维系多元供给主体间“多边关系”的核心纽带。每个供给主体都是整个资源共享链条上的一个环节，每一个供给主体在完成共享资源任务的同时获得其需要的利益。企业获得经营业绩、市场份额等，政府部门获得税收和经济发展政绩，社会组织获得政策支持和社会声誉，消费者获得资源的社会交换补偿等。多元主体通过动态的对话和协商机制达成一致而有约束力的制度，以协调各方关系和采取协同合作的行动策略，实现资源共享的效益最大化与多元主体利益的动态平衡，实现公共经营资源共享的可持续性。

8.1.3 创新康养旅游公共经营资源的共享方式

以共享经济理念为指导，运用创新理论与技术，创新多种资源共享方式，以实现公共经营资源的优化配置。

8.1.3.1 O2O 资源共享

O2O（Online To Offline）资源共享即线上线下资源共享，是将线下的资源共享组织与互联网相结合，运用云计算、大数据、物联网和移动互联网等“互联网 +”技术实现康养旅游资源的线上线下共享联动，构建康养旅游资源共享的全渠道模式（见图 8-3）。一方面，O2O 资源突破了康养旅游资源共享的时间与空间的限制，实现在全球市场的 7/24（每周 7 天，每天 24 小时）资源共享，使得康养旅游公共资源共享更加方便、高效和低成本。另一方面，构建动态交互的供需关系，实现供给与需求的高效联系，使得供给侧能够更加精准的生产市场需要的康养旅游产品，以满足需求侧的个性化、差异化需求。康养旅游企业充分利用计算机技术和互联网技术打破传统的空间概念，将“食、住、行、游、购、娱、用、养、学、文、体”等各要素进行优化整合，组建竞争与合作相结合的动态网络经营联盟，高效率、低成本地为康养旅游者提供个性化的“菜单式服务”。

O2O 资源共享的重点是搭建 O2O 资源共享网络平台，云计算、大数据、物联网和移动互联网等现代信息技术促进康养旅游资源共享的线上线下有机联动，构建康养旅游资源需求方和供给方有效联系；构建 O2O 资源共享的制度保障，从法律、法规、政策等层面制定保障 O2O 资源共享的制度体系，包括信息安全、信用管理、交易制度、行业规范等。

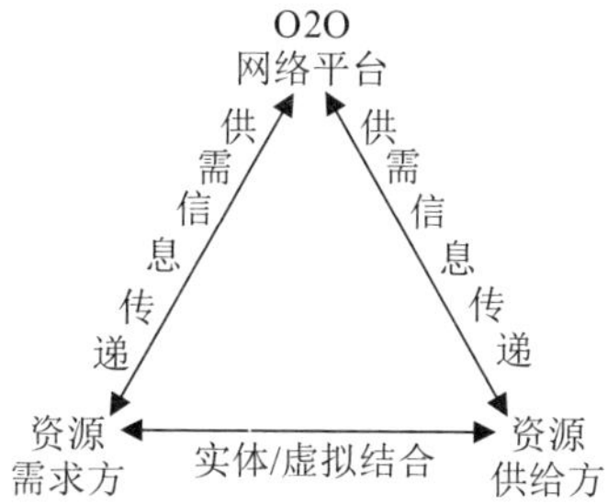

图 8-3　O2O 康养旅游公共资源共享图

8.1.3.2　跨界资源共享

跨界资源共享即以共享经济理念创新驱动康养、旅游与关联产业资源的深度跨界共享，构建共享经济圈下的康养旅游资源体系。一是创新驱动“食、住、行、游、娱、用、医、教”等康养旅游核心产业资源跨界共享。重点创新“医院 + 景区”“医院 + 旅行社”“医院 + 酒店”“疗养 + 旅游”等资源共享新模式，将大康养资源植入“食住行游购娱”等旅游环节，推出“1+X”菜单式医疗旅游产品。推动医药资源深度融合旅游业，开发具有医药特色的康养旅游景区、景点、旅游线路，创新康养主题的旅游观光、养生保健、休闲度假、体验观赏和知识科普功能。新建一批“医养旅结合”的护理型旅游养老机构，推动“农家乐”转型开发田园旅居养老旅游产品。依托生态资源开发特色生态养生旅游产品。二是创新驱动康养旅游相关产业和衍生产业资源跨界共享。重点推动旅游与健康用品制造业资源共享，研发一批具有原创知识产权的康养旅游设施设备和日用品；研发一批高科技含量的药食同源产品、保健功能性食品，推动中国健康美食规模化生产。推动康养旅游与咨询服务业、家政服务业、劳务服务业资源共享，促进康养旅游服务业的产品创新、功能创新、技术创新、方式创新。创新康养旅游与数字产业资源共享，将云直播、云演艺、云娱乐、云展览等新业态嵌入传统康养旅游业态，培育“网络体验 + 消费”新模式，拓展智能康养旅游新业态。

8.1.3.3 跨区资源共享

跨区资源共享即以共享经济理念推动康养旅游资源跨越行政区域进行一体化规划和开发利用，实现资源整体效益最大化和各区域共享共赢发展。运用政策引导和市场化手段建立康养旅游资源共享的利益协调机制、成员合作机制、业绩考核机制，促进康养旅游资源的跨区域共享，逐步优化不同地理区域范围内康养旅游资源协同联动发展的空间布局。在国家层面上，国家文化和旅游部应出台优惠政策，引导资金、技术、人才等核心要素向中部、西部地区的康养旅游企业流动；搭建东部与中西部康养旅游在市场、业务、技术、资源等共享平台，借助资源共享实现内部大循环效应；政策推动中西部地区康养旅游产业集群、产业实验（示范）区、企业集团快速发展；创新特许经营、合作联营、联盟经营等市场化手段，全方位推进东部地区和中西部地区的康养旅游企业交流合作。

8.1.3.4 分时资源共享

分时资源共享即基于共享经济理念将资源使用权分成若干个时间段，康养旅游企业之间通过市场交易、交换、合作、联盟等方式分时间段共享使用康养旅游资源，以降低资源使用成本，提高闲置资源的综合利用效率，缓解旅游季节性矛盾，给消费者带来高性价比的服务。

一是与旅游景区分时资源共享。峡谷山川、湖泊河流、森林草原、冰川雪岭、温泉医药等康养旅游资源丰富的地区大多位于风景名胜区。国内旅游具有明显的季节性，在节假日、寒暑假等旅游旺季景区的游客数量众多，旅游资源和设施超负荷运行。而在旅游淡季，游客数量稀少，旅游资源和设施闲置问题突出。养老旅游者、疗养旅游者、银发旅游者等拥有自由的闲暇时间。康养旅游企业可以与旅游景区进行分时资源共享，康养旅游企业在旅游淡季组织康养旅游者前往景区开展康养旅游活动，旅游景区给予康养旅游企业淡季优惠价格，从而实现双方的互利共赢。

二是与医药企事业单位分时资源共享。在医药企事业单位的业务淡季对医疗机构、医药生产与研发企业、中药种植基地、药用植物园等医药企事业单位的资源进行旅游共享开发。康养旅游企业可以在医药企事业单位的业务淡季期组织主题医药观光游、专题医药文化体验游等。在业务淡季或医生休假时间，聘请名医专家来景区、酒店坐诊，或者创新互联网远程健康诊断，为康养旅游者提供“一对一”定制化的健康监测、健康体检、咨询评估、养生调理、科普讲座等医疗保健服务。

8.2　强化康养旅游的基础设施供给

8.2.1　构建康养旅游共享经济平台

共享经济下康养旅游产业创新发展的关键是构建系统、高效的共享经济平台。共享经济下康养旅游经济是典型的平台经济，即共享经济平台依托现代信息技术将康养旅游市场的供给和需求进行精准匹配，高效、便捷地完成市场交易的所有环节，将其打造成为全国康养旅游产业的信息中心、交易中心、结算中心和营销中心，实现资源的优化配置和利益的共享共赢。

一是构建全国统一的康养旅游共享经济平台。由中国旅游协会牵头，协调各省（区、市）的旅游协会发起创建国家层面的康养旅游共享经济平台，并由国家文化和旅游部和各省（区、市）文旅厅（委）进行业务指导。平台应设置动态可拓展的功能模块，具备面向多类型用户服务功能。一方面，具备精准匹配康养旅游的 C 端消费者用户和 B 端企业用户的供需功能；另一方面，具备面向康养旅游产业多元主体提供政务公共服务、信息数据发布与查询、交易与结算、营销宣传、研发创新、技术与咨询、中介服务等功能，多元参与主体在满足各自利益的基础上实现整个康养旅游产业系统的共享共赢。同时，平台能够根据需求变化动态调整功能模块（见图 8-4）。

二是国家康养旅游共享经济平台实施多层次、多要素联动的开放式运行机制。多层次即平台实行国家级、省（区、市）级、市级多层次地域管理，既可以实行各地域的独立运行管理，又可以实现省级、国家级层面的统一运行管理，兼具分散的灵活性和集中的协调性双重优势。多要素联动即平台具有兼容康养旅游产业共享经济圈要素的开放属性。国家康养旅游共享经济平台需要能够对接政府职能部门、行业协会、企事业单位、社会组织等多要素的网络服务平台，将一些主流网络平台上的信息资源以及相关业务进行优化整合，实现多要素间资源共享和分工协作。多要素之间是松散型的合作关系，基于利益纽带形成不同层次的“多边关系”；平台的边界是开放式的，各平台要素可自主选择进入或退出平台；多要素通过动态的对话和协商机制来协调各方关系和采取协同合作的行动策略，以保证平台的灵活性和效率。

三是运用大数据技术推广康养旅游大数据应用和服务。在遵守国家相关法律法规和保障消费者权益的基础上，充分利用大数据技术，运用数据挖掘方法对康养旅游共享经济平台的数据信息进行数据收集、数据分析、挖掘知识与决策应用，实现康养旅游大数据的全方位应用和服务，如产业规划决策、客户关系管理、市场信息共享、精准营销推广、高效定制服务等，以共享经济平台的大数据应用和服务促进康养旅游产业的创新发展。

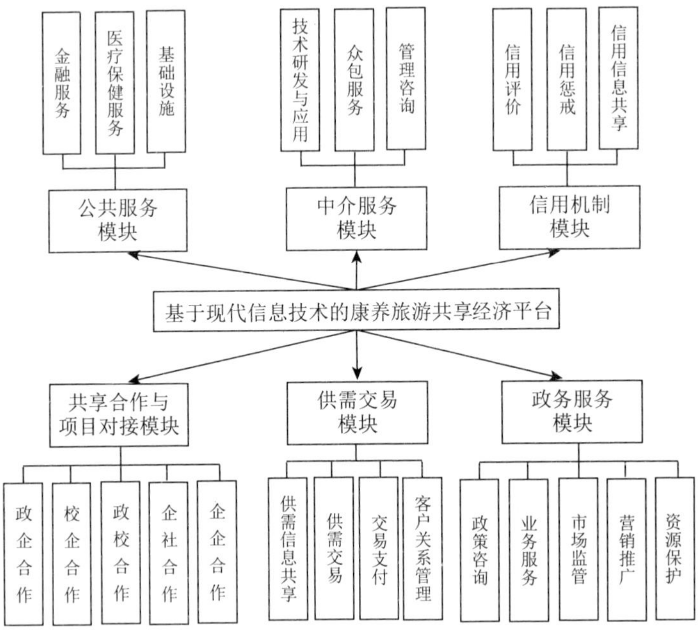

图 8-4 康养旅游共享经济平台的功能模块结构图

8.2.2　夯实康养旅游基础设施

康养旅游基础设施是康养旅游产业发展的基础条件。夯实康养旅游基础设施应采取以下措施。第一，在重点旅游景区、A 级景区新建和改造升级康养旅游基础设施。将康养旅游基础设施纳入国家级、省级康养旅游景区评定的必备条件；在重点旅游景区、A 级景区新建一批旅游养老院、旅游疗养院、养生保健会馆、医疗机构、休闲体育场馆等；改造升级现有重点康养旅游景区的医疗、保健、养生设施设备，全面提升公共场所的无障碍设施，创新旅游景区的康养旅游服务功能。运用政策激励、专项财政补贴、退税政策等引导和鼓励康养旅游企业加大对移动互联网技术、大数据、云计算、智能终端等高新技术设施设备的应用，强化大数据智能化技术设备在康养旅游领域运用，提高康养旅游领域的智慧化水平。第二，升级现代信息技术基础设施。瞄准现代信息技术前沿，推动建设 5G、大数据、云计算、物联网、人工智能等新一代信息技术基础设施。支持电子信息制造业与康养旅游业的融合，创新和拓展智能设备在康养旅游的应用场景，加快建设康养旅游共享经济平台的硬件基础设施。第三，完善公共基础设施。以"旅游 +"全域旅游理念完善和优化公共基础设施，旅游主管部门应加强与交通、医疗、民政、规划等政府职能部门合作，在交通、卫生医疗、无障碍设施、疗养院等基础设施规划和建设中融入旅游功能，实现公共基础设施的多重功能。第四，完善相关配套设施。重点加强建设康养旅游人才培养学校和培训机构、旅游科研院所、规划与咨询机构、中介机构等配套设施。因为学校和培训机构具有投资大、回报周期长等特点，政府可以通过加大财政投入、BOT 模式（建造—运营—移交）、专项基金以及政策支持社会资本投资等方式建设康养旅游人才培养学校和培训机构。

8.3　构建开放式康养旅游产业合作网络

打造开放式康养旅游产业共享经济圈是提升康养旅游产业合作网络水平的重要路径。康养旅游产业共享经济圈是一个开放式产业系统，多维度的产业要素在产业网络交互作用机制下形成纵横关联、线上线下结合的动态平衡网络（见图 8-5）。外部保障系统为康养旅游产业系统、共享经济下康养旅游产业系统提供综合保障；共享经济下康养旅游产业系统为康养旅游产业系统提供线上交易平台及其辅助支持；三个系统环环相扣、相辅相成，共同构成康养旅游产业共享经济圈。

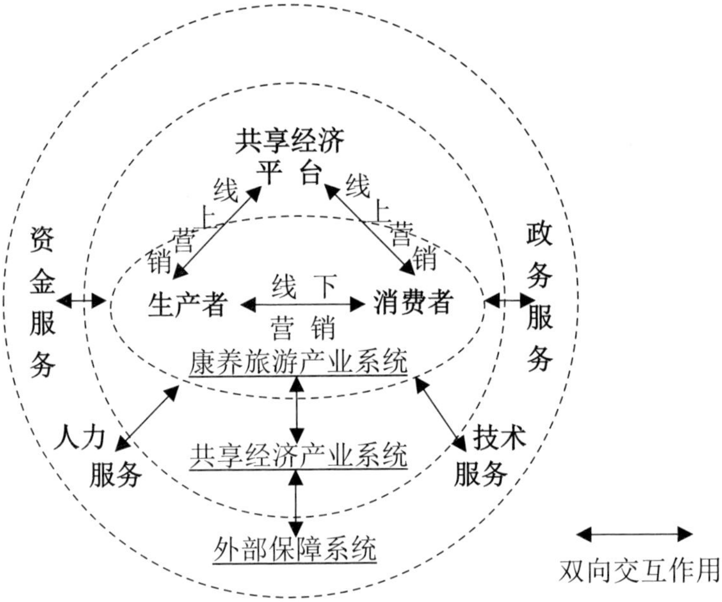

图 8–5 康养旅游产业共享经济圈的结构

8.3.1 培育“共享经济 + 康养旅游”主导产业链

构建康养旅游产业共享经济圈的切入点在于建立康养旅游与共享经济平台的融合共生关系，培育“共享经济 + 康养旅游”主导产业链。

首先，培育康养旅游产业和共享经济产业的重点旗舰企业，构建以重点旗舰企业为核心，以关联支撑企业为辅助的康养旅游产业链。一个地区应在综合考量资源禀赋、市场区位、技术创新、经济实力等基础上，集中力量扶持具有竞争优势的重点康养旅游企业。基于“政府引导、市场主导”原则，运用政府调控和市场手段引导具有潜力的大中型康养旅游企业通过兼并重组、合资合作、品牌输出、战略联盟等方式组建跨界融合的企业集团。以龙头企业为支点前延后伸，辐射发展横向产业链和上下游关联产业链，构建“医养体文林旅商”全产业链生态系统，提升康养旅游产业的规模化和集约化水平。政府应在投资、审批、税收、贷款等方面给予龙头康养旅游企业更多的优惠政策。

其次，培育“小巨人”企业、公私合营企业等多元优质康养旅游市场主体。采取政策引导、产业规划等宏观调控手段引导中小型康养旅游企业走特色型发展道路，培育一批“小市场、大份额”的“小巨人”康养旅游企业。通过改制重组、企业上市、项目投资、市场化法治化债转股等方式引入各类社会资本参与国有疗养事业单位的市场化改革，推进公有制疗（休）养院（所）企业化改制；加大公办养老机构、疗养院（所）改革力度，通过购买服务推行公建民营、委托管理，激活国有资产的市场活力。

最后，实施康养旅游产业链与共享经济产业链融合发展。运用政策和市场手段引导实力雄厚的康养旅游企业或互联网企业开发康养旅游的共享经济APP 软件及程序，搭建康养旅游企业和共享经济企业在市场、业务、技术、资源、空间等层面合作平台，借助于资金、人员、物资、信息等要素的互通互联聚合康养旅游产业链与共享经济产业链上的优势价值节点，获取优势互补的范围经济效应。

8.3.2　拓展康养旅游产业链网络体系[①]

以“共享经济 + 康养旅游”主导产业链为基础，实施产业链渗透拓展、产业链延伸拓展和产业链重组拓展，以形成多维康养旅游产业链网络体系。

（1）产业链渗透拓展。共享经济下康养旅游产业的核心产业链、相关产业链和衍生产业链通过资源共享、技术创新、管理输出等渠道相互延伸和渗透，使得不同产业链的价值活动环节相互叠加和融合，形成多产业共生融合的康养旅游产业链网络。通过引进医药制造、医疗器械、基因工程、健康保险、健康管理等核心项目，以核心项目辐射带动康养旅游相关产业链和衍生产业链协同发展，逐步形成多产业集聚的康养旅游产业园区、产业综合体、

① 李莉，陈雪钧.基于共享经济的康养旅游产业生态圈构建［J］.学术交流，2020（6）：100-107.

旅游小镇、旅游社区等产业集群业态，以提高康养旅游产业的规模化和集约化发展水平，高位辐射带动康养旅游产业转型升级。

（2）产业链延伸拓展。共享经济下康养旅游产业运用兼并、收购、联盟等市场手段对竞争对手的产业链、上下游产业链、跨行业产业链的重要价值活动环节进行控制或联合，使得康养旅游产业链的价值活动环节突破产业边界与其他产业的价值活动发生交叉融合，形成横向一体化、纵向一体化和多元化延伸的康养旅游产业链。创新驱动康养旅游产业与服务业、制造业、大数据产业融合发展。依托中医药种植园、产业园等医药资源，延伸发展医药工业旅游、健康文化旅游、中药研学旅游、养生保健旅游等医药旅游产业链。将医疗服务植入“食住行游购娱”等旅游环节，创新医疗旅游产品，延伸“医院+景区”“医院+旅行社”“医院+酒店”辅助产业链。新建一批“医养旅结合”的护理型旅游养老机构，推动“农家乐”转型开发田园旅居养老旅游产品，实现康养旅游产业链向医疗与养生业、家政服务业、老年用品制造业延伸。研发一批高科技含量的药食同源产品、保健功能性食品等绿色健康食品，推动康养旅游产业链向食品生产与加工业、种植业、林业、畜牧业、物流业等延伸。

（3）产业链重组拓展。在技术创新、市场创新、经营创新驱动下，康养旅游产业将价值链活动环节进行解构，选取高价值增值的核心战略环节重新组合形成新的产业链，而将价值增值少的非关键价值活动环节剥离出去（如业务外包），形成内部整合的集约式康养旅游产业链。康养旅游企业应重点经营康养旅游产业链的核心环节。如康养酒店重点经营客房业务、健康餐饮、品牌加盟、客源销售系统等；康养景区重点经营资源开发与经营、康养配套服务、品牌与管理输出业务等；旅游养老养生企业重点经营医疗保健、康复护理、健康教育等。对于非核心业务，康养旅游企业可以通过业务外包、合作经营等方式整合社会资源来提供非核心业务。

8.3.3 完善产业经济圈外部保障体系

基于“资源整合、优势互补、互惠互利”的指导思想，构建“政府引导、市场主导、多方参与”的“多主体、多层次”康养旅游外部保障体系。由旅游行业协会牵头组建康养旅游产业公共服务联盟，以提供全方位公共服务。采取政策优惠、资金支持、市场化运作等多种方式广泛吸纳行业协会、社会组织、中介企业、融资担保机构、企业、高校与科研机构等多元社会组织参与。康养旅游产业公共服务联盟是松散型合作组织，多元主体之间基于“价值交换”的利益纽带形成多边合作关系，在满足自身价值需求的同时为产业生态圈提供政务服务、资金服务、人力服务、信息服务、技术服务等。

在政务服务方面，政府主管部门需提供包括技术支持、政策咨询、技术与管理指导、人才培训、信息发布、行业监督与权益保护等全方位政务服务，提高政务服务效率、营造良好营商环境。政府主管部门应联合学校、社会组织、企业等开展健康知识和绿色环保消费知识的宣传教育，创新多元人际传播媒介、新媒体传播媒介、娱乐活动传播媒介等宣传教育渠道，让康养旅游消费理念和共享消费理念逐渐被更多消费者所了解和接受，引导和培育康养旅游和共享消费习惯。

在资金服务方面，政府主管部门应营造鼓励多元资本投资康养旅游的政策环境，形成政府投资为引导，社会资本投资为主导的投融资体系；政府应在法律和政策上保障社会资本的合法权益，鼓励民间资本和外资以独资、合资、合作、参股、并购等多种方式参与康养旅游的资本经营。

在人力服务方面，公共服务联盟搭建全国康养旅游人才平台，建立灵活的康养旅游人才共享利用机制，运用政策调控与市场调节相结合的综合手段促进康养旅游人才资源在全国范围的共享利用和优化配置，促进康养旅游人才合理流动。在信息服务方面，公共服务联盟搭建康养旅游企业与各类公共服务组织之间信息沟通的桥梁，从而实现整个联盟体系的信息共享；同时，公共服务联盟成立专门机构专职从事信息收集与传递职能，为联盟成员提供政策法规信息、产业信息、市场信息、技术信息、人才信息、资金信息等。

在技术服务方面，公共服务联盟建立康养旅游企业与高校、科研院所的共享机制，康养旅游企业可以高效、便捷地共享高校和科研机构的师资、设施设备、技术等资源，为康养旅游企业提供人员培训、管理咨询与诊断、技术与智力支持等服务。

8.4 营造多维度政策支持环境

8.4.1 建立完善而友好的政策体系

国家及各省（区、市）级政府主管部门应建立完善而友好的政策体系以促进康养旅游产业创新发展。

一是在产业定位政策上，国家及各省（区、市）的政府主管部门应从战略层面确立康养旅游产业的新兴支柱产业地位。根据《“健康中国 2030”规划纲要》的指导思想，编制国家和省级层面的康养旅游产业发展总体规划，对其产业发展目标、任务、布局、实施策略等进行长远规划和科学引导。在配套政策上，健全和完善共享经济和康养旅游产业的法律法规、行业标准和行业政策体系，推动康养旅游产业朝着共享化和规范化方向发展。

二是在产业布局政策上，打破行业、地区、所有制壁垒，支持各类康养旅游企业跨行业、跨地区、跨所有制兼并重组；采取政策引导、产业规划等宏观调控手段促进康养用品制造业、医疗与养生业、文化教育业、劳务服务业、保险业等关联产业与康养旅游业融合发展。重点支持信息技术企业与康养旅游企业跨界融合，培育综合型康养旅游企业集团、产业集群和产业园区；在产业投入政策上，加大对康养旅游产业的资金支持。政府应在投资、审批、税收、贷款等方面给予小微康养旅游企业更多扶持政策，重点支持符合条件的康养旅游企业上市。

三是在产业市场政策上，通过深化经济体制改革建立更加开放的市场环境和公平的市场秩序。坚持以市场调节为主、政府调控为辅的原则，加快推进事业型疗（休）养院（所）市场化改制改革；降低民营和外资投资旅游业的政策门槛，放宽非公经济的投资限制，积极培育壮大多元市场主体，促进社会资本投资康养旅游产业；在税收、金融、收费、服务等方面给予非国有康养旅游企业国民待遇，营造多种所有制企业公平竞争的市场格局。

四是在财税政策上，建立全方位、多渠道、多层次的激励性财税政策体系以扶持康养旅游产业发展。在财政补贴政策方面，政府可以综合运用财政补助、财政贴息、财政奖励等方式，引导和支持康养旅游企业进行信息化、智能化技术与设施设备更新改造；对“专精特新”式小微康养旅游企业和共享平台型企业进行专项资金扶持，以培养多元市场主体和激发市场活力。在税收政策方面，灵活运用“资本减免”“投资损失扣除”“投资优惠”“旅游创汇奖励”“技术创新的税率优惠”等间接税收优惠政策，形成税收优惠政策的合力，以重点支持康养旅游的技术创新和再投资活动。

五是在投融资政策上，政府应营造鼓励多元资本投资康养旅游产业的政策环境，形成以政府投资为引导，社会资本投资为主导的投融资体系。一方面，中央和地方财政应加大对康养旅游领域的投资。政府主管部门应综合运用各级旅游发展（投资）基金、旅游专项资金、旅游国债、专项奖励等，优先发展康养旅游企业集团、综合体、园区等；设立专项旅游基金重点康养旅游项目。另一方面，政府应在法律和政策上充分保障社会资本的合法权益，鼓励民间资本和外资以独资、合资、合作、参股、并购等多种形式投资康养旅游产业。推动国有康养旅游企业改制和资产重组，鼓励企业集团采取股份制改造、借壳上市、买壳上市等方式成为上市公司，以打造社会资本融资平台，拓宽康养旅游产业融资渠道。

8.4.2　深化旅游行政管理体制改革

基于“包容创新，审慎监管，强化保障”的指导思想，深入推进共享经济下康养旅游管理体制改革，构建协同开放的行业监管体系。

一是建立政府多部门协同管理机制。设立国家级—省级—市级—区（县）级康养旅游产业发展领导小组，建立跨区域、跨部门的康养旅游协同监管机制。文旅、民政、体育、卫计、食药监、工商部门等实施协同监管执法，提高政务服务效率和营造良好营商环境；出台包容审慎的监管制度以适应共享经济下康养旅游产业创新发展需要；运用政策工具为共享经济下康养旅游产业融合创造空间和条件，给予康养旅游企业更多的创新激励扶持措施，形成长效激励机制。

二是推动旅游管理部门从监管为主向服务为主的职能转变。按照建设“服务型政府”要求，精简行政审批事项，增强旅游公共服务职能，重点增强产业规划、政策法规咨询、信息服务、人员培训服务、旅游目的地营销等服务职能。运用目标管理、绩效评估、时间管理、质量管理等科学管理方法和手段，提高各级旅游行政管理部门的行政管理效率和水平。

三是实施行业协会协同治理。组建国家级、省级、市（区）级康养旅游产业协会体系。协会广泛吸纳与康养旅游领域关联的平台企业、互联网企业、中介组织、金融机构、高校与研发机构等多元社会主体参与。行业协会成员之间通过对话、交流、沟通等多方协商方式，给予行业协会成员高度的参与权与话语权，形成高效的沟通机制；在充分协调各方利益的基础上依据"最大公约数"原则制订行业规范和自律公约，并通过建立"信用机制+惩罚机制"的行业监管体系来约束成员行为。行业协会组织的多中心协同治理可以实现康养旅游产业创新发展与规范治理的动态均衡，有利于推动康养旅游产业创新发展。

8.5 案例研究：海南省康养旅游产业创新发展的实践①

海南省以建设具有国际竞争力的康养旅游目的地为战略目标，凭借着资源优势、区位优势和政策优势，以共享经济理念推动海南省康养旅游产业创新发展，取得了显著业绩。目前，海南省拥有9个国家森林公园，2020年海南省森林类A级景区接待游客309万人次，相关收入约4.2亿元；已开发经营的温泉旅游企业有80多家，主要分布在海口、琼海、琼中、万宁、乐东、儋州、三亚、保亭等市县；年接待游客近780万人次，销售收入近6.5亿元；拥有博鳌乐城国际医疗旅游先行区、三亚海棠湾国家海岸休闲园区、三亚与海口中医药健康产业集群、海棠湾·上工谷国际中医药康养特色小镇等康养旅游产业集群。

8.5.1 实施多种共享创新发展路径

海南省依托丰富的旅游资源禀赋和良好的产业基础，灵活实施多种产业共享创新发展路径，有效推动了海南省康养旅游产业发展。一是实施企业内

① 陈雪钧，李莉．海南省康养旅游创新发展的成功经验与启示［J］．攀枝花学院学报：综合版，2023，40（1）：1-7.

自主式共享创新。响应海南省政府提出的建设世界领先的智慧健康生态岛、健康产业强省和全球重要的健康旅游目的地战略，海南省旅游企业转型发展康养旅游。酒店、旅行社、旅游景区等依托企业自身的资源禀赋、技术优势和产品基础，创新开发康养酒店客房、康养餐饮、康养旅游线路、特色康养项目等，逐渐形成温泉康养旅游、森林康养旅游、医疗康养旅游、体育康养旅游、乡村康养旅游、养老养生旅游等康养旅游产品体系（见表 8-1），推动了海南省康养旅游产业的快速发展。

表 8-1　海南省主要康养旅游产品

康养旅游形态	典型产品
温泉康养旅游	海口观澜湖火山岩矿温泉、琼海观塘温泉、三亚南田温泉、儋州蓝洋温泉、保亭七仙岭温泉、万宁兴隆温泉
森林康养旅游	山水风情森林康养基地、蓝洋温泉国家森林公园森林康养基地、亚龙湾热带森林旅游区森林康养基地等
医疗康养旅游	博鳌乐城国际医疗旅游先行区、三亚市中医院、博鳌超级医院、一龄生命养护中心、海口恭和苑
体育康养旅游	山地运动、水上运动、户外拓展、康养运动、传统体育运动、徒步旅行、探险、沙滩运动嘉年华、三亚马拉松
乡村康养旅游	特色民宿、乡村露营地、康养基地、亲子产学研农庄、乡村旅游线路、节会活动、主题果园、共享农庄
养老养生旅游	海滨养生旅游、候鸟养老旅游、中医养生旅游、体育养生旅游、文化养生旅游

二是实施产业内合作式共享创新。海南省以全域旅游理念共享康养旅游产业内部资源，实现了康养旅游产业创新发展。海南省创新“1+X”一站式医疗旅游服务，将乐城医疗旅游、温泉康养、星级酒店、旅游景区、跨境电商、免税店等组合打包成“1+X”一价全包岛民专享康养旅游产品；组合开发泉心泉意泡汤之旅、乐城医疗先行区康养之旅、休养生息温泉康养之旅、“乐城康养＋琼海度假”、中医药轻医疗康养旅游、滨海度假康养旅游、雨林康养旅游等多类型、多主题的康养旅游线路；创新“旅行社＋疗养”中医药服务，推出中医药主题健康旅游产品套餐，研发并生产海南特色的康养中医药、保健品、化妆品、纪念品等中医药旅游衍生产品；创新“航空＋康养”组合康养旅游产品，开通海南航空北京至琼海博鳌航线，同时推出系列机票

附加产品，凭登机牌可享受乐城先行区多个体检项目的优惠。

三是实施跨产业合作式共享创新。海南省以“康养旅游 +”融合发展理念推动跨产业合作式共享创新，促进康养旅游产业向医疗、医药、地产、生产制造、生活服务等跨产业领域渗透延伸，通过与跨产业的企业之间共享资源以推动康养旅游产业创新发展。海南省的博鳌超级医院、海南省人民医院、海南省中医院、三亚中医院、眼科医院等医疗机构创新“医院 + 康养旅游”模式。温泉旅游景区探索“温泉 +”发展模式，创新开发“温泉 + 美食”“温泉 + 电音”“温泉 + 剧本杀”等新产品。海南省兴隆南药园实施中医药旅游与农业种植、医药制造、科学研究、科普教育等相关产业的企业合作，逐步发展成为集科学研究、物种保存、科普教育和观光旅游于一体的综合性平台。海南省的康养旅游地产企业以旅游地产为核心，与医疗、酒店、商业、生活服务业、文化产业等多元产业协同发展，逐渐形成康养旅游社区、康养旅游小镇、康养旅游基地等综合旅游地产业态。海南省深入推进“康养旅游 + 智慧”融合创新，借助互联网、人工智能、物联网等技术手段开发互联网医院、远程医疗、医疗人工智能等新型医疗旅游产品；广泛应用智能技术，创新 AI 辅助机器人手术、远程医疗诊断、慢病管理等智慧医疗健康服务；研发与制造应急救援移动医疗设备、一体化应急救援信息平台等医疗设施设备。

四是实施跨产业协同式共享创新。海南省以博鳌乐城国际医疗旅游先行区（简称“先行区”）为平台依托，构建由特许医疗、健康管理、照护康复、医美抗衰等医疗旅游相关产业组成的健康旅游目的地产业生态圈。“先行区”采取“法定机构 + 平台公司”管理体制，以“医”为核心，以“养”为辅助，以关联产业为配套，实施产业集聚战略以构筑多维医疗旅游产业生态圈系统。“先行区”以规划“国际医疗旅游目的地、尖端医学技术研发和转化基地、国家级新的医疗机构集聚地”为发展目标，引进博鳌一龄生命养护中心、海南省肿瘤医院成美国际医学中心、博鳌恒大国际医学中心、海南博鳌麦迪赛尔国际医疗中心、银丰干细胞国际医疗中心等具有国际国内一流技术水平的项目 39 个，总投资额 210 亿元，构建干细胞临床研究、肿瘤治疗、医美抗衰和辅助生殖等四个产业集群。同时，先行区大力发展医疗现代服务业、健康制造业、绿色健康农业等关联衍生产业，为旅游者提供健康管理、医疗服务、康复、体检、养生（护）等全方位服务，形成完整的医疗旅游产业生态圈（见图 8-6）。

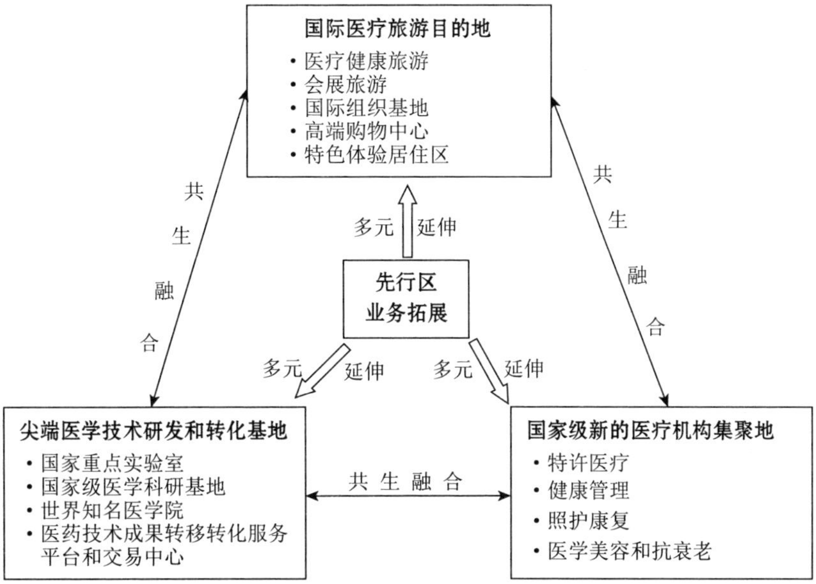

图 8-6　“先行区”跨产业协同式共享创新

8.5.2　以共享理念配置经营资源

海南省运用共享经济理念优化经营资源配置，有效提高了各类康养旅游资源的配置效率。一是以全域旅游理念整合不同行政区域的康养旅游资源。海南省推动全省康养旅游资源跨越行政区进行一体化规划和开发，协同省辖的各市（县）协同共建医旅融合的康养旅游经济圈。海南省整合全省康养旅游资源，推出五大主题精品康养旅游产品，即中医药轻医疗康养旅游、温泉康养旅游、运动康养旅游、滨海度假康养旅游、雨林康养旅游，形成产业发展的协同效应与规模效应，提升了海南省康养旅游的品牌竞争力。中医药轻医疗康养旅游包含海口、琼海、万宁三个市县的离岛免税购物、特色养生小吃、博鳌医疗套餐等康养旅游产品组合；运动康养之旅包含海口、澄迈、文昌、定安四个市县的精品体育运动项目、体育主题小镇和基地等；滨海度假康养之旅包含三亚、陵水、保亭、乐东四个市县的健康理疗、森林疗愈、野溪温泉等特色滨海康养项目；雨林康养之旅包含五指山、琼中、屯昌、白沙四个市县的特色森林康养旅游项目；温泉康养之旅包含儋州、临高、昌江、东方四个市县的温泉康养旅游项目及衍生的酒店、餐饮、娱乐等关联项目。

二是共享政府资源开展目的地营销。海南省以建设国际知名康养天堂为品牌建设目标，基于“全员参与”和“多元方式”原则共享政府资源开展旅游目的地营销，以全面营销海南省康养旅游品牌。2021 年 9 月，海南省旅游和文化广电体育厅主办“健康游欢乐购·冬日暖阳享康养——2021 年海南康养旅游推广活动”，开设主题精品线路推介、品牌宣传推广等活动。在国内重点客源城市开展海南国际旅游岛欢乐节、海南国际旅游消费年等旅游品牌宣传和市场推广活动，以打造全国康养旅游目的地新形象。

三是共享媒体资源实施多元旅游品牌营销。一方面，海南省充分整合政府部门主管的电视、报纸、网站、微信公众号等官方媒体资源广泛开展海南省康养旅游品牌营销；同时，创新使用微博、微信、短视频等新兴营销媒介开展影视营销、名人营销、事件营销、节庆营销等，极大提高了海南省康养旅游品牌的市场知名度和美誉度。另一方面，海南省运用市场化手段与社会媒体合作开展品牌宣传推广活动。海南省在携程、去哪儿、美团等 OTA 平台同步开展旅游线上推广活动；整合网易、微博、百度好看、抖音、快手等多家互联网宣传平台，开展图文、视频、直播、线下展览等多种形式的网络营销宣传，全面塑造海南康养旅游品牌形象。同时，海南省借助丰富的会展平台和大型国际赛会活动，举办康养产品博览会、康养旅游产业发展论坛等节会活动，提高海南省康养旅游的品牌影响力。

8.5.3 培育多层次共享经济平台

海南省大力发展康养旅游领域的共享经济平台，逐步形成系统、高效的康养旅游共享经济平台网络。一是合作共建康养旅游共享经济平台。海南省与国内知名互联网企业开展深度合作，推进“互联网＋康养旅游”融合发展，构建多领域的康养旅游共享经济平台。如海南省与阿里飞猪、携程、途牛、去哪儿、海航云科技、阿里旅行、马上游、同程网、小猪短租、美团等知名网络平台合作，共同开展海南省康养旅游的品牌宣传和市场推广。二是创建新的康养旅游共享经济平台。海南省根据自身康养旅游发展需要，创建了一批旅游共享、住宿共享、交通共享、政务共享、公共服务共享等共享经济平台。例如，海南省旅游委联合海南电信、海南移动、海南联通三大运营商以及天涯社区、海航云科技、阿里旅行、马上游、同程网等企业共建海南旅游云平台；该平台通过开放的数据交换共享平台实现与阳光海南网的旅游资源数据、旅游电子行程管理系统数据、12301 投诉咨询数据、运营商用户统计数据、进出港航空旅客数据等共享数据，为政府部门和旅游企业科学决策提供大数据支撑。同时，海南省运用政策手段鼓励旅游企业自主研发在线共享平台，先后培育了“云侠行——最美旅拍游”电子商务平台、云联旅居平台、海南合观农庄共建共享服务平台、智联共享旅游客运服务中心等。

8.5.4　构建开放式产业生态系统

海南省以共享经济理念构建开放式康养旅游产业生态系统，以共享经济平台为依托实现康养旅游需求与供给精准匹配，推动康养旅游产业创新发展。一是打造核心产业—关联产业—配套产业互补融合的康养旅游产业集群。海南省依托核心医疗资源、中医药资源、滨海健康资源、温泉资源等，重点打造医疗康养旅游、中医药康养旅游、滨海康养旅游、温泉康养旅游等核心产业；同时，以核心产业为基础，海南省深度推进关联产业、配套产业融合发展，形成三亚海棠湾国家海岸健康服务业集群、琼海博鳌乐城国际医疗旅游集群、三亚中医药医疗产业集群、保亭七仙岭温泉旅游集群等一批标志性的地区康养旅游产业集群（见表 8-2）。

表 8-2　海南省重点康养旅游产业集群

类型	产业集群范围	典型代表
医疗康养旅游集群	医疗技术、药品、器械	博鳌超级医院、解放军总院海南医院、海南医学院
中医药康养旅游集群	南药种植、研究治疗、疗养康复	三亚市中医院、药谷工业园
温泉康养旅游集群	温泉疗养、保健养生、旅游休闲	海口观澜湖火山岩矿温泉、琼海观塘温泉、三亚南田温泉、儋州蓝洋温泉、保亭七仙岭温泉、万宁兴隆温泉

二是实施“共享经济 + 康养旅游”发展战略，构建康养旅游共享经济生态系统。海南省推动共享经济与康养旅游产业融合发展，以共享经济平台连接康养旅游的供给端与需求端，运用大数据和智能技术精准匹配康养旅游需求与供给资源，形成高效的康养旅游共享经济生态系统（见图 8-7）。系统采用线上与线下相结合的运行模式，极大地提高了康养旅游的供需资源匹配和交易效率。线上依托互联网技术与大数据技术实现供需匹配、交易支付、售后服务等，线下依托实体市场交付康养旅游的实物与服务商品。

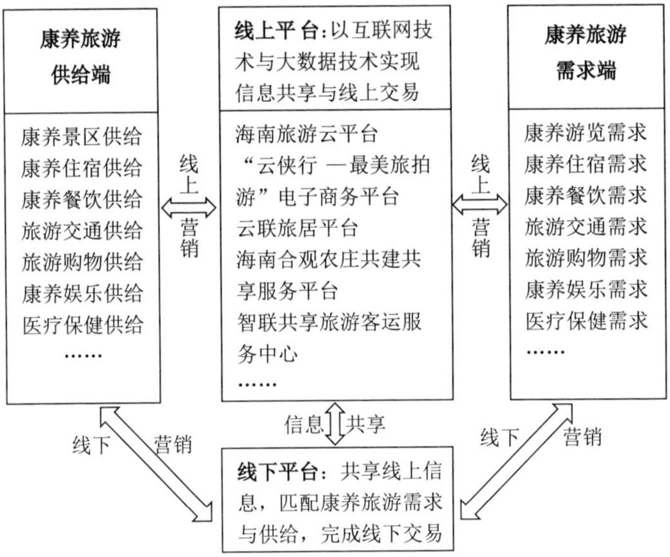

图 8-7 海南省康养旅游共享经济生态系统

8.5.5 营造友好的产业政策环境

海南省以环境优化为先导，建立完善而友好的政策体系以服务康养旅游产业创新发展。一方面，海南省积极争取国家层面的政策支持，获批“国九条”、《关于支持建设博鳌乐城国际医疗旅游先行区的实施方案》等重要优惠政策。例如给予博鳌乐城国际医疗旅游先行区以特许医疗、特许研究、特许经营、特许国际医疗交流等优惠政策。另一方面，海南省依据国家宏观规划出台一系列符合自身实际的产业发展规划和扶持性政策。如《海南省健康产业发展规划（2019—2025 年）》《海南自由贸易港建设方案》《海南自由贸易港博鳌乐城国际医疗旅游先行区条例》等。海南省的地方政策和规划从顶层制度层面明确了先行区的国际医疗旅游发展战略方向，从政策落实方面细化了具体支持政策和举措，以立法优化先行区的政策环境，全方位提供政策服务。先行区深化行政管理体制改革，实施“零审批”改革试点，精简先行区项目审批环节，社会投资项目和政府投资项目落地所需时间分别缩短至 58 个和 68 个工作日；同时，先行区享有国际采购、运输、通关、报检、保税、仓储、配送等一条龙服务。

总之，海南省利用资源优势、区位优势和政策优势，以共享经济理念推动康养旅游产业创新发展，通过实施多种共享创新发展路径、以共享理念配置经营资源、培育多层次共享经济平台、构建开放式产业生态系统和营造友好的产业政策环境等举措，实现了海南省康养旅游产业创新发展。

8.6　本章小结

本章主要内容是从优化公共经营资源配置、强化基础设施供给、构建开放式产业合作网络以及提供多维度政策支持四个方面提出康养旅游产业创新发展的具体策略。同时，以海南省为例进行案例研究，总结提炼海南省推动康养旅游产业创新发展的经验借鉴。主要研究结论如下：

（1）从优化公共经营资源配置、强化基础设施供给、构建开放式产业合作网络、提供多维政策支持四个方面促进康养旅游产业创新发展。

（2）优化公共经营资源配置的具体措施包括优化公共经营资源的配置机制，拓宽公共经营资源的供给主体和创新公共经营资源的共享方式。

（3）强化基础设施供给的具体措施包括构建全国统一的康养旅游共享经济平台和夯实康养旅游基础设施。

（4）构建开放式产业合作网络的具体措施包括培育“共享经济 + 康养旅游”主导产业链，拓展康养旅游产业链网络体系和完善产业经济圈外部保障体系。

（5）提供多维度政策支持的具体措施包括建立完善而友好的政策体系和深化旅游行政管理体制改革。

第 9 章　研究结论与展望

首先，对前八章内容进行总结，提炼研究结论与讨论；其次，总结本书的主要理论贡献和实践贡献；最后，指出本书的研究局限和研究展望。

9.1　研究结论与讨论

本研究运用规范理论分析与实证研究相结合、定性研究和定量研究相结合的方法开展研究。运用文献研究法，在梳理国内外文献的基础上，界定相关概念，并阐释基础理论；回顾国内康养旅游产业的发展历程并系统分析其演进规律；探索共享经济下康养旅游产业创新发展的动力因素，系统分析各动力系统之间的交互作用形成的动力机制；运用理论分析法构建康养旅游产业创新发展机理模型，并进行实证检验；运用规范理论研究与案例研究法，系统分析康养旅游产业创新发展路径；最后，依据研究结论提出推动我国康养旅游产业创新发展的具体策略。主要研究结论如下。

9.1.1　总结国内康养旅游产业发展历程及演进规律

国内康养旅游产业发展研究虽然起步较晚，但发展迅速。回顾我国康养旅游产业的发展历程，国内康养旅游产业经历了行政主导事业接待阶段、市场化改革规模发展阶段和市场深化改革提档升级阶段；康养旅游产业经历从小到大，从单一到多元，从初级到高级的跨越式发展，其在数量规模与质量效益上均取得重大进展。国内康养旅游产业发展演进规律体现在：产业动力由行政主导向市场主导演进，产业结构由单一化向多元化演进，地域分布由“大分散”向“小集中”演进，产业业态由单一低级业态向多元复杂业态演进。

9.1.2　分析共享经济下康养旅游产业创新发展的动力机制

康养旅游产业创新发展是众多驱动因素共同作用的结果。共享经济下康养旅游产业创新发展的动力系统是由市场需求动力系统、产业供给动力系统、基础设施动力系统、外部环境动力系统构成的多元交互式动力系统。各子动力系统发挥着不同的功能与作用。第一，市场需求动力系统是驱动康养旅游产业创新发展的消费源动力。共享经济环境下康养旅游市场需求发生重大变化，市场需求规模的扩大、市场消费结构的升级、市场需求方式的转型推动康养旅游产业创新发展。第二，产业供给动力系统是驱动康养旅游产业创新发展的生产源动力。共享经济环境下康养旅游产业供给在外部产业竞争与内部产业升级发生重大变化，推动康养旅游产业创新发展。第三，基础设施动力系统是驱动康养旅游产业创新发展的物质保障动力，它是保障市场需求动力系统和产业供给动力系统发生交互作用的条件。基础设施动力系统包括硬件基础设施保障和软件基础设施保障。第四，外部环境动力系统是驱动康养旅游产业创新发展的诱导动力。共享经济下政策叠加效应、经济转型效应、社会文化变革、科学技术创新成为推动康养旅游产业创新发展的间接性动因。各动力因素在动态交互作用下形成复杂的非线性交互影响关系，从而形成康养旅游产业创新发展的协同动力机制。

9.1.3　探索共享经济下康养旅游产业共享的结构维度与量表

产业共享概念最初是从制造业的实践中提炼出来的，已有研究成果大多研究制造业的实践问题。康养旅游产业是典型的服务业，其在产业属性、生产经营方式、投入产出等方面与制造业存在很大差异。同时，共享经济下信息技术手段对康养旅游产业造成颠覆性影响。本研究在文献研究和访谈的基础上，构建康养旅游产业共享的概念模型，按照量表开发的科学方法和步骤，开发和验证康养旅游产业共享量表。研究结果显示：

（1）康养旅游产业共享由公共经营资源、基础设施和产业合作网络 3 个因子构成。目前，学术界对产业共享的构成因素尚未形成统一的认识。既有文献虽然提出了产业共享构成因素的构架，但是缺乏系统的理论论证和实证检验。本研究首次实证检验了康养旅游产业共享的 3 个构成维度。与已有文献不同之处在于：本研究增加了产业合作网络因子，以凸显共享经济下康养旅游产业共享更加依赖于产业内部和产业之间的合作网络等新经济环境特性。另外，一些维度的测量指标也根据康养旅游产业特点进行了修正，例如“自然生态环境条件”“医疗机构条件”“休闲体育场地与设施”“政府对康养旅游企业有优惠政策”等。因此，本研究关于康养旅游产业共享的结构维度和测量量表的研究结论具有典型的共享经济环境特征和康养旅游产业特色。

（2）康养旅游产业共享构成因子的影响权重存在差异。康养旅游产业共享构成因子的影响权重由大到小依次为：产业合作网络、基础设施和公共经营资源。国内外学者大多定性讨论了产业共享的构成因子，而对不同构成因子的影响作用并没有进行定量分析。本研究首次定量研究了康养旅游产业共享构成因子的影响权重；研究发现在共享经济环境下产业合作网络是康养旅游产业共享最重要的构成因子，这揭示了共享经济环境下康养旅游产业发展的新现象、新趋势。基础设施是康养旅游产业共享的重要构成因子，其既是康养旅游产业必备的硬件条件，同时也可以成为吸引旅游者的重要吸引物。公共经营资源的影响权重在三个因子中虽然最小，但其影响权重仍达到 0.717，这显示出康养旅游产业具有典型资源依赖性特征。自然生态、医疗机构资源、场地与设施资源、人力资源、品牌资源等是康养旅游创新发展的核心资源。

9.1.4 阐释共享经济下康养旅游产业创新发展机理

通过梳理、归纳分析已有文献成果，对康养旅游产业共享、资源获取能力、政策支持、产业创新各变量之间关系进行理论上的逻辑推演，并提出相关研究假设，构建共享经济下康养旅游产业创新发展机理模型；对全国 21 个省（区、市）的 542 名康养旅游企业的经营管理者进行问卷调研，运用统计分析方法对调研数据进行定量分析，验证理论假设，得出以下研究结论。

（1）康养旅游产业共享的构成维度公共经营资源、基础设施、产业合作网络对产业创新均具有显著的正向影响；其中，基础设施对产业创新的影响最大，其次是公共经营资源、产业合作网络。

（2）康养旅游产业共享构成维度（包括产业合作网络、基础设施、公共经营资源）对产业创新的影响作用过程中，资源获取能力起部分中介作用。

（3）政策支持在康养旅游产业共享构成维度与产业创新之间充当调节变量。

与以前研究不同之处是：

第一，本研究从共享经济视角研究康养旅游产业创新发展影响机理，阐释康养旅游产业共享的公共经营资源、基础设施、产业合作网络三个构成维度对产业创新的影响关系，并进行了实证检验。

第二，验证了资源获取能力在康养旅游产业共享与产业创新之间起部分中介作用。这一结论与一些学者认为资源获取能力只是前因变量的观点有所不同。在共享经济环境下，产业共享聚集了康养旅游产业创新发展所需要的资源和基础要素，以支持产业创新活动。共享经济环境下康养旅游产业共享影响其资源获取能力，并最终影响产业创新。因此，资源获取能力在康养旅游产业共享与产业创新之间起部分中介作用，这体现出共享经济环境下康养旅游产业发展的融合性。

第三，验证了政策支持变量在康养旅游产业共享与产业创新之间起调节作用。既有文献大多将政策（政府）支持视为产业创新的一个前因变量，而对政策支持在产业共享与产业创新中所发挥的作用研究甚少。康养旅游产业具有投资规模大、投资回报周期长、资本风险高、招商难度大等特点。当前，我国康养旅游尚处于起步阶段，政策支持成为影响康养旅游产业创新发展的重要因素。本研究引入政策支持作为调节变量，实证验证了政策支持在康养旅游产业共享的公共经营资源、基础设施、产业合作网络三个构成维度与产业创新之间充当调节变量，凸显了理论研究的本土化特色。

9.1.5　构建共享经济下康养旅游产业创新发展路径

运用文献研究法、案例研究法等研究方法，系统构建共享经济下康养旅游产业创新发展路径。

（1）企业内自主式共享创新路径，即由核心康养旅游企业对内部各种创新要素和资源进行共享利用和优化配置，主要使用康养旅游企业自身资源并自主开展创新活动，最终实现引领和带动康养旅游产业创新发展。企业内自主式共享创新路径的实现方式有基于常规业务的自发创新和基于专项业务的集聚创新。

（2）产业内合作共享创新路径，即康养旅游产业的核心旅游企业（组织）打破组织边界与康养旅游产业内相同或相近功能的企业、产业链上下游关联企业通过正式或非正式合作关系纽带组建合作联盟，以合作成员的共同利益为基础，以提高康养旅游产业创新能力为目标，在康养旅游产业合作成员之间共享资源并共同参与创新活动，实现康养旅游产业创新发展。产业内合作共享创新的实现方式有产业内横向企业合作共享创新和产业内纵向企业合作创新。

（3）跨产业合作式共享创新路径，即康养旅游产业的核心旅游企业（组织）突破产业边界与其他产业领域的企业通过正式或非正式合作关系纽带组建合作组织，在跨产业合作成员之间共享资源并开展创新活动，实现康养旅游产业与其他产业融合创新发展。跨产业合作式共享创新的实现方式有相关产业跨界合作共享创新和无关产业跨界合作共享创新。

（4）跨产业协同式共享创新路径，即由核心康养旅游企业（组织）参与的产业创新联盟与多个产业创新联盟通过纵横交错的合作关系纽带组建多主体参与的立体化创新生态系统网络，以系统网络整体利益为基础，以提高系统网络创新能力为目标，基于互利共生、相互依存原则在网络成员之间共享创新资源并协同开展创新活动，最终形成多产业共生融合的创新路径。跨产业协同式共享创新路径的具体实现方式有正式契约关系协同共享创新和非正式关系协同共享创新。

康养旅游产业的四种共享创新路径的创新范式、创新边界、创新来源、创新组织方式、企业关系、治理模式、实现方式等存在差异。

9.1.6 提出优化康养旅游产业创新发展的策略

从优化公共经营资源配置、强化基础设施供给、构建开放式产业合作网络以及提供多维度政策支持四个方面促进康养旅游产业创新发展的策略。

（1）优化公共经营资源配置。以共享经济理念为指导，建立以市场机制为核心的资源识别、资源获取、资源配置和资源利用的全过程公共经营资源的共享配置机制；拓宽公共经营资源全方位、网络化的无边界供给主体，形成多元主体协同互动的开放式资源供给网络；创新 O2O 资源共享、跨界资源共享、跨区资源共享、分时资源共享等多种资源共享方式。

（2）强化基础设施供给。构建全国统一的康养旅游共享经济平台；优化和完善康养旅游基础设施、现代信息技术基础设施、公共基础设施等。

（3）构建开放式产业合作网络。建立康养旅游与共享经济平台的融合共生关系，形成"共享经济 + 康养旅游"主导产业链；以"共享经济 + 康养旅游"主导产业链为基础，实施产业链渗透拓展、产业链延伸拓展和产业链重组拓展，以形成多维康养旅游产业链网络体系；组建康养旅游产业公共服务联盟，提供政务服务、资金服务、人力服务、信息服务、技术服务等康养旅游外部保障体系。

（4）提供多维度政策支持。优化康养旅游的产业定位政策、产业布局政策、产业市场政策、财税政策和投融资政策，建立完善而友好的政策体系以促进康养旅游产业创新发展；基于"包容创新、审慎监管、强化保障"的指导思想，深入推进共享经济下康养旅游管理体制改革，建立政府多部门协同的管理机制，推动旅游管理部门从监管为主向服务为主的职能转变，实施康养旅游行业协会协同治理。

9.2　主要研究贡献

9.2.1　理论贡献

（1）创新共享经济视角研究康养旅游产业创新发展。共享经济理论最初是从汽车租赁服务业的实践中提炼出来的，已有研究成果涉及产业领域十分广泛，但是关于共享经济与康养旅游产业发展的研究成果较少。在共享经济下研究康养旅游产业创新发展的理论与实践问题，具有重大的时代价值与现实意义。本研究将共享经济理论应用于康养旅游产业，构建共享经济下康养旅游产业创新发展机理与路径的分析框架，为指导康养旅游产业科学决策提供新的管理工具，是对共享经济理论和旅游产业创新理论的融合创新。

（2）理论构建共享经济下康养旅游产业创新发展机理理论模型。首先，系统构建康养旅游产业共享的概念模型，开发和检验康养旅游产业共享的量表；其次，在规范研究的基础上构建共享经济下康养旅游产业创新发展机理理论模型，并运用实证研究方法进行验证，以揭示共享经济环境下康养旅游产业共享、资源获取能力、政策支持对产业创新的影响机理；其中，考察了中国情景下政策支持对产业创新的调节作用，体现了理论模型的中国本土化特色。

（3）理论与实践结合探究共享经济下康养旅游产业创新发展路径。目前，国内学术界缺乏对共享经济环境下康养旅游产业创新发展的研究成果。本研究基于共享经济理论视角构建康养旅游产业创新发展路径的分析框架，结合具体案例系统阐释典型康养旅游产业创新发展路径的内涵特征、实现方式，为我国康养旅游产业创新发展路径选择和政策设计提供科学依据。

9.2.2 实践贡献

（1）有利于创新康养旅游产业发展理念和发展策略。本研究从共享经济视角研究我国康养旅游产业发展实践，系统研究了康养旅游产业创新发展路径的基本类型及其实现方式，创新了共享经济理念指导的康养旅游产业创新发展理念。基于理论研究结论，结合国内康养旅游产业发展实际，从公共经营资源、基础设施供给、产业合作网络、政策支持四个方面系统提出推动康养旅游产业创新发展的策略，有利于全面促进我国康养旅游产业高质量发展。

（2）有利于解决康养旅游产业创新发展的现实问题。本研究基于共享经济理论框架，结合我国康养旅游产业发展的现实需要，提出指导国内康养旅游产业创新发展的具体策略。本研究在实践上有利于解决康养旅游产业创新发展的现实问题，有利于推进我国康养旅游产业由粗放型向集约型发展模式转变，从而实现康养旅游产业发展方式的转型升级。

9.3　研究局限与展望

9.3.1　研究局限

有关共享经济下康养旅游产业创新发展研究尚处于起步阶段，本研究所做的工作仍属探索性研究。由于研究问题的复杂性以及受个人能力水平、时间、资金等限制，使本研究尚存在一些不足。

（1）调查样本的局限。本研究在开展问卷调查方面做了大量工作，在 21 个省（区、市）共发放问卷 710 份，回收有效问卷 542 份；调研样本具有一定的地域代表性和不同类型康养旅游企业代表性。但是限于开展调研工作的现实困难以及 2020 年暴发的新冠疫情使很多康养旅游企业歇业、停业，诸多因素的影响使得调查样本覆盖的地域范围存在一定的局限性。虽然本研究调研样本的信度和效度均达到统计标准要求，但是样本的局限性可能会导致研究结论的精确性受到一定影响。因此，本书的研究结论有待进一步的验证与优化。

（2）变量的测量指标选取与量化仍有继续优化的空间。由于本研究涉及的自变量数量较多，对于每一个自变量的测量指标只能选取最重要、最典型的指标，以便开展问卷调查，但这可能会损失部分信息；本研究对康养旅游产业共享的测量量表进行了探索性研究，其有效性和普适性仍需要进一步实证检验。由于调研问卷的部分题项涉及企业的经营数据，容易引起被调查者的敏感反应，因此在问卷设计时采用李克特五点量表法设计调研题项；这虽然提高了被调查者的回答率，但可能使调研结果存在一定误差。

（3）康养旅游产业创新发展路径有待实践检验和完善。本研究总结归纳了四种典型的康养旅游产业创新发展路径，其在实践运用中的有效性和普适性有待进一步的实践检验。由于康养旅游产业实践的丰富性和复杂性，理论上对康养旅游产业创新发展路径研究只能提炼其主要的典型发展路径，不可能包括所有发展路径。以上研究局限有待后续研究进一步完善。

9.3.2 研究展望

康养旅游产业成为我国新兴的旅游经济业态。面对前所未有之环境变化，康养旅游产业发展面临着重大挑战。康养旅游产业创新发展研究是一个广泛且具有较高研究价值的研究领域，未来研究的方向主要有以下几个方面。

（1）研究对象将进一步细化。康养旅游产业是一个广泛而复杂的概念，随着产业实践的不断深入，未来学术界对康养旅游的研究对象将逐渐细化，研究内容也越来越深入；关于养老旅游、养生旅游、医疗旅游、健康旅游等康养旅游细分领域的专题研究将是未来研究的方向。

（2）基于特定条件下康养旅游产业创新发展的影响因素研究。由于康养旅游产业创新发展受到多种内外部因素的综合影响。未来研究方向将在不同环境、地域等特定条件下研究康养旅游产业创新发展的影响因素，总结提炼关键影响因素及其影响效应。

（3）基于不同学科视角研究康养旅游产业创新发展机理。当前，康养旅游产业发展呈现典型的产业融合特征。康养旅游产业创新发展机理研究逐渐由单一学科到多学科融合。由于康养旅游产业创新发展的多因性和复杂性，不同情境下康养旅游产业创新发展受到多个前因变量、中介变量、调节变量的影响。未来研究方向应在不同情境下研究模型中新的前因变量、中介变量、调节变量的影响机理，这是一个复杂而广阔的研究领域。

（4）不同情境下康养旅游产业创新发展路径研究。由于康养旅游产业实践的丰富性和复杂性，在不同情境下康养旅游产业创新发展路径呈现多元化趋势。未来研究方向将聚焦个案研究，从个案总结康养旅游产业创新发展路径。

（5）康养旅游产业创新发展的案例研究。对康养旅游产业创新发展的典型案例进行深度案例研究，探讨全球康养旅游产业发展出现的新问题和新趋势。

9.4　本章小结

本章主要内容是研究结论与讨论、主要研究共享、研究局限与展望。

（1）本书运用规范理论分析与实证研究相结合、定性研究和定量研究相结合的方法开展研究。运用文献研究法，在梳理国内外文献的基础上，界定相关概念，并阐释基础理论；回顾国内康养旅游产业的发展历程并系统分析其演进规律；探索共享经济下康养旅游产业创新发展的动力因素，系统分析各动力系统之间的交互作用形成的动力机制；运用理论分析法构建康养旅游产业创新发展机理模型，并进行实证检验；运用规范理论研究与案例研究法，系统分析康养旅游产业创新发展路径；最后，依据研究结论提出推动我国康养旅游产业创新发展的具体策略。

（2）本书的主要研究贡献有：理论构建共享经济下康养旅游产业创新发展机理理论模型，探究共享经济下康养旅游产业创新发展路径；实践上有利于创新康养旅游产业发展理念和发展策略，有利于推进我国康养旅游产业由粗放型向集约型发展模式转变，从而实现康养旅游产业发展方式的转型升级。

（3）康养旅游产业创新发展研究是一个广泛且具有较高研究价值的研究领域，未来研究的方向主要有：研究对象将进一步细化、基于特定条件下康养旅游产业创新发展的影响因素研究、基于不同学科视角研究康养旅游产业创新发展机理、不同情境下康养旅游产业创新发展路径研究、案例研究。

参考文献

[1] 罗云丽 . 旅游共享经济的基本特征、运行机制与发展对策 [J]. 商业经济研究，2016（14）：174-176.

[2] 国家信息中心分享经济研究中心 . 中国分享经济发展报告 2017 [R]. 北京：国家信息中心，2017.

[3] 荣朝和 . 互联网共享出行的物信关系与时空经济分析 [J]. 管理世界，2018（4）：40-55.

[4] 罗明义 . 现代旅游经济学 [M]. 昆明：云南大学出版社，2001.

[5] 陶汉军 . 新编旅游学概论 [M]. 北京：旅游教育出版社，2001.

[6] 郭鲁芳 . 健康旅游探析 [J]. 北京第二外国语学院学报，2005（3）：63-66.

[7] 王赵 . 国际旅游岛：海南要开好康养游这个"方子"[J]. 今日海南，2009（12）：18.

[8] 任宣羽 . 康养旅游：内涵解析与发展路径 [J]. 旅游学刊，2016，31（11）：1-3.

[9] 中国国家旅游局 . 国家康养旅游示范基地标准 [S]. 北京：中国国家旅游局，2016.

[10] 约瑟夫·熊彼特 . 经济发展理论 [M]. 北京：商务印书馆，1990：3，8，97-103.

[11] 谢赤 . 产业创新理论及其在金融创新中的应用 [J]. 湖南大学学报：社会科学版，1997（3）：10-14.

[12] 陆国庆 . 产业创新：超越传统企业创新理论的新范式 [J]. 产业经济研究，2002（1）：46-51.

［13］管顺丰，胡树华，石永军．产业创新原理及管理原则［J］．企业改革与管理，2004（6）：16.

［14］阿尔弗雷德·马歇尔．经济学原理［M］．北京：商务印书馆，2019.

［15］冯云廷．地区性资源共享机制研究［J］．天津社会科学，2006（3）：61.

［16］罗宾·蔡斯．共享经济：重构未来商业新模式［M］．杭州：浙江人民出版社，2015.

［17］何超，张建琦，刘衡．分享经济：研究评述与未来展望［J］．经济管理，2018，40（1）：193-210.

［18］李焕培．共享经济模式下矿产资源价值评估与实现研究［D］．北京：中国地质大学，2017：87-88.

［19］仲崇高，张勇．分享经济：逻辑、模式与边界［J］．科技进步与对策，2017（23）：48-53.

［20］郑联盛．共享经济：本质、机制、模式与风险［J］．国际经济评论，2017（6）：45-69.

［21］曾艳芳．中美旅游产业组织演化与创新比较研究［D］．福州：福建师范大学，2014.

［22］韩志强．基于可持续发展的城乡旅游协同发展研究［D］．福州：福建师范大学，2008.

［23］霍绍周．系统论［M］．北京：科学技术文献出版社，1988.

［24］伊迪丝·彭罗斯．企业成长理论［M］．上海：上海人民出版社，2007.

［25］陈柳钦．有关全球价值链理论的研究综述［J］．重庆工商大学学报（社会科学版），2009，26（6）：55.

［26］张孟才，楚金华．虚拟价值链理论诌议［J］．沈阳农业大学学报：社会科学版，2004，6（4）：355-357.

［27］白庆华，秦耕．B2B 电子商务中的虚拟价值链研究［J］．计算机集成制造系统，2002，8（6）：443.

［28］高静，刘春济．国际医疗旅游产业发展及其对我国的启示［J］．旅游学刊，2010（7）：88-94.

［29］黄力远，徐红罡．巴马养生旅游——基于康复性景观理论视角［J］．思想战线，2018，44（4）：146-155.

［30］宋玉芹，汪德根．2008 年至 2017 年国内外医疗旅游研究比较［J］．地理与地理信息科学，2011，27（6）：105-110.

［31］黄琴诗，朱喜钢，曹钟茗，等．国外康养旅游研究的转型与趋势——基于英文文献的计量分析［J］．林业经济，2020，42（2）：48-58.

［32］龙江智，王苏．深度休闲与主观幸福感——基于中国老年群体的本土化研究［J］．旅游学刊，2013，28（2）：77-85.

［33］严蓉，吴迪，方忠权．国内外康养旅游研究综述［J］．绿色科技，2021，23（21）：209-213.

［34］陈才，刘艳华，孙洪娇．温泉游客旅游决策、旅游体验与购后行为研究——以大连为例［J］．旅游论坛，2011，4（3）：17-21.

［35］何莽．基于需求导向的康养旅游特色小镇建设研究［J］．北京联合大学学报：人文社会科学版，2017，15（2）：41-47.

［36］郑四渭．我国山地养生旅游发展的动因、问题及对策［J］．浙江工商大学学报，2012，1（2）：33-40.

［37］丛丽，张玉钧．对森林康养旅游科学性研究的思考［J］．旅游学刊，2016（11）：6-8.

［38］赵影．中国发展国际医疗旅游的机遇和挑战分析［J］．对外经贸实务，2019（8）：80-83.

［39］杨强．体育旅游产业融合发展的动力与路径机制［J］．体育学刊，2016（4）：55-62.

［40］杨懿，田里，胥兴安．养生旅游资源分类与评价指标体系研究［J］．生态经济，2015（8）：137-141.

［41］李秀云，李俊杰，康丽滢．基于八要素模型的京津冀森林康养基地评价及承德策略［J］．经济研究参考，2017（47）：71-79.

［42］叶银宁．基于 AHP 法的生态养生旅游资源评价及开发研究［J］．湖

北农业科学，2021，60（23）：186-190.

［43］宋子健，温全平．森林康养资源评价指标体系构建及评价——以蔡家川森林康养区为例［J］．林业科技情报，2020，52（1）：38-43.

［44］宋娜，周旭瑶，唐亦博，等．基于 DEMATEL-ISM-MICMAC 法的康养旅游资源评价指标体系研究［J］．生态经济，2020，36（5）：128-134.

［45］葛书林，代刚．民俗体育旅游资源整合开发评估体系构建［J］．中国人口·资源与环境，2021，31（11）：165-176.

［46］薛群慧，邓永进．论云南少数民族地区健康旅游资源开发战略［J］．云南民族大学学报（哲学社会科学版），2011（5）：245-249.

［47］李凤梅，李妍，向昌国．张家界市康养旅游的发展规划［J］．吉首大学学报（自然科学版），2018（4）：83-86.

［48］杨红，夏茂生．基于动态演化博弈的康养旅游产业融合演化机制及路径研究［J］．云南财经大学学报，2022，38（7）：100-110.

［49］赵杨，孙秀亭．我国沿海地区康养旅游产业创新发展研究——以秦皇岛市为例［J］．城市发展研究，2020，27（6）：24-28.

［50］陈雪钧，李莉，付业勤．基于价值链视域的旅游养老产业发展模式研究［J］．企业经济，2017（7）：105-110.

［51］黄坚．共享经济下旅游产业融合发展趋势及创新路径［J］．商业时代，2019（6）：181.

［52］杨红英，杨舒然．融合与跨界：康养旅游产业赋能模式研究［J］．思想战线，2020，46（6）：158-168.

［53］袁建伟，谢翔．全域旅游视域下体育旅游产业发展模式建构［J］．体育文化导刊，2021（3）：74-80.

［54］张正祎，刘兵．钻石模型理论视域下提升我国冰雪体育旅游产业竞争力的路径选择［J］．浙江体育科学，2019（5）：7-12.

［55］赖启航．攀枝花康养旅游产业集群发展初探［J］．攀枝花学院学报，2016（6）：6-9.

［56］赵艳华，张洪钊．跨界融合视角下京津冀健康产业发展路径研究［J］．中国卫生经济，2018 37（3）：83-85.

［57］孟晓伟，姚东明，胡振宇．中医药健康旅游发展现状与对策研究［J］．江西中医药大学学报，2018，30（1）：96-99.

［58］李金容，陈元欣．创新推进民族地区体育旅游产业的策略——基于恩施土家族苗族自治州的调查与思考［J］．中南民族大学学报（人文社会科学版），2020，40（3）：140-144.

［59］兰顺领．长三角一体化背景下区域体育旅游协同发展的困境与出路［J］．山东体育学院学报，2020，36（5）：115-122.

［60］陈莉娟，刘金林，周天焕，等．依托森林公园发展森林康养旅游的探讨——以浙江省景宁草鱼塘森林公园为例［J］．华东森林经理，2020，34（1）：56-59.

［61］颜节礼．我国环境养生旅游发展探讨［J］．安徽农业科学，2011，39（1）：377-379.

［62］陈小勇．以健康旅游为抓手推动医养结合创新发展［J］．经济师，2019（6）：14-15.

［63］王胜今，张少琛．"互联网+"背景下乡村生态旅游养老服务策略［J］．社会科学家，2020（9）：61-66.

［64］齐欣，臧荣海，张雷，等．互联网+视阈下黑龙江省冰雪体育旅游产业创新驱动及对策研究［J］．冰雪运动，2019，41（2）：84-88.

［65］董亚琦，李伟，郭铜樑，等．大数据助推体育旅游发展价值及路径研究［J］．体育文化导刊，2020（5）：84-85.

［66］周功梅，宋瑞，刘倩倩．国内外康养旅游研究评述与展望［J］．资源开发与市场，2021（1）：119-128.

［67］林轶．东南亚养生旅游客源市场开发研究［J］．东南亚纵横，2010（7）：39-42.

［68］翁媛媛，高汝熹，车春鹂．美国健康医疗服务产业研究及对上海市的启示［J］．华东经济管理，2010，24（10）：10-14.

［69］李新泰．国外健康旅游的发展路径与启示［J］．人文天下，2019（5）：13-18.

［70］葛君书，王贵生，孙颖，等．韩国健康旅游的发展对我国中医药国

际健康旅游的启示［J］. 世界中西医结合杂志，2020，15（6）：1160-1164.

［71］傅晶 . 夏季养生度假高端旅游现状及发展对策——以黑龙江省为例［J］. 学术交流，2008（3）：113-116.

［72］唐丹，胡卫卫，施生旭，等 . 基于生态理念的福建省养生度假旅游发展路径探讨［J］. 中南林业科技大学学报（社会科学版），2016，10（2）：30-36.

［73］孟桂如，张小锋，王靖童，等 . 黑龙江省“候鸟式”旅游养老存在的问题及对策研究［J］. 商业经济，2017（5）：6-7.

［74］何彪，谢灯明，蔡江莹 . 新业态视角下海南省康养旅游产业发展研究［J］. 南海学刊，2018，4（3）：82-89.

［75］杨秀成，宋立中，钟姚越，等 . 福建省康养旅游资源空间分布特征及其影响因素研究［J］. 福建师范大学学报（自然科学版），2019，35（5）：106-116.

［76］赵鹏宇，刘芳，崔嫱 . 山西省康养旅游资源空间分布特征及影响因素［J］. 西北师范大学学报（自然科学版），2020，56（4）：110-114.

［77］卢素兰，刘伟平 . 森林养生旅游消费意向研究——以福建省为例［J］. 林业经济问题，2009，29（5）：454-460.

［78］赵楠 . 全域旅游视阈下休闲养生旅游发展模式——以安徽省亳州市为例［J］. 社会科学家，2019（5）：95-101.

［79］罗铭珍，张鑫 . 养生旅游资源开发潜力评价及开发对策研究——以安徽省泾县为例［J］. 安徽农学通报，2018，24（9）：150-153.

［80］张建忠，杨新军 . 旅游度假区康体休闲与康复养生项目的开发模式——以安宁市温泉旅游度假区为例［J］. 泰山学院学报，1998（2）：62-66.

［81］胥兴安，李柏文，班璇 . 养生小镇旅游产品开发研究——以昆明市永定镇为例［J］. 资源开发与市场，2010，26（1）：69-71.

［82］王丽，宁炯，余子萍 . 基于道教文化的养生旅游开发研究——以句容市茅山风景区为例［J］. 安徽农业科学，2011，39（24）：14876-14877.

［83］李梓雯，彭璐铭 . 依托国家森林公园发展森林康养旅游的探讨——

以浙江雁荡山国家森林公园为例 [J]. 林产工业，2017，44 (11)：56-59.

[84] 鲍兰平 . 国际旅游消费中心建设背景下海南健康旅游基地建设研究 [J]. 商业经济，2020，523 (3)：27-28.

[85] 刘德谦 . 中国旅游 70 年：行为、决策与学科发展 [J]. 经济管理，2019，41 (12)：177-202.

[86] 陈仲武 . 我国疗养事业发展的历程 [J]. 中国疗养医学，1996 (1)：1-3.

[87] 赵士仁 . 我国职工疗养事业的现状和深化改革的总体思路 [J]. 中国疗养医学，1996 (2)：49-53.

[88] 熊素玲，周其厚 . 论中国旅游业发展及其特征 [J]. 旅游纵览，2014 (3)：68-69.

[89] 朱晓辉 . 基于产业融合理论的舟山健康旅游发展研究 [J]. 江苏商论，2018 (10)：76-77.

[90] 国家统计局 . 中华人民共和国 2021 年国民经济和社会发展统计公报 [EB/OL] .http：//www.stats.gov.cn/，2022-02-28.

[91] 周晓琴，明庆忠，陈建波 . 山地健康旅游产品体系研究 [J]. 资源开发与市场，2017 (6)：727.

[92] 曹煜玲 . 中国城市养老服务体系研究 [D]. 大连：东北财经大学，2011.49-50.

[93] 王兆峰，黄冬春 . 中国省域康养旅游竞争力空间分异及其影响因素 [J]. 攀枝花学院学报：综合版，2022，39 (2)：11-24.

[94] 赖琳 . 攀西地区康养旅游竞合研究 [D]. 成都：四川师范大学，2018.14-15.

[95] 杨韵 . 国际森林康养开发模式启示 [J]. 现代园艺，2021，44 (9)：116-118.

[96] 中国报告网 .2018 年我国中医药健康旅游行业发展现状、弊端及其措施与前景分析 [EB/OL] .http：//market.chinabaogao.com，2018-5-17.

[97] 赖启航，孔凯 . 健康养生视角下盐边县康养旅游开发初探 [J]. 攀枝花学院学报，2015 (4)：5.

［98］卜从哲，徐晶．我国康养旅游市场开发的必要性和可行性分析［J］．河北企业，2018（4）：76-77.

［99］杨阿莉．构筑入境旅游新高地："十三五" 中国医疗旅游发展思考［J］．旅游学刊，2015，30（4）：8.

［100］赵鹏宇，刘芳，崔嫱．山西省康养旅游资源空间分布特征及影响因素［J］．西北师范大学学报：自然科学版，2020，56（4）：112-119.

［101］陈志恒，丁小宸．日本健康产业发展的动因与影响分析［J］．现代日本经济，2018，37（4）：52-62.

［102］黄琴诗，朱喜钢，曹钟茗，等．国外康养旅游研究的转型与趋势——基于英文文献的计量分析［J］．林业经济，2020，42（2）：48-58.

［103］陈纯．基于 PEST 分析法的常州健康旅游产业研究［J］．中国商论，2016（28）：157-159.

［104］陈志恒，丁小宸．日本健康产业发展的动因与影响分析［J］．现代日本经济，2018，37（4）：52-62.

［105］覃方铭，叶文，赵敏燕．产业融合视角下的养生旅游产业发展研究［J］．广西经济管理干部学院学报，2016，28（1）：63-68.

［106］段爱明，邹凯．我国健身休闲产业发展的动因及创新路径研究［J］．南通大学学报（社会科学版），2018，161（5）：142-143.

［107］赵云云．基于产业融合理论的养生旅游集群发展研究［D］．杭州：浙江工商大学，2011：14-15.

［108］郑贵军，刘俊昌，曾巧．市场导向下森林康养产业发展的动力机制［J］．中南林业科技大学学报（社会科学版），2018，12（3）：48-54.

［109］俞翠．基于场景思维的传统休闲产业创新驱动机制及路径研究［D］．杭州：浙江工商大学，2018：22-28.

［110］中国医师协会．中国城市白领健康状况白皮书［EB/OL］.http：//www.mztj.cn/jkzx，2017-01-04.

［111］王宇婷．共享经济成因、内涵和商业模式研究［J］．价格月刊，2018（7）：91-92.

［112］亚历克斯・斯特凡尼．共享经济商业模式：重新定义商业的未

来［M］. 北京：中国人民大学出版社，2016.

［113］刘根荣. 共享经济：传统经济模式的颠覆者［J］. 经济学家，2017，5（5）：97-104.

［114］陈建明. 供给侧视角下 O2O 共享经济商业模式研究［J］. 商业经济研究，2017（12）：13.

［115］肖岚. 创意产业融合成长的动力机制及其自组织创新模式研究［D］. 上海：东华大学，2012.43-51.

［116］马广奇，陈静. 基于互联网的共享经济：理念、实践与出路［J］. 电子政务，2017（3）：21-29.

［117］苏剑. 共享经济：动因、问题和前景［J］. 新疆师范大学学报：哲学社会科学版，2018，39（2）：126-131.

［118］鄢然，雷国平，孙丽娜，等. 基于灰色关联法的哈尔滨市土地可持续利用评价研究［J］. 水土保持研究，2012，19（1）：154-158.

［119］郑珍远，刘婧，李悦. 基于熵值法的东海区海洋产业综合评价研究［J］. 华东经济管理，2019，33（9）：97-102.

［120］邓聚龙. 灰色系统基本方法［M］. 武汉：华中理工大学出版社，1987.

［121］李懿洋. 甘肃省产业结构与经济增长的灰色关联分析［J］. 企业经济，2011（5）：20-23.

［122］钱平凡. 产业共享：塑造产业竞争优势新利器［J］. 新经济导刊，2015（3）：52.

［123］蔡建刚. 区域旅游合作与开发中的“产业公地”建设［N］. 中国旅游报，2015-12 -23（2）.

［124］窦园园. 基于系统动力学的煤炭产业公地研究初探［J］. 中国矿业，2016，25（12）：1-4.

［125］聂鲲. 中关村人力资本、产业集群、产业共享互动研究［J］. 中国发展观察，2018（2）：37-41.

［126］刘煜. 我国企业集团内部资源共享研究［D］. 哈尔滨：哈尔滨工程大学，2006：32-33.

［127］左世全，王影，金伟，等．美国也要振兴制造业——美国先进制造业国家战略计划编译［J］．装备制造，2012（5）：6.

［128］聂鲲．人力资本、产业集群与产业共享互动研究［M］．北京：经济管理出版社，2017.

［129］王玉荣，杨震宁，李军．竞争环境和技术战略对制造业创新绩效的影响［J］．科研管理，2011，32（7）：25-33.

［130］彭正龙，王海花，蒋旭灿．开放式创新模式下资源共享对创新绩效的影响：知识转移的中介效应［J］．科学学与科学技术管理，2011（1）：50-55.

［131］陈希，刘佳杰，韩冬．医疗旅游产品消费的影响因素研究——基于浙江、安徽、江西、江苏、湖北五省的数据分析［J］．旅游论坛，12（1）：41-50.

［132］程兴火．基于游客感知价值的森林生态旅游景区竞争优势研究［D］．杭州：浙江大学，2006.

［133］袁开国，刘莲，向云波，等．基于GIS的异地互动旅游养老目的地适宜性评价［J］．经济地理，2013，33（11）：163-168.

［134］赵文红，周密．R&D团队人力资源管理实践对企业创新绩效的影响研究［J］．研究与发展管理，2012，24（4）：61-70.

［135］高长元，杜鹏．高技术虚拟产业集群资源共享策略［J］．华东经济管理，2011（9）：86.

［136］何昭丽，孙慧，芦文华，等．旅游公共服务状况与旅游开放度的关系研究——以新疆为例［J］．新疆大学学报（哲学·人文社会科学汉文版），2014，42（2）：19-22.

［137］王毅，陈娱，陆玉麒，等．中国旅游产业科技创新能力的时空动态和驱动因素分析［J］．地球信息科学学报，2017（5）：616.

［138］黄芳铭．结构方程模式理论与应用［M］．台北：五南出版社，2004.

［139］吴明隆．结构方程模型——AMOS的操作与应用［M］．重庆：重庆大学出版社，2011.

[140] 吴明隆. 问卷统计分析实务 [M]. 重庆：重庆大学出版社，2010.

[141] 宋慧林，宋海岩. 国外旅游创新研究评述 [J]. 旅游科学，2013，27 (2)：7-9.

[142] 魏金金. 基于系统动力学的河北省旅游产业创新转型机理研究 [D]. 秦皇岛：燕山大学，2018：28-30.

[143] 张辉，黄雪莹. 旅游产业融合的几个基本论断 [J]. 旅游学刊，2011 (4)：6-7.

[144] 王兆峰，杨琴. 技术创新与进步对区域旅游产业成长机理作用与动力机制研究 [J]. 科技管理研究，2010 (2)：122-123.

[145] 郑胜华，池仁勇. 核心企业合作能力、创新网络与产业协同演化机理研究 [J]. 科研管理，2017 (6)：29-30.

[146] 罗颖，王腾，易明. 开放式创新与产业集群创新绩效的关联机理研究 [J]. 管理学报，2017 (2)：229-234.

[147] 史丹丹. 集群网络结构、资源获取能力与企业技术创新绩效——以旅游产业为例的实证研究 [J]. 企业经济，2014 (3)：131.

[148] 郜宇梅. 企业社会关系网络、资源获取能力与创新绩效关系研究——以五台山旅游产业集群为例 [J]. 生产力研究，2017 (2)：49.

[149] 黄浩森，袁宇. 构建产业公地助推产业生态圈建设——成都制造业发展新思路 [J]. 成都大学学报（社会科学版），2018 (3)：45-48.

[150] 曼瑟尔·奥尔森. 集体行动的逻辑 [M]. 上海：上海人民出版社，1993.

[151] 聂鲲. 产业集群、产业共享、人力资本互动研究 [D]. 长春：吉林大学，2017：54-56.

[152] 赵敏，王丽华. 近十年国内康养旅游研究述评 [J]. 攀枝花学院学报，2019 (4)：48-53.

[153] 余航，田林，蒋国银，等. 共享经济：理论建构与研究进展 [J]. 南开管理评论，2018，21 (6)：39-54.

[154] 皮鹏程，曾敏，黄长生，等. 基于 SWOT-AHP 模型的恩施州森林康养旅游可持续发展研究 [J]. 华中师范大学学报：自然科学版，2022，56

（1）：127-139.

［155］李珊珊，徐向艺."互联网+"是否有效促进了小微企业创新？［J］.山东社会科学，2019（2）：150.

［156］宁玲玲.企业纵向社会资本、资源获取能力与竞争优势关系的研究［D］.乌鲁木齐：新疆财经大学，2018.21.

［157］杨公朴.产业经济学［M］.上海：复旦大学出版社，2005.

［158］孙源源，王玉芬，施萍，等.一带一路背景下江苏中医药健康旅游的创新发展策略［J］.世界科学技术，2018，20（5）：772.

［159］孟宣宇，葛宝山.国有企业综合绩效评价体系设计——广义平衡记分卡模型［J］.社会科学战线，2013（5）：81-84.

［160］朱秀梅，陈琛，纪玉山.基于创业导向、网络化能力和知识资源视角的新创企业竞争优势问题探讨［J］.外国经济与管理，2010（5）：11-18.

［161］加里·皮萨诺，威利·史.制造繁荣：美国为什么需要制造业复兴［M］.北京：机械工业出版社，2014.

［162］邓冰，俞曦，吴必虎.旅游产业的集聚及其影响因素初探［J］.桂林旅游高等专科学校学报，2004，15（6）：53-57.

［163］黄炜.旅游演艺业态创新驱动因素的扎根研究［D］.天津：南开大学，2012.

［164］赵富森，张云.知识资本、吸收能力与产业创新绩效的影响研究——来自高技术产业分行业数据的实证检验［J］.科技和产业，2017（4）：63-67.

［165］宋惠林.酒店企业创新的影响因素及效应分析［D］.大连：东北财经大学，2012.

［166］郭峦.基于产业融合路径的旅游创新产生机理［J］.江苏商论，2011（11）：111-112.

［167］袁省.北戴河滨海旅游发展演化机理与动力机制研究［D］.秦皇岛：燕山大学，2011.

［168］刘建国，张永敬.医疗旅游：国内外文献的回顾与研究展望［J］.旅游学刊，2016（6）：113-126.

［169］王磊，谭清美，陈静．旅游产业创新平台构建及运行机制研究［J］．中国管理科学，2016，24（11）：899.

［170］王斌，谭清美．产业创新平台评价指标体系及其权重设置研究［J］．科学学与科学技术管理，2013，34（12）：6.

［171］方钟帅．董事会社会资本、董事会断裂带与投资效率的实证研究［D］．杭州：浙江财经大学，2019.

［172］张敏．东北地区制造业产业自主创新动力系统协同机理与动力模式演化研究［D］．哈尔滨工程大学，2011.

［173］李作良．知识管理视角的文化创意产业价值创新模块化研究［D］．上海：复旦大学，2015.

［174］徐建中，贾大风，李奉书，等．装备制造企业低碳技术创新对企业绩效的影响研究［J］．管理评论，2018，30（3）：82-94.

［175］应洪斌．产业集群中关系嵌入性对企业创新绩效的影响机制研究［D］．杭州：浙江大学，2010：57-58.

［176］尹博．大企业主导型产业创新网络创新绩效研究［D］．大连：辽宁大学，2012：70.

［177］蔡猷花，陈国宏，蔡彬清．产业集群网络、知识整合能力及创新绩效关系研究——基于福建省三个制造业集群的实证分析［J］．福州大学学报（哲学社会科学版），2013，27（2）：24.

［178］曲波，郭海强，任继萍，等．结构方程模型及其应用［J］．中国卫生统计，2004，21（2）：405-407.

［179］张莉，Wan Fang，林与川，等．实验研究中的调节变量和中介变量［J］．管理科学，2011（1）：108-116.

［180］温忠麟，张雷，侯杰泰，等．中介效应检验程序及其应用［J］．心理学报，2004（5）：614-620.

［181］刘志军．异地养老型旅游目的地开发初探——以云南卧云仙居为例［J］．云南地理环境研究，2010，22（5）：24-28.

［182］王燕．国内外养生旅游基础理论的比较［J］．技术经济与管理研究，2008（3）：3.

［183］张广海，王佳．中国医疗旅游资源及功能区划研究［J］．资源科学，2012，34（7）：1325-1332.

［184］单亚琴，姚国荣．国外医疗旅游研究综述［J］．中国卫生事业管理，2016，33（8）：631-635.

［185］杨梅，徐芝兰．“医疗机构＋旅游团队”的新型医疗旅游跨行业合作发展模式探析［J］．广西师范学院学报（哲学社会科学版），2013（1）：139-141.

［186］吴旭云，龙睿．全域旅游背景下我国养老旅游目的地发展路径探讨［J］．改革与战略，2017，33（5）：123-126.

［187］袁冠楠．基于产业共生的贵州养生旅游产业发展模式研究［D］．贵阳：贵州财经大学，2018：29-35.

［188］杨懿，时蓓蓓．健康旅游产业融合发展：动力、机理与路径［J］．湖湘论坛，2020（5）：126-135.

［189］白然，田敏娜．乡村养老旅游产业模式探讨［J］．合作经济与科技，2016（3）：27-28.

［190］谢经良．体育旅游产业集群协同创新模式研究［D］．曲阜：曲阜师范大学，2015.

［191］顾振华．构建互联网时代下中国旅游养老的商业模式［J］．上海商学院学报，2017，18（3）：27-29.

［192］李慧芳，杨效忠，刘惠．健康旅游的基本特征和开发模式研究［J］．皖西学院学报，2017，33（5）：122-127.

［193］娄白，廖育英．基于“养生旅游”视野下的健康产业创新探索——以都江堰向峨猕猴桃风情小镇产业融合发展模式为例［J］．建筑与文化，2015（4）：193.

［194］周义龙．海南医疗养生旅游发展模式选择［J］．开放导报，2016（2）：109-112.

［195］刘秋兰．“旅游＋”发展理念下的岭南地区中医药健康旅游发展模式探索［J］．旅游管理研究，2017（3）：26-27.

［196］胡靖洲．海南医疗旅游发展模式选择及产品开发体系建设研

究［J］. 黑龙江生态工程职业学院学报，2018，31（6）：22-24.

［197］韩秋. 我国康养产业发展的实践路径［J］. 城市旅游规划，2019（6）：111-112.

［198］武学超. 开放式创新 2.0 范式的理论阐释［J］. 自然辩证法研究，2016，32（9）：27-28.

［199］谭柯. 常青国际集团：引领未来养老旅游产业新方向［EB/OL］. http：//news.sina.com.cn，2016-07-19.

［200］刘建兵. 企业研究与开发的外部化及对中国的启示［J］. 科学学研究，2005，23（3）：367-368.

［201］吴高潮. 企业自主创新的模式与机制研究［D］. 武汉：武汉理工大学，2006.

［202］长富. 心景康养：创新旅居享老新模式，构筑全域健康生活圈［EB/OL］.https：//www.chinajj.org.cn/post/3560.html，2020-2-26.

［203］文玉春. 产业创新的路径选择：自主研发，协同创新或技术引进［J］. 山西财经大学学报，2017，39（2）：47-57.

［204］陈波. 产业创新平台治理模式研究［J］. 兰州学刊，2012（9）：85-90.

［205］重庆市北碚区人民政府. 重庆市北碚区国民经济和社会发展第十三个五年规划纲要［R］.2016.

［206］杨雯. 攀枝花康养旅游发展中政府履职状况及优化对策的研究［D］. 成都：中共四川省委党校，2019.

［207］唐子晴. 五地成立康养旅居生活发展联盟［N］. 四川日报，2020-12-3（2）.

［208］赵一鸣，黎苑楚，董红杰. 基于创新联盟的产业创新体系研究［J］. 科学学与科学技术管理，2012（2）：115-117.

［209］董岳，王翔，周冰莲，等. 互联网 + 时代商业模式创新的演变过程研究［J］. 中国科技论坛，2017（2）：150-155.

［210］郝金磊，尹萌. 分享经济：赋能，价值共创与商业模式创新——基于猪八戒网的案例研究［J］. 商业研究，2018（5）：37.

［211］吴绍波，顾新．战略性新兴产业创新生态系统协同创新的治理模式选择研究［J］．研究与发展管理，2014（1）：19-27.

［212］徐永波．企业跨界联盟资源整合机制框架研究——基于共享经济视角［J］．商业时代，2019（1）：115-118.

［213］生延超，刘晴．旅游产业政策演变及价值导向研究（1978~2018）［J］．旅游研究，2019，11（4）：22-34.

［214］陈强，敦帅．分享经济视阈下科技资源共享模式构建研究［J］．科学管理研究，2019，37（2）：34-35.

［215］滕飞．重庆城市发展新区中旅游资源共享的障碍与对策研究［D］．重庆大学，2016.

［216］杨锐．新旧动能转换背景下康养旅游产业创新发展研究——以山东省为例［J］．延边党校学报，2020，36（2）：77.

［217］倪明辉．黑龙江省民族地区康养旅游产业跨界融合模式研究［J］．黑龙江民族丛刊，2022（2）：82-89.

［218］杨红英，杨舒然．融合与跨界：康养旅游产业赋能模式研究［J］．思想战线，2020，46（6）：158-168.

［219］郭京福，毛海军，王建斌．产业生态系统的特性与实施对策［J］．学术交流，2010（9）：90.

［220］李静，谢小雨，潘旭东，等．面向康养旅游的北戴河智慧骑行服务策略研究［J］．包装工程，2021，42（8）：115-123.

［221］李佳颖．创新我国共享经济监管的战略建议［J］．经济研究参考，2017（71）：33-34.

［222］孙颖．加快建设国际旅游消费中心打造医旅融合康养天堂［J］．今日海南，2021（4）：9-11.

［223］海南省人民政府．海南省健康产业发展规划（2019-2025年）［Z］．https：//www.hainan.gov.cn/，2019-01-04.

［224］陈银平．自贸港建设背景下海南康养旅游产业融合发展路径初探［D］．海口：海南医学院，2021

［225］谢雷星，杨政，岳岩，等．海南自贸港打造国际医疗旅游目的地的

路径——以迪拜健康城为借鉴［J］. 南海学刊，2021，7（4）：41-49.

［226］孔令英，李媛彤. 互联网背景下农村共享经济商业模式研究——基于多案例分析［J］. 农业经济，2019（12）：123-124.

［227］焦旭祥，陈涵，董波，等. 寻求政策精准突破建设健康产业特区——海南博鳌乐城医疗旅游先行区建设对浙江的启示［J］. 浙江经济，2018，642（16）：30-32.

［228］Felson，M，Spaeth，J.L.Community Structure and Collaborative Consumption：A Routine Activity Approach［J］.American Behavioral Scientist，1978，21（4）：614-624.

［229］Botsman R，Rogers R.What's Mine Is Yours：The Rise of Collaborative Consumption［M］.New York：Harper Collins，2010.

［230］Russell Belk.You Are What You can Access：Sharing and Collaborative Consumption Online［J］.Journal of Business Research，2014（67）：1595-1600.

［231］Benita Matofska.The New World of Caring and Sharing［J］. Management Today，2015（4）：26.

［232］Stephany，Alex.The Business of Sharing［M］.London：Macmillan，2015.

［233］Laws，E.Health Tourism：A Business Opportunity Approach［M］. London and New York：Routledge，1996.

［234］Müller H，Lanz Kaufmann E.Wellness Tourism：Market Analysis of a Special Health Tourism Segment and Implications for the Hotel Industry［J］. Vacation Marketing，2001，7（1）：5-17.

［235］Vukonić B，Čavlek N. Rječnik Turizma［M］. Zagreb：Masmedia，2001.

［236］Carrera，P. M.，Bridges，J.Globalization and Healthcare：Understanding Health and Medical Tourism［J］.Expert Review of Pharmacoeconomics & Outcomes Research，2006，6（4）：447-454.

［237］Boruszczak M.Turystyka zdrowotna i uzdrowiskowa［M］.Gdansk：

Wyższa Szkoła Turystyki i Hotelarstwa，2010.

[238] Johnston K，Puczko′ L，Smith M，et al.Wellness Tourism and Medical Tourism：Where Do Spas Fit?.Global Spa and Wellness Summit [M] . Miami：Apple Academic Press，2011.20.

[239] Smith，M. Puczkó，L.Health，Tourism and Hospitality [M] . London and New York：Routledge，2013.

[240] Saeide Amouzagar，Zahra Mojaradi，Azra Izanloo，et al.Qualitative Examination of Health Tourism and its Challenges [J] .International Journal of Travel Medicine Global Health，2016，4 (3)：88-91.

[241] Sagayama H，Shizuma K，Toguchi M，et al.Effect of the Health Tourism Seight Loss Programme on Body Composition and Health Outcomes in Healthy and Excess-weight Adults [J] .British Journal of Nutrition，2018，119 (10)：1133-1141.

[242] Christopher C. Freeman.Technology Policy and Economic Performance：Lessons From Japan [M] .London：Pinter Publishers，1987.

[243] Pisano，G. P.，Shih，W.Producing Prosperity：Why America Needs a Manufacturing Renaissance [M] .Boston：Harvard Business Review Press，2012.

[244] Wernerfelt B..A Resourced-Based View of the Firm [J] .Strategic Management，1984 (5)：171-180.

[245] Michael E Porter.The Competitive Advantage [M] .Glencoe：The Free Press，1985：57-59.

[246] John Shank，V.Gow Indarajan.Strategic Cost Management and the Value Chain [J] .Journal of Cost Management，1992，6 (3)：5-21.

[247] Kaplinsky R. Globalisation and Unequalisation：What Can Be Learned From Value Chain Analysis? [J] .Journal of Development Studies，2000，37 (2)：117-146.

[248] Robyn Bushell，Pauline J.Sheldon.Wellness and Tourism：Mind，Body，Spirit [J] .Annals of Tourism Research，2010 (9)：45-49.

[249] Rogerson C M, Rogerson J M. COVID-19 and Changing Tourism Demand: Research Review and Policy Implications for South Africa [J]. African Journal of Hospitality, Tourism and Leisure, 2021, 10 (1): 1-21.

[250] Wong K M, Musa G.Retirement Motivation among Malaysia My Second Home's Participants [J]. Tourism Management, 2014, 40: 141-154.

[251] Milstein A, Smith M.America's New Refugees-seeking Affordable Surgery Offshore [J]. New England Journal of Medicine, 2006, 355 (16): 1637-1640.

[252] Bookman M Z, Bookman K R. Medical Tourism in Developing Countries [M]. New York and Hampshire: Palgrave Macmillan, 2007: 1-10.

[253] Loh C P.Health Tourism on the Rise?Evidence from the Balance of Payments Statistics [J]. The European Journal of Health Economics, 2014, 15 (7): 759-766.

[254] Hawkins D E, Chang B, Warnes K.A Comparison of the National Geographic Stewardship Scorecard Ratings by Experts and Stakeholders for Selected World Heritage Destinations [J]. Journal of Sustainable Tourism, 2009, 17 (1): 71-90.

[255] Clark Kennedy J, Cohen M.Indulgence or Therapy? Exploring the Characteristics, Motivations and Experiences of Hot Springs Bathers in Victoria, Australia [J]. Asia Pacific Journal of Tourism Research, 2017, 22 (5): 501-511.

[256] Turner L.First World Health Care at Third World Prices: Globalization, Bioethics and Medical Tourism [J]. Bio Societies, 2007, 2 (3): 303-325.

[257] Sammita J, Rajiv Y, Meenal K. Cross-border Healthcare Access in South Asian Countries: Learnings for Sustainable Healthcare Tourism in India [J]. Procedia-Social and Behavioral Sciences, 2014, 157: 109-117.

[258] Green S T.Medical Tourism: A Potential Growth Factor in Infection Medicine and Public Health [J]. Journal of Infection, 2008, 57 (5): 429.

[259] C Membrado.Residential Migration and Urban Sprawl in the Spanish Mediterranean Area [J] .Cuadernos De Turismo，2015 (35)：469–472.

[260] Nimrod G，Kleiber D A.Reconsidering Change and Continuity in Later Life：Toward An Innovation Theory of Successful Aging [J] .International Journal of Aging & Human Development，2007，65 (1)：1–13.

[261] Lim Y J，Kim H K，Lee J T.Visitor Motivational Factors and Level of Satisfaction in Wellness Tourism：Comparison between First–time Visitors and Repeat Visitors [J] .Asia Pacific Journal of Tourism Research，2015，21 (2)：1–20.

[262] Langvinien N.Changing Patterns in the Health Tourism Services Sector in Lithuania [J] .Procedia Social &Behavioral Sciences，2014，156：310–316.

[263] Vicente Rodriguez.Tourism as A Recruiting Post for Retirement Migration [J] .Tourism Geographies，2001，3 (1)：52–63.

[264] KS Conway，JC Rork.How Has Elderly Migration Changed in the Twenty–first Century?What the Data Can and Cannot Tell Us [M] .Demography，2016，53(4)：1011–1025.

[265] Taheri B，Chalmers D，Wilson J，et al.Would You Really Recommend It?Antecedents of Word–of–Mouth in Medical Tourism [J] .Tourism Management，2021，83：1–18.

[266] Lee Y C.The Influence of Personality Traits，Health Knowledge，and Product Attributes on Intent to Purchase Taiwan' s Healthcare Tourism Products [J] .Social Behavior and Personality：An International Journal，2013，41 (3)：395–409.

[267] Chacko P.Medical Tourism in India：Issues and Challenges [J] . MBA Review，2006，4(12)：123–129.

[268] Vincent CS，Heung，Deniz Kucukusta，et al.Medical Tourism Development in Hong Kong：An Assessment of the Barriers [J] .Tourism Management，2011 (32)：995–1005.

[269] Ye B H，Qiu H Q，Yuen P P.Motivations and Experiences of

Mainland Chinese Medical Tourists in Hong Kong [J] .Tourism Management, 2011, 32(5): 1125-1127.

[270] Markovic S, Loncaric D, Loncaric D.Service Quality and Customer Satisfaction in the Health Care Industry-Towards Health Tourism Market [J] . Journal of Hospitality &Tourism Management, 2014, 20(2): 155-170.

[271] Sharma P, Nayak J K.Testing the Role of Tourists' Emotional Experiences in Predicting Destination Image, Satisfaction, and Behavioral Intentions: A Case of Wellness Tourism [J] .Tourism Management Perspectives, 2018, 28: 41-52.

[272] Gustafson P.Tourism and Seasonal Retirement Migration [J] .Annals of Tourism R esearch, 2002, 29 (4): 899-918.

[273] Jungprawate P.Factors Affecting Health Tourism Promotion for the Elderly in Nakhon Nayok Province, Thailand [J] .Turkish Journal of Computer and Mathematics Education(TURCOMAT), 2021, 12 (8): 2818-2824.

[274] Maria-Cristina Espinoza, Judith I Stallmann.Seasonal Migration of Retirees: A Review of the Literature [J] .Faculty Paper Series, 1996, 10: 112-118.

[275] Fields Muller, Annette Piorr, Regine Berges, et al.International Retirement Migration in the Alicante Region, Spain: Process, Spatial Pattern and Environmental Impacts [J] .Journal of Environmental Planning and Management, 2010, 53 (1): 125-141.

[276] Fundeanu.Model of Health Tourism Development-Spa Tourism Cluster in Romania [J] . Management & Marketing Journal, 2015, 13 (1): 216-227.

[277] Kangas B.Complicating Common Ideas about Medical Tourism: Gender, Class, and Globality in Yemenis' International Medical Travel [J] . Signs Journal of Women in Culture and Society, 2011, 36 (2): 327-332.

[278] Romão J, Machino K, Nijkamp P.Assessment of Wellness Tourism Development in Hokkaido: a Multicriteria and Strategic Choice Analysis [J] . Asia-Pacific Journal of Regional Science, 2017, 1 (1): 265-290.

［279］Gilbert D C，Marlies V.The Health Care Tourism Product in Western Europe［J］.Tourism Review，1991，46（2）：5-10.

［280］Caroline E，Erica L W，Shahzeer K，et al.The Cost of Bariatric Medical Tourism on the Canadian Healthcare System［J］.The American Journal of Surgery，2014，207（5）：743-747.

［281］Komaladat S . Health Tourism Destination in Thailand：A Case Study of Raksawarin Hot Spring［J］.International Journal of Leisure & Tourism Marketing，2010，1（3）：238-247.

［282］Hwee Khei Lee，Yudi Fernando.The Antecedents and Outcomes of the Medical Tourism Supply Chain［J］.Tourism Management，2015（46）：148-157.

［283］Anne-Mette Hjalager，Henna Konu.Co-Branding and Co-Creation in Wellness Tourism：The Role of Cosmeceuticals［J］.Journal of Hospitality Marketing & Management，2011（20）：879-901.

［284］Elżbieta Szyma ń ska.Construction of the Model of Health Tourism Innovativeness［J］.Procedia - Social and Behavioral Sciences，2015，213：1008-1014.

［285］Szromek A R.The Sustainable Business Model of Spa Tourism Enterprise-Results of Research Carried Out in Poland［J］.Journal of Open Innovation：Technology，Market，and Complexity，2021，7（1）：73

［286］Christof Schalber，Mike Peters.Determinants of Health Tourism Competitiveness：An Alpine Case Study［J］.Tourism Revies，2012，60（3）：307-323.

［287］Marios Sotiriadis，Cina Van Zyl，Carmen Poole.Suggesting a Framework for Innovation Management in the Industry of Wellness Tourism and Spas［J］.African Journal of Hospitality，Tourism and Leisure，2016，5（4）：1-17.

［288］Dalia Perkumiene，Milita Vienažindiene，Biruta Švagždiene. Cooperation Perspectives in Sustainable Medical Tourism：The Case of

Lithuania［J］.Sustainability，2019，11（13）：1-15.

［289］Harryono M，Huang Y F，Miyazawa K，et al.Thailand Medical Tourism Cluster［J］.Harvard Business School Microeconomics of Competitiveness，2006（5）：1-31.

［290］Lawton Robert Burns.India's Healthcare Industry Innovation in Delivery，Financing，and Manufacturing［M］.New York：Cambridge University Press，2014.

［291］Neringa Langvinienė.The Specificity of the Changes in the Lithuanian Health Tourism Services Industry［J］.Trends Economics and Management，2014，8（21）：31-42.

［292］Bhawna Sharma，J.K.Sharma，Sudir Padroo.Medical Tourism in India：Growth or Dilemma［J］.Management Dynamics in the Knowledge Economy，2016，4（2）：277-290.

［293］Momeni K，Janati A，Imani A，et al. An Analysis of Competitive Situation Medical Tourism Industry：A Case Study in Northwest Iran［J］. Bali Medical Journal，2017，6（2）：279-288.

［294］Tang C F，Lau E. Modelling the Demand for Inbound Medical Tourism：The case of M alaysia［J］.International Journal of Tourism Research，2017，19（5）：584-593.

［295］Subhadra Ganguli，Ahmed Husain Ebrahim.A Qualitative Analysis of Singapore's Medical Tourism Competitiveness［J］.Tourism Management Perspectives，2017（21）：74-84.

［296］Swart K，Tichaawa T M，Othy J D O，et al.Stakeholder Perspectives of Sport Tourism Development in Gabon-A Case Study of the Africa Cup of Nations［J］.EuroEconomica，2018，37（2）：177-189.

［297］Ji Sook Han，Timothy J.Lee，Kisang Ryu.The Promotion of Health Tourism Products for Domestic Tourists［J］.International Journal of Tourism Research，2018（20）：137-146.

［298］Khalil Momenia，Ali Janatib，Ali Imanic，et al.Barriers to the

Development of Medical Tourism in East Azerbaijan Province, Iran: A Qualitative Study［J］.Tourism Management, 2018（69）: 307–316.

［299］Jorge Ridderstaat, Dipendra Singh, Frederic DeMicco.The Impact of Major Tourist Markets on Health Tourism Spending in the United States［J］. Journal of Destination Marketing & Management, 2019（11）: 270–280.

［300］Peter Enderwick, Swati Nagar.The Competitive Challenge of Emerging Markets: The Case of Medical Tourism［J］.International Journal of Emerging Markets, 2011, 6（4）: 329–350.

［301］Anne–Mette Hjalagera, Arvid Flagestad.Innovations in Well–being Tourism in the Nordic Countries［J］.Current Issues in Tourism, 2012, 15（8）: 725–740.

［302］Fundeanu Hoeffer, Smith Stephen L.J., Pan Carrie.Tourism Innovation: Integrating Ginseng into Spa Development: A Case Study of Sunmore Ginseng Health Spa in Kamloops, BC, Canada［J］.Tourism Travel and Research Association: Advancing Tourism Research, Globally, 2016（13）: 1–9.

［303］Jae Yeon Yang, Paju, South Korea, et al.Health Tourism Needs for Healing Experience and Intentions for Transformation in Wellness Resorts in Korea［J］.International Journal of Contemporary Hospitality Management, 2015, 27（8）: 1881–1904.

［304］Diana Dryglasa, Marcin Salamagab.Segmentation by Push Motives in Health Tourism Destinations: A Case Study of Polish Spa Resorts［J］.Journal of Destination Marketing & Management, 2018（9）: 234–246.

［305］Henna Konu.Developing A Forest–based Wellbeing Tourism Product Together with Customers: An Ethnographic Approach［J］.Tourism Management, 2015（49）: 1–16.

［306］Henna Konu, Anja Tuohino, Raija Komppula.Lake Wellness–a Practical Example of A New Service Development（NSD）Concept in Tourism Industries［J］.Journal of Vacation Marketing, 2010, 16（2）: 125–139.

[307] Kamilla Swart，Tembi M.Tichaawa，Joelle-Desiree Odounga Othy，et al.Stakeholder Perspectives of Sport Tourism Development in Gabon-A Case Study of the Africa Cup of Nations [J].EuroEconomica，2018，1 (37)：177-189.

[308] G.Erkomaishvili，E.Kharaishvili，M.Chavleishvili，et al.Economic Policy of Tourism and the Development Tendencies of Medical Wellness Resorts in Georgia [J].International Journal of Social and Tourism Sciences，2016，10 (11)：3624-3630.

[309] Poonam Gupta，Bhawna Pandey，Sajid Hussain，etc.Challenges and Strengths of Medical Tourism in Delhi NCR [J].DU Journal of Undergraduate Research and Innovation，2019，1 (2)：230-251.

[310] Weiermair，K.，Mathies，C.The Tourism and Leisure Industry：Shaping the Future [M].New York：Haworth Hospitality Press，2004.

[311] Lakhvinder Singh.Medical Tourism Motivations：The Driving Force [J].Journal of Multidisciplinary Academic Tourism，2019，4 (2)：77-86.

[312] Serio Silva J C.Las Islas de los Changos (the Monkey Islands)：The Economic Impact of Ecotourism in the Region of Los Tuxtlas，Veracruz，Mexico [J].American Journal of Primatology，2006，68 (5)：499-506.

[313] Sayili M，Akca H，Duman T，et al.Psoriasis Treatment Via Doctor Fishes as Part of Health Tourism：A Case Study of Kangal Fish Spring，Turkey [J].Tourism Management，2007，28 (2)：625-629.

[314] Pisano，G.P.，Shih，W.C.Restoring American Competitiveness [J].Harvard Business Review，2009，87 (7-8)：114-125.

[315] Pisano G P，Shih W C.Does America Really Need Manufacturing [J].Harvard Business Review，2012，90 (3)：94-102.

[316] Eva Gatarik，Rainer Born.The Innovative Power of (Industrial) Commons in Managing Creativity to Support Network-Economics [J].Managing Global Transitions，2013，11(2)：149.

[317] The Council on Competitiveness.Rebuilding the Industrial Commons [R].Washington，DC：The Power of Partnerships，2013.

[318] Holdren J P，Power T，Tassey G，et al.A National Strategic Plan for Advanced Manufacturing [R].US National Science and Technology Council，Washington，DC，2012.

[319] The Council on Competitiveness.Rebuilding the Industrial Commons [R].Washington，DC：The Power of Partnerships，2013.

[320] Koorosh Kohyari Haghighat，Amir Ghafurian Shagerdi，Amin Kohyari Haghighat，et al.A Study on Important Factors Influencing Innovation in Service：A Case Study of Hotel Industry [J].Management Science Letters，2013（3）：2155-2160.

[321] Namhyun K，Changsup S.Social Capital，Knowledge Sharing and Innovation of Small and Medium-sized Enterprises in a Tourism Cluster [J].International Journal of Contemporary Hospitality Management，2018，30（5）：2417-2437.

[322] Zach F J，Hill T L .Network，Knowledge and Relationship Impacts on Innovation in Tourism Destinations [J].Tourism Management，2017（62）：196-207.

[323] Churchill G A.A Pradigm for Developing Better Measures of Marketing Construct [J].Journal of Marketing Research，1979，16（2）：64-73.

[324] Laesser，Christian.Health Travel Motivation and Activities：Insights from A Mature Market- Switzerland [J].Tourism Review，2011，66（1）：83-89.

[325] Omerzel，Gomezelj D.Innovativeness in Tourism：Model Development [J].Procedia Economics and Finance，2015（23）：750-756.

[326] Hung K P，Chou C. The Impact of Open Innovation on Firm Performance：The Moderating Effects of Internal R&D and Environmental Turbulence [J].Technovation，2013，33（10-11）：368-380.

[327] Harald Pechlaner，Paul Tschurtschenthaler.Tourism Policy，Tourism

Organisations and Change Management in Alpine Regions and Destinations：A European Perspective [J] .Current Issues in Tourism，2003，6（6）：508–539.

[328] Chung D，Kim M J，Kang J.Influence of Alliance Portfolio Diversity on Innovation Performance：the Role of Internal Capabilities of Value Creation [J] .Review of Managerial Science，2019，13（5）：1093–1120.

[329] Stevens J P.Applied Multivariate Statistics for the Social Sciences [M] .London and New York：Routledge，2002.

[330] Thompson，B.Ten Comments of Structural Equation Modeling.In L.G.Grimn &P.R.Yarnold（eds.），Reading and Understanding More Multivariate Statistics [M] .Washington，DC：American Psychological Association，2000.

[331] Wheaton，B.，Muthen，B.，Alwin，D.，et al.Assessing Reliability and Stability in Panel Models.In：D.Heise（ed.），Sociological Methodology [M] .San Francisco：Jossey–Bass，1977.

[332] Hjalager A M .A Review of Innovation Research in Tourism [J] . Tourism Management，2010，31（1）：1–12.

[333] Buhalis D.The Tourism Phenomenon：the New Tourist and Consumer. Tourism in the Age of Globalisation [M] .London：Routledge，2005.

[334] Marušić Z，Aleksić A，Pejić Bach M，et al.Determinants of Innovation in Hotel and Travel Agency Service Industry：Impact of Information and Communication Technologies and Enterprise Readiness [J] .Interdisciplinary Description of Complex Systems：INDECS，2019，17（1–B）：209–225.

[335] Sundbo J，Orfila–Sintes F，Sørensen F.The Innovative Behaviour of Tourism Firms–Comparative Studies of Denmark and Spain [J] .Research Policy，2007，36（1）：88–106.

[336] Paget E，Dimanche F，Mounet J P.A Tourism Innovation Case：an Actor–network Approach [J] .Annals of Tourism Research，2010，37（3）：828–847.

[337] Tsai W.Knowledge Transfer in Intra Organizational Networks：Effects of Network Position and Absorptive Capacity on Business Unit Innovation and

Performance［J］.Academy of Management Journal，2001，44（5）：996-1004.

［338］Poti Bianca.Difference in Innovation Performance Between Advanced and Backward Regions in Italy［J］.Convergence Project，2001（3）：31-54.

［339］Poh-Lin Yeoh.Realized and Potential Absorptive Capacity：Understanding Their Antecedents and Performance in the Sourcing Context［J］.Journal of Marketing Theory & Practice，2009，17（1）：21-36.

［340］Cassiman B，Veugelers R.In Search of Complementarity in Innovation Strategy：Internal R&D and External Knowledge Acquisition［J］.Management Science，2006，52（1）：68-82.

［341］Batjargal B，Liu M.Entrepreneurs' Access to Private Equity in China：The Role of Social Capital［J］.Organization Science，2004，15（2）：159-172.

［342］Antonio Capaldo.Network Structure and Innovation：The Leveraging of a Dual Network as a Distinctive Relational Capability［J］.Strategic Management Journal，2007，28（6）：585-608.

［343］Valle S，Daniel Vázquez-Bustelo.Concurrent Engineering Performance：Incremental Versus Radical Innovation［J］.International Journal of Production Economics，2009，119（1）：136-148.

［344］Crouch，G.I.Destination Competitiveness：An Analysis of Determinant Attributes［J］.Journal of Travel Research，2011，50（1）：27-45.

［345］Qashou A，Saleh Y.E-marketing Implementation in Small and Medium-Sized Restaurants in Palestine［J］.The Arab Economics and Business Journal，2018，13（2）：93-110.

［346］Gautam A. Collaboration Networks，Structural Holes，and Innovation：A Longitudinal Study［J］.Administrative Science Quarterly，2000，45（3）：425-455.

［347］Nieto，M.，Quevedo，P..Absorptive Capacity，Technological Opportunity，Knowledge Spillovers，and Innovative Effort［J］.Technovation，

2005，25（10）：1141-1157.

［348］Ryans A，More R，Barclay D，et al.Winning Market Leadership：Strategic Market Planning for Technology-Driven Businesses［M］.New Jersey：John Wiley & Sons，2000.

［349］Sheena Carlisle，Martin Kunc.Supporting Innovation for Tourism Development through Multi-stakeholder Approaches：Experiences from Africa［J］.Tourism Management，2013（35）：67.

［350］Mei X Y ，Arcodia C ，Ruhanen L .The National Government as the Facilitator of Tourism Innovation：Evidence from Norway［J］.Current Issues in Tourism，2013，18（12）：1-20.

［351］Wilson，N，Summers，B.Trade Credit Term Offered by Small Firms Survey Evidence and Empirical Analysis［J］.Journal of Business，Finance and Accounting，2002，29（3-4）：317-351.

［352］Wiklund J，Shepherd D.Knowledge-based Resources，Entrepreneurial Orientation，and the Performance of Small and Medium-sized Businesses［J］.Strategic Management Journal，2003，24（13）：1307-1314.

［353］Baron R M，Kenny D A.The Moderator-mediator Variable Distinction in Social Psychological Research：Conceptual，Strategic，and Statistical Considerations［J］.Journal of Personality and Social Psychology，1986，51（6）：1173.

［354］Shaughnessy J J，Zechmeister E B.Research Methods in Psychology［M］.New York：The McGraw Hill Companies，1997.

［355］Cohen J.Statistical Power and Analysis for the Behavioral Sciences［M］.Hillsdalee，NJ：Erlbaum，1988.

［356］Harald Pechlaner，Elisabeth Fischer，Eva-Maria Hammann. Leadership and Innovation Processes Development of Products and Services Based on Core Competencies［J］.Journal of Quality Assurance in Hospitality & Tourism，2006，6（3-4）：31-57.

［357］Hjalager A M.Innovations in Travel Medicine and the Progress of

Tourism Selected Narratives [J] .Technovation, 2009, 29 (9): 596–601.

[358] Kaewkitipong L.An Investigation of the Thai Medical Toutism Value Chain: Its Stakeholders and the Use of IT [C] .Proceedings of the NIDA International Business Conference 2016–Sustainability in Business, 2016.

[359] Hjalager A M, Nordin S.User–driven Innovation in Tourism–A Review of Methodologies [J] .Journal of Quality Assurance in Hospitality &Tourism, 2011, 12 (4): 289–315.

[360] Van der Zee E, Vanneste D.Tourism Networks Unraveled: A Review of the Literature on Networks in Tourism Management Studies [J] .Tourism Management Perspectives, 2015, 15: 46–56.

[361] Lydia L.Gan, James R.Frederick.Medical Tourism Facilitators: Patterns of Service Differentiation [J] .Journal of Vacation Marketing, 2011, 17 (3): 165–183.

[362] Maria K.Todd.Handbook of Medical Tourism Program Development [M] .London: CRC Press, 2012.

[363] Yiqian Y , Xiaogang C , Xiaoyun LI.The Development Model of Tourism–Based Retirement Towns [J] .Journal of Landscape Research, 2018, 10 (4): 145–148.

[364] Sotiriadis, M.Hotel Spa and Wellness Services in Crete, Greece: A Marketing Analysis.In: Nedelea, A.M., Korstanje, M.& Bambu, G. (Eds.) .Strategic Tools and Methods for Promoting Hospitality and Tourism Services [M] .Hershey, PA, USA: IGI Global, 2016.

[365] Hjalager A M, Konu H.Co–Branding and Co–creation in Wellness Tourism: The role of Cosmeceuticals [J] .Journal of Hospitality Marketing & Management, 2011, 20 (8): 879–901.

[366] Chesbrough H.Open Innovation.The New Imperative for Creating and Profiting from Technology [M] .Boston: Harvard Business School Press, 2003.

[367] Elżbieta Szymańska, Andrzej Rutkowski, Eugenia Panfiluk.The Open Innovation Process in SPA & Wellness Tourism [J] .European Journal of

Service Management，2016（3）：59–66.

［368］Pikkemaat，B，Peters，M. "Open Innovation：A Chance for the Innovation Management of Tourism Destinations?" in Egger，R.，Gula，I.and Walcher，D.（Eds），Open Tourism［M］.Berlin：Springer Berlin Heidelberg，2016.

［369］Prebensen N K，Vittersø J，Dahl T I.Value Co–creation Significance of Tourist Resources［J］.Annals of Tourism Research，2013，42：240–261.

［370］Vanessa Ratten，Vitor Braga，José Álvarez–García，et al.Tourism Innovation［M］.New York：Routledge，2020.

项目策划： 段向民
责任编辑： 孙妍峰
责任印制： 钱　宬
封面设计： 武爱听

图书在版编目（CIP）数据

共享经济下康养旅游产业创新发展的机理与路径研究 / 陈雪钧，李莉著．-- 北京 ：中国旅游出版社，2023.11
（国家哲学社会科学基金旅游研究项目文库）
ISBN 978-7-5032-7228-8

Ⅰ．①共… Ⅱ．①陈… ②李… Ⅲ．①旅游保健－旅游业发展－产业发展－研究－中国 Ⅳ．①F592.3

中国国家版本馆 CIP 数据核字（2023）第 211989 号

书　　名： 共享经济下康养旅游产业创新发展的机理与路径研究

作　　者： 陈雪钧　李莉
出版发行： 中国旅游出版社
（北京静安东里6号　邮编：100028）
http://www.cttp.net.cn　E-mail:cttp@mct.gov.cn
营销中心电话：010-57377103，010-57377106
读者服务部电话：010-57377107
排　　版： 北京旅教文化传播有限公司
经　　销： 全国各地新华书店
印　　刷： 三河市灵山芝兰印刷有限公司
版　　次： 2023年11月第1版　2023年11月第1次印刷
开　　本： 720毫米×970毫米　1/16
印　　张： 14
字　　数： 214千
定　　价： 59.80元
I S B N 　978-7-5032-7228-8
